天下文化
BELIEVE IN READING

｜財經企管｜ CB530

第二次
機器時代

智慧科技如何改變
人類的工作、經濟與未來？

THE

SECOND

MACHINE

AGE

布林優夫森
Erik Brynjolfsson

麥克費
Andrew McAfee ｜合著｜

齊若蘭 ｜譯｜

Work, Progress, and Prosperity in a Time of Brilliant Technologies

作者簡介

艾瑞克・布林優夫森（Erik Brynjolfsson）

美國麻省理工學院（MIT）史隆管理學院教授，任MIT數位商業中心主任、國家經濟研究局（NBER）研究員。長期關注資訊科技的經濟影響力。著有《與機器競賽》（*Race Against the Machine*）。

安德魯・麥克費（Andrew McAfee）

美國麻省理工學院數位商業中心副主任，跨產業及學術的知名講者，曾任教於哈佛大學商學院，論述常見於《哈佛商業評論》、《經濟學人》、《富比士》、《華爾街日報》。著有《企業 2.0》（*Enterprise 2.0*）、《與機器競賽》。

譯者簡介

齊若蘭

資深文字工作者。台灣大學外文系畢業，美國北卡羅萊納大學教堂山分校新聞碩士。譯作繁多，包括《高成長八國》、《目標》、《第五項修練II實踐篇》、《必要的革命》、《彼得‧杜拉克的管理聖經》、《從A到A$^+$》、《基業長青》、《驅動大未來》等。

THE SECOND MACHINE AGE

第二次**機器時代**
智慧科技如何改變人類的工作、經濟與未來？

目次

以人類智慧駕御機器智能，
追求科技的善果

陳樹衡

　　相對於經濟學而言，人工智慧是個相當年輕的領域。1930年代時，一群學者，像是圖靈（Alan Turing），便在思考什麼是「計算」？因為「計算」是人類心智活動的一個重要表徵。隨後，這個問題逐漸擴大為：電腦與人腦有什麼關係？如果電腦的計算力不斷強化，電腦是否會因此具備了類似人腦的思考能力？若果如此，是否會有那麼一天，所有人能做的事，電腦或機器都可以做呢？換句話說，是否有朝一日，機器人會取代人所有的工作？屆時，又是個什麼樣的社會？若從這個角度思考，人工智慧就不再只是個技術問題，而是經濟學家不可不去面對的議題。

　　二十世紀的兩位經濟學大師馮紐曼（John von Neumann）和西蒙（Herbert Simon）都深諳兩者之間的關係，所以都將人工智慧當成是他們畢生的研究課題，馮紐曼生前的最後一本著作，就是《電腦與人腦》（*The Computer and the Brain*）；而西蒙更是以人工智慧為基礎，結合認知心理學，獨特地發展出他的行為經濟學，並獲得1978年諾貝爾經濟學獎。

思考問題，探源究實

在《第二次機器時代》這本書中，出身MIT史隆管理學院的兩位學者，布林優夫森（Erik Brynjolfsson）和麥克費（Andrew McAfee）又將我們帶回到這些耳熟能詳的「古典」問題中，只是這次提問和探討的規模，更為廣泛。作者在書中涉及整個總體經濟，包含了成長、分配、就業、薪資、資本、人力資本、智慧資本、生產力、教育、創新、租稅等層面的議題，並用豐富的個案與數據，來回答時下我們所關心的議題。

作者試圖回答的問題包括：M型社會是如何產生的？中產階級為何消失了？為什麼白領階級的工作不見了？為什麼薪資沒有隨著生產力和經濟的成長而上升、反而是停滯或下降（也就是時下所議論的22K議題）？經濟成長的果實為何集中在少數人身上，而不是全民共享？為什麼富者更富、而中下階層的人並未隨之提升？到底做為生產的資本是什麼？為什麼這些資本有逐漸集中的趨勢？到底經濟成長是否還是我們應該追求的目標？經濟成長與快樂之間的關係又是什麼？

這些問題，對我們所有台灣的讀者而言，可以說是再熟悉不過了！只是答案呢？當然答案不會只有一個。但是這本書所提出的觀點，卻不是我們一般常接觸到的，甚至是我們所忽略的。第一，這不是台灣獨有的問題，這是全球普遍的問題。第二，這些問題之所以普遍，可以歸因為人工智慧科技發展後的數位化社會現象。因此，要尋找出路，要擬定因應策略，一定要對全球數位化的歷程及特徵，或是所謂的「第二次機器時代」，有深入的了解。而這本書正提供了我們這樣思考的一個起步。

積極樂觀的 MIT 觀點

當我們對全球性數位化的趨勢有比較清楚的認識後，對未來的前景，不必然是悲觀或負面的。第一、有關人與機器人或軟體代理人的關係，本書反映了 MIT 教授李柏曼（Henry Lieberman）所主張的「MIT Approach」（MIT 觀點），即人與機器人之間將是團隊合作的關係，而不是競爭替代的關係。第二、人與機器人之所以是合作關係，作者清楚指出，是由於人在創造性思考及圖像辨識上的優越性。所以，愈是需要創造力和饒富變化的工作，愈是人可以發揮所長、而機器人充其量只能做為助手的地方。因此，為因應全球數位化時代的到臨，「創造力教育」甚至「終生創造力教育」，將是學校、社會大眾、和年輕學子需要共同努力的地方。

同樣可以讓我們對全球數位化時代抱持樂觀態度的，是來自於數位化所能提供的資源和機會。本書針對這點，提出許多非常生動的例子，包括了海量資料、群集智慧、群眾外包、專業社群、電子市場及優質的線上課程，這些數位化環境所提供的資源，都讓人們在無疆界的條件下，可以充實自己並找出有利於自己成長的空間。而數位化後，資訊快速傳播，亦因此而對政府及市場，產生了另一種的監督力量，即所謂的數位民主，這對公民社會的建構，都將是不容小覷的推動力。

審慎的信心

當然，數位化社會，對人類未來的前途，到底是利是害，坊間有許多類似的書，看法也不一致。數位化後的社會，是否會使決策更形盲從、草率，而產生集體愚昧？或更加標榜自我而形成社會對立？是否會對傳統典章制度、社會規範，構成更大威脅？這些隱憂，將伴隨著本書，存在於書架上不同的角落。然而，誠如作者所言，就像在第一次工業革命，即使科技對人類社會剛開始會帶來衝擊，我們還是有理由相信，這個世代的人，會像他們的先祖一樣，用他們的智慧，讓科技最終的結果，為人類帶來更高、更光明的福祉和文明。

中華民國 103 年 7 月 20 日
于政治大學人工智慧經濟學研究中心

01

歷史轉折點

科技是上帝的恩賜，
或許是繼上帝賦予人類生命之後，最重要的恩賜。
科技是文明、藝術和科學之母。

——弗里曼・戴森（Freeman Dyson）

什麼是人類歷史上最重要的發展？

認真探究這個問題的人很快就會發現，這是很難回答的問題。首先，「人類歷史」到底從什麼時候開始？具備語言能力、構造與行為符合現代「智人」（Homo sapiens）條件的人類，大約在六萬年前從非洲家鄉開始向外擴散[1]。到了公元前二萬五千年[2]，智人已經消滅尼安德塔人（Neanderthal）和其他原始人，不需再面對其他大型腦直立人種的競爭。

如果不是當時地球正經歷冰河時期，阻礙了發展，我們或許可以把公元前二萬五千年當成追蹤人類歷史的合理起點[3]。人類學家伊恩・莫里斯（Ian Morris）在著作《西方為何統治世界？》（*Why the West Rules—For Now*）中，從公元前一萬四千年開始追蹤人類社會的發展，當時顯然地球氣候開始回暖。

這個問題之所以難以回答，還有一個原因：我們不清楚該用什麼標準來衡量什麼是真正重要的發展？大多數人會認為，應該是大幅改變人類發展軌跡、導致歷史曲線出現重大轉折的事件或進步。許多人主張，人類開始馴養動物就是這類重大發展，也是早期人類最重要的成就之一。

早在公元前一萬四千年之前，人類可能已經開始養狗。不過，馬的馴養就比較晚，要再過八千年，人類才開始把馬圈養在畜欄中。大約在同一期間（公元前六千年），牛也被人類馴服，開始犁田。到了公元前八千年，人類社會已逐漸從覓食型態轉型為農耕方式，這是很重要的發展，而馴養耕畜更加速這樣的轉型過程[4]。

　　農業的發展確保糧食充足且能穩定供應，促使人類居住範圍擴大，最後形成城市。而城市興起，又吸引外族掠奪和征服。人類許多重要發展都和大規模戰爭及因此建立的帝國有關。舉例來說，蒙古帝國、羅馬帝國、阿拉伯帝國和鄂圖曼帝國都大幅改變了廣大地區中的王國、商業活動和習俗。

　　當然，有些重要發展只是一些觀念，無關乎動植物或戰士。哲學家卡爾‧雅思培（Karl Jaspers）指出，佛陀（公元前563-483年）、孔子（公元前551-479年）及蘇格拉底（公元前469-399年）三位哲人在世的時間十分接近（雖然分別居住在不同地方）。他分析，這些哲人是「軸心時代」（Axial Age，公元前800-200年）的核心思想家。雅思培稱這個時代為「帶來最清明意識的一次深呼吸」。他認為，這幾位哲人為人類三大文明（印度文明、中國文明和歐洲文明）建立轉化人心的思想學派[5]。

　　佛陀創建的佛教是世界上最重要的宗教之一，而我們談到人類重大發展時，自然也必須包括其他重要宗教的建樹，例如印度教、猶太教、基督教和伊斯蘭教。每一種宗教都影響了地球上數億人民的生活與理想[6]。

　　許多宗教都透過書寫文字來傳播教義和啟示，書寫文字本身也是人類歷史上的重要根本創新。文字究竟是在何時何地、以何種方式發明，是許多人熱烈爭辯的問題。據保守估計，文字最早應該是在公元前三千二百年出現於美索不達米亞。那時候，能促進計算的符號已經誕生，但尚未包含（我們覺得非常基本的）「0」的觀念。今天我們稱為「阿拉伯數字」的現代數字系統，乃是在公元830年左右出現[7]。

人類社會的重要發展源源不斷。雅典人大約在公元前五百年開始實行民主制度。十四世紀後半葉，黑死病蔓延令歐洲人口驟減30%。哥倫布在1492年遠渡藍色汪洋，開啟新世界與舊世界的互動，改變了兩個世界。

人類歷史，一圖以蔽之

那麼，我們如何釐清究竟哪個發展最重要呢？

上述所有重要發展都各有其熱情擁護者，他們強力主張某個發展的重要性遠遠超越其他發展。莫里斯在《西方為何統治世界》中，觸及更為根本的論辯：把人類歷史上的重大事件或發展評出高下，是否真的那麼有意義，或具備正當性？許多人類學家和社會學家都持否定的看法。莫里斯卻不以為然，甚至在著作中大膽地試圖將人類發展量化。他寫道：「將海量的事實化約為簡單的數字，固然有其缺點，但也有一個重要的優點，那就是迫使大家面對相同的證據和驚人的分析結果[8]。」換句話說，如果我們想知道哪些發展是改變人類歷史軌跡的重要轉折，不妨先試著描繪出人類歷史發展的曲線圖。

　　莫里斯經過縝密的思考和審慎的研究，將人類長期的「社會發展」量化（所謂「社會發展」是指，「群體駕馭物理環境和智識環境，以完成工作的能力[*]」。）正如莫里斯所說，分析結果令人訝異，事實上，簡直令人震驚。圖形顯示，到目前為止，我們所討論的種種發展都不是真的那麼重要，至少和另一項堪稱空前絕後、改變人類歷史軌跡的發展相較之下，根本無關緊要。下頁中，圖1.1的曲線圖描繪了全球人口和社會發展的長期趨勢；各位可以看到，兩條線的走向幾乎一致。

　　幾千年來，人類的上升軌跡走得十分緩慢，進步的速度慢如牛步，幾乎難以察覺。動物與農田、戰爭與帝國、哲學與宗教，種種發展都沒有發生太大的影響。但是，大約在兩百年前，突然間發生一件影響深遠的大事，讓人類歷史（以及人口與社會發展）幾乎出現九十度直角般的劇烈轉折。

---

* 　莫里斯所定義的人類社會發展包含四項指標：能量獲取（每人為了糧食、住家及商業活動、工業和農業、交通運輸等目的而從環境中獲取的卡路里）、組織（最大城市的規模）、發動戰爭的能力（軍隊數目、武器的威力和速度、後勤補給能力及其他類似要素）、資訊科技（現有資訊分享和處理工具的複雜度和使用程度）。每一種特質都會轉換為從0到250的數字，而且數字會隨時間而改變。四個數字的總和就代表整體社會發展程度。莫里斯很喜歡比較西方（歐洲、美索不達米亞、和不同時期的北美洲，端視哪個地方在當時最先進）和東方（中國和日本）的情況，因此他分別計算每個地區從公元前一萬四千年到公元二千年的社會發展。到了公元2000年，東方在組織方面分數較高（由於東京是全世界最大的都市），整體社會發展分數為564.83；西方在2000年的社會發展分數為906.37。我們把兩個分數平均。

圖1.1　從數字來看，絕大部分的人類歷史都十分沉悶

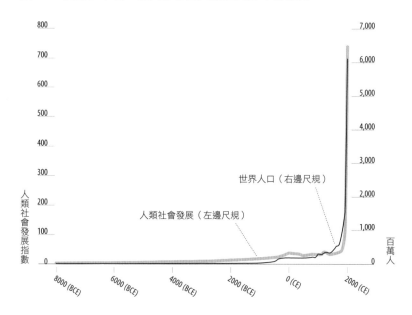

科技是進步的引擎

　　或許你已經猜到是怎麼回事了。畢竟本書的主旨是探討科技帶來的衝擊，所以最保險的猜測是，我們以這種方式開場，是為了說明科技是多麼重要。而圖形中十八世紀末的突然轉變，正呼應了我們一再聽到的重要發展：工業革命（綜合了同一段時期在機械工程、化學、冶金及其他學門的發展），所以你很可能猜測，人類文明之所以突飛猛進，背後的驅動力是科技發展。

圖1.2 什麼造成人類歷史的重要轉折？工業革命

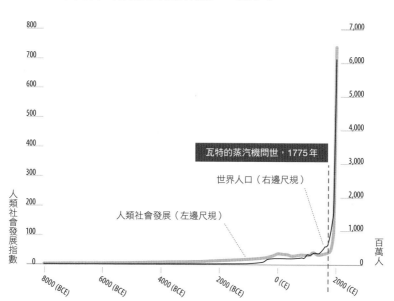

　　你的猜測完全正確。我們可以更精確地指出，最重要的科技是蒸汽機，或更精確一點，是在十八世紀下半葉經過瓦特（James Watt）和他的同行開發、改善的蒸汽機。

　　在瓦特之前，蒸汽機非常缺乏效率，產生的動力只占原先燃燒煤炭所釋放能量的1%。瓦特在1765年和1776年間不斷改善蒸汽機，將效率提高三倍以上[9]。莫里斯寫道，如此一來就造成很大的差別：「雖然（蒸汽機）的變革耗費數十年的發展時間，卻帶來人類歷史上最重要、也最快速的轉變[10]。」

　　當然，工業革命的內涵不只關乎蒸汽動力，但蒸汽機是

一切的開端，人類和動物因此得以克服先天體能的限制，隨心
所欲產生大量的有用能源，於是，工廠和量產，鐵路和大眾運
輸工具，一一應運而生。換句話說，現代化生活於焉誕生。工
業革命帶動了人類進入第一次機器時代：有史以來，科技創新
首度成為推動人類進步的主要驅動力，人類世界經歷了前所未
見、影響深遠的重大轉型*。產生大量機械動力的能力實在太
重要了，莫里斯指出：「相形之下，過去人類史上的種種戲劇
性發展，都顯得可笑[11]。」

　　如今，我們來到第二次機器時代，電腦和其他數位科技的
進步對人類心智能力（運用大腦來了解和塑造環境的能力）的
衝擊，正如蒸汽機和後來的各種機器對人類肌肉力量的衝擊。
在前後兩次機器時代，人類都因此得以超越以往限制，跨入新
疆界。究竟未來會出現什麼樣的轉變，目前還是未知數，但無
論新機器時代是否會像瓦特的蒸汽機般，為人類發展帶來戲劇
性轉折，這都是非常重要的趨勢。本書將解釋第二次機器時代
如何演變，以及為何如此重要。

　　簡單來說，就人類的進步與發展而言，當我們想要掌控實
體環境和智識環境，以執行工作，獲致成果時，智能和體能至

---

*　我們把工業革命稱為「第一次機器時代」。不過，有些經濟史家則以「機
　　器時代」形容十九世紀末到二十世紀初的科技快速發展時期。有些人則稱
　　之為「第二次工業革命」，我們在後面章節也沿用這個詞彙。

少同等重要。因此，若人類以空前的速度大幅提升智能，應該和過去的體能激增一樣，都代表著人類的大躍升。

尋找答案

我們之所以撰寫本書，是因為感覺很困惑，需要找出答案。我們研究電腦、軟體、通訊網路等數位科技的衝擊多年，自以為已經很了解數位科技的能力和限制。但在過去短短幾年中，數位科技出現令人訝異的發展。電腦開始診斷疾病，懂得聆聽，不但和我們對話，還能寫出好文章；而機器人也開始穿梭於大型倉儲中，能在幾乎無人指引的情況下，自動駕駛汽車。這到底是怎麼回事？這些都是非常驚人的進步，卻漸漸被視為理所當然，其中究竟隱含了什麼意義？

我們決定攜手合作，尋找解答。我們做了所有企管學者都會做的事情：閱讀大量的論文和著作，檢視各類的數據，互相辯證，討論各種想法和假設。這都是非常寶貴的必要過程，不過，當我們走出研究室，踏進現實世界時，真正好玩的部分才開始：我們和發明家、創業家、投資人、工程師、科學家及其他許多開發科技並應用科技的人談話。

非常感謝他們的坦誠開放和慷慨大度，我們才能在不可思議的數位創新環境中，有了一些未來世界的體驗。我們曾經搭乘無人駕駛汽車，也曾觀賞電腦在電視益智問答節目「危險境地」（Jeopardy!）中，擊敗哈佛和MIT畢業生，我們甚至曾抓著工業用機器人的手，訓練它做事，並引導機器人爬階梯，也曾用3D印表機印出美麗的金屬碗，還有無數動人的科技體驗。

最好的時代，也是最壞的時代

我們因此得出三個廣泛的結論。

第一個結論是，這是一個數位科技驚人躍進的年代，而電腦軟硬體和網路是核心科技。其實這些技術一點也不新，半個世紀以來，企業界一直採購和使用電腦，1982年時，美國《時代》雜誌（*Time*）還把個人電腦選為「年度風雲機器」。不過，正如同蒸汽機經過幾個世代的改進，才足以推動工業革命，我們的數位引擎也需要時間才能不斷精進。

我們也會說明，這些科技近年來如何火力全開，充分發揮效能，以及為何如此，並舉例說明新科技的巨大威力。不過「火力全開」不代表「發展成熟」。電腦仍將不斷改進，發展出前所未見的新能力。我們所謂「火力全開」的意思只是數位科技發展的關鍵要素都已齊備，將和過去的蒸汽機一樣，為社會和經濟帶來重大轉變。簡言之，由於電腦的發展，我們今日正面臨轉折點，即將跨入第二次機器時代。

第二個結論是，數位科技帶動的轉變將帶來深遠的效益。我們即將踏入的時代不只是與過去不同，而且會比過去更加美

好，因為消費的種類和數量都將大幅提升。以經濟學的生硬詞
彙形容這個現象，聽起來不怎麼吸引人。誰想要不斷追求更多
消費？但我們消費的不只是卡路里和汽油，還有書本和朋友提
供的資訊、超級巨星和業餘玩家提供的娛樂、教師和醫生提供
的專業知識，還有其他無數並非由原子組成的事物。科技可以
讓我們擁有更多選擇，甚至更多自由。

當這些事物全部數位化，轉換為可以在電腦上儲存、透
過網路傳送的位元時，就具備一些不可思議的優點，開啟不同
的經濟學門。在數位經濟學的領域，富足（而非稀有）成為常
態。我們之後會討論到數位商品與實體商品的不同，而這些差
異都非常重要。

當然，實體商品仍然最為重要，而且大多數人都希望市面
上供應的商品數量更多、種類更繁、品質更高。不管我們是否
想要吃得更多，我們都希望能夠吃得更好，品嚐到更多不同的
食物。不管我們想不想燃燒更多化石燃料，我們都希望能輕鬆
愉快地四處遊歷。電腦正協助我們達成上述種種目標。數位化
正在改進我們的實體世界，而且帶來的改善愈來愈重要。正如
同馬丁‧韋茨曼（Martin Weitzman）所說：「科技進步的趨勢
主導了先進經濟體的長期成長[12]。」經濟史家普遍都同意這個
觀點。我們將說明科技呈指數成長的進步趨勢。

第三個結論比較不是那麼樂觀：數位化將帶來一些困難的
挑戰。大家對此不必太過訝異或恐慌，即使最能造福人類的發

展都難免出現 些不良後遺症,需要有所因應。工業革命導致
倫敦天空煙塵瀰漫,造成濫用童工的可怕現象。那麼,數位革
命呢?快速的數位化和不斷加速的數位革命帶來的不是環境的
崩壞,而是經濟的擾動,因為隨著電腦威力愈來愈強大,企業
愈來愈不需要某類人力。有些人將被前進的科技拋在後頭,而
且隨著科技加速進步,落後者可能為數眾多。我們在後面將討
論到,對於身懷專業技能或受過適當教育的工作者而言,這是
最好的時代,因為他們能運用科技,創造價值,並掌握價值。
不過,對於只有「普通」技能的人而言,這是最壞的時代,因
為電腦、機器人和其他數位科技正以驚人的速度,逐步擁有這
樣的技巧和能力。

　　長期下來,英國和其他國家的人民都認為,工業革命的某
些層面令人難以忍受,因此開始採取行動,結束亂象(民主政
體和科技進步都有助於解決問題)。英國不再有童工,倫敦如
今不再是漫天煙塵或高濃度的二氧化硫,空氣品質是十六世紀
末以來的最佳狀態[13]。人類終會克服數位革命的挑戰,但目前
必須先弄清楚,我們究竟面對哪些挑戰。大家必須討論第二次
機器時代可能出現那些後遺症,以及如何減輕負面效應。我們
有信心,這些問題絕非無法克服,但也不會自動解決。接下來
的章節中,我們會提出對於這個重要議題的想法。

本書架構

所以，本書乃是在探討目前正在開展的第二次機器時代，也就是人類的經濟與社會因為數位化而出現的歷史轉折點。這次轉折雖然將我們導向正確的方向（更富足，而非更稀少；更自由，而非更受限），卻也帶來艱鉅的挑戰和困難的抉擇。

本書分成三個部分。第一部分包含第1章到第6章，說明第二次機器時代的基本特質，透過近年來如科幻小說般諸多科技進步的實例，解釋為何這些轉變會在今天發生（畢竟電腦已經誕生幾十年了），以及為何我們很確定電腦、機器人和其他數位裝置的創新規模和發展速度，未來只會變得愈來愈快。

第二部分包括第7章至第11章，探討科技進步造成的兩個經濟上的後果：一方面創造了豐厚的報酬與豐饒的效益（bounty），但也出現分配不均的現象（spread）。由於現代科技發展的大躍進，無論在數量、種類或品質上，都帶來更多更好的成果。對當今的世界經濟而言，這是天大的好消息。然而，科技造成的差距或不均就不是那麼令人鼓舞了；人們的經濟成就出現愈來愈大的鴻溝，不管在財富、收入、移動力或其他重要指標，近年來的差距都日益擴大。從許多方面來看，都非常令人憂心。除非我們設法介入，有所改善，否則在第二次機器時代，情勢將每況愈下。

最後一個部分，也就是第12章到第15章，討論在目前這

個時代，我們應該採取什麼介入方式較為適當而有效。我們的
經濟目標應該是擴大科技帶來的正面效益，同時降低因差距擴
大造成的負面衝擊。如何在短時間內達成目標，或在更長遠的
未來，當科技創新讓世界變得有如科幻小說場景時，如何達成
這個目標。我們會提出一些想法。正如我們在結語中所強調，
人類從現在開始做的種種選擇，將會決定未來的世界呈現何種
面貌。

02

科技的大躍進

任何堪稱先進的科技都有如魔法般神奇。

——亞瑟・克拉克（Arthur C. Clarke）

2012年夏天，我們搭乘一輛無人駕駛的汽車在馬路上奔馳。我們為了研究計畫造訪位於矽谷的Google（谷歌）總部，有幸坐上Google「司機專案」（Chauffeur Project）開發出來的無人駕駛汽車。我們起初還以為，上車之後，我們大概會坐在後座，前座空無一人。但可以理解的是，Google深怕太過明目張膽地讓無人駕駛汽車在馬路上奔馳，會嚇壞路上行人和其他汽車駕駛，也可能引起警察注意。所以，雖然我們仍坐在後座，但前座是兩名專案團隊的工作人員。

其中一名谷歌人按下按鈕，把車子改為全自動駕駛模式後，我們就開始在101號公路上奔馳，我們的好奇心以及自保的本能也隨即發作。101號公路並非可預測的穩定環境，雖然這是條筆直的公路，但大半時候車子都很多。這裡的交通流量也沒有什麼明顯的節奏或規則。以高速公路上的車行速度而言，萬一汽車在行駛時出現任何失誤，很可能導致嚴重後果。由於我們已成為司機專案實驗的一部分，突然之間，這些後果不只是關乎我們對知識的好奇而已。

結果，Google汽車的表現無懈可擊。事實上，這趟兜風還挺無聊的。我們在車流中既不超速，也不曾迴轉，完全循規蹈矩地按照駕駛訓練班教導的方法行車。車輛裝有感測器，偵測附近所有物體，傳輸到車上筆電，即時提供Google汽車沿途「看到」的影像。這輛Google汽車不但能偵測到目前在附近的汽車，還能辨識出周遭所有汽車，而且無論這些汽車往哪兒移動，我們的車子始終保持警覺。這輛車子沒有任何盲點，但駕駛汽車的軟體清楚知道，由人類駕駛的汽車都會有盲點，因此Google 軟體會猜測其他汽車的盲點究竟在哪裡，把它顯示在筆電螢幕上，並設法避開這些盲點。

我們緊盯螢幕，完全沒有注意到實際路況。這時候，前面的車子完全停了下來。我們的自動駕駛汽車也隨即穩穩剎車，和前車還有一段安全距離時，就完全停下來，然後等到前車開始移動後，再度發動車子。一路上，前座的兩名谷歌人一直聊個不停，完全看不出絲毫緊張，他們甚至不怎麼關心公路上的交通狀況。在花了幾百小時搭乘這部汽車到處兜風之後，他們變得很有信心，知道這種走走停停的狀況根本難不倒谷歌自動駕駛汽車。回到停車場時，我們也變得和他們一樣有信心。

人機新分工

對我們而言，那天在101號公路的兜風經驗可說特別詭異。因為只不過幾年前，我們還十分篤定地認為，電腦絕對沒辦法開車。當時，我們備受尊崇的同行經過卓越的研究和分析後，推斷在可預見的將來，駕駛汽車仍是需要由人類擔綱的工作。他們究竟如何得出這樣的結論？還有，為什麼不過在短短幾年間，像Chauffeur專案這樣的技術竟然推翻了他們的推論？我們從中學到了許多關於數位發展的重要課題。

2004年，法蘭克・李維（Frank Levy）和理查・莫爾南（Richard Murnane）的著作《新分工方式》（*The New Division of Labor*）問世，探討人類與數位勞工之間的分工[1]。換句話說，在合理的經濟體系中，論及人類與電腦的分工時，人類應該把重心放在人類比電腦更具優勢的工作上，而把較適合由電腦執行的工作交由電腦負責。李維和莫爾南在書中提供了一些方法，幫助我們思考工作的歸屬。

一百年前，前面那段話根本沒有任何意義。今天代表「電腦」的英文字「computer」，當時還是指某種工作職銜，而不是機器型式。二十世紀初的computer是人，而且多半是女性，整天忙著做各種計算，然後把計算結果製表。數十年後，創新者設計的機器取代了愈來愈多原本由人類負責的計算工作。這些機器最初是機械式的機器，然後是電機式的機器，最後變成數位式的電腦。今天，幾乎沒有任何公司會雇用員工專職計算數字和記錄計算結果，就連低工資國家都不再雇用計算人員，因為以電腦取代人力，不但成本更低，而且計算速度更快，結果也更準確。

檢視電腦的內部作業，你就會明白，電腦不只是計算數字的機器，也是處理符號的機器。電腦的線路可以透過0與1的語言，解讀等同於真／偽、是／否或其他符號系統。基本上，電腦可以執行各式各樣的符號作業，從數字到邏輯到語言都難不倒它。但是數位小說家尚未出現，所以登上暢銷書排行榜的小說仍然是人類的創作，我們也還沒有把創業家、執行長、護士、在餐館收碗盤的雜工、或其他類型的工作電腦化。為什麼還沒有？這些工作為何比過去計算人員的工作更難數位化？

電腦擅於遵守規則

這些都是李維和莫爾南在《新分工方式》中探討的問題，而他們提出的答案也很有道理。他們把資訊處理工作（所有知識工作的基礎）放在同一個光譜上，一端是計算數字之類的工作，只需熟練應用既有規則就可以。由於電腦真的非常循規蹈矩，因此很適合做計算類的工作。

李維和莫爾南繼續說明其他能以規則表達的工作類型，比方說，一般而言，我們可從一個人的信用評等，以及相對於他的財富、收入和債務的抵押貸款金額，來預測這個人會不會按時償還貸款。所以，人類可以針對是否核准貸款，制定一些有效的規則。

貸款規定可能是：「如果申請貸款的金額為 M，申請人的信用評等分數為 W，而他的總負債額不超過 D，就可以核准貸款。」以電腦代碼表示時，我們稱這樣的貸款規則為「演算法」，演算法是一種簡化的規則，不能也不會把所有事情都納入考量（例如，這樣的規則不會考量到申請人可能有個億萬富翁叔叔，這位叔叔攀岩時身上常常不綁安全索，而且他已經把申請人列為遺囑中的受益人）。不過，演算法確實包含了最普遍、也最重要的事情，而且在處理還款率之類的事情上，通常績效卓著。因此，電腦有能力核准貸款，我們也應該利用電腦來核准貸款[*]。

……但不擅於辨識型態

　　光譜的另一端則是無法歸納為規則或演算法的資訊處理工作。根據兩位作者的說法，這些工作必須仰賴人類的型態辨識能力。我們的大腦特別擅於透過感官來吸收資訊，然後檢視資訊的型態，但是我們很不擅於描述或釐清我們是怎麼辦到的，尤其當我們快速接收到大量快速變動的資訊時。正如哲學家麥可・博藍易（Michael Polanyi）著名的觀察：「我們知道的事情遠超過我們言語所能描述的[2]。」李維和莫爾南指出，如此一來，這類工作就無法電腦化了，因此會繼續由人類來執行。兩位作者以在車流中駕駛汽車為例，說明這類工作的型態。他們寫道：

---

* 　在2007年開始經濟大衰退之前幾年，美國許多公司審核通過的房貸申請案，許多申請人無論信用評等、收入、或擁有的財富都比過去低，負債程度卻愈來愈高。換言之，這些公司不是改寫了過去審核房貸的演算法，就是根本忽略以往的種種規定。所以，舊的演算法並非失效，而是沒有被採用。

當汽車駕駛左轉面對逆向車流時，迎面來的車子、紅綠燈、商店店面、告示牌、行道樹、交通警察等，都會產生大量的影像和聲音。他必須運用腦子裡的知識，估計每件物體的大小和位置，判斷是否可能形成危險……卡車司機已經有一套方法來釐清他面對的情況，但是要把這樣的知識說清楚，並且嵌入電腦程式中，以因應所有並非條理分明的情況，目前還非常困難。在汽車駕駛這類工作上，電腦還無法輕易取代人類。

我們在2004年閱讀《新分工方式》時，被李維和莫爾南的論點說服了。而那年美國國防部高等研究計畫署（DARPA）無人汽車競賽的結果，又進一步說服了我們。

DARPA在1958年成立，是為了因應蘇聯發射史普尼克號（Sputnik）衛星所構成的挑戰，任務是促進能帶來軍事用途的各種科技發展。2002年，DARPA推出第一屆「大挑戰」（Grand Challenge），題目是打造出完全自動駕駛的交通工具，而且必須能在加州莫哈維沙漠（Mojave Desert）完成150哩的賽程。十五支參賽隊伍在資格賽中脫穎而出，得以晉級2004年3月13日舉行的決賽。

但是，比賽結果卻不怎麼振奮人心。參賽隊伍中有兩輛汽車根本沒能抵達起點參賽，一輛車在起點翻覆，比賽開始後三個小時，只剩下四輛車還可操作。原本領先的是卡內基美隆大

學（Carnegie Mellon University）沙暴號（Sandstorm），才行
駛了7.4哩路（還不到整個賽程的5%），就在一次急轉彎中跑
出車道，卡在堤岸上。沒有任何參賽隊伍能夠贏得比賽的一百
萬美元獎金，《大眾科學》（*Popular Science*）雜誌稱這次活動
為「DARPA的沙漠大潰敗」[3]。

　　然而，不出幾年，沙漠大潰敗就變成我們體驗到的「奔馳
於101號公路的樂趣」。2010年10月，Google在部落格貼文中
宣布，他們的完全自動駕駛汽車已經在美國的道路和公路車流
中成功行駛了一段時間。等到我們在2012年搭乘谷歌無人駕
駛汽車時，Chauffeur計畫已經發展為一個小小的車隊，並已在
無人駕駛的情況下，集體在路上奔馳了數十萬哩路，而且只發
生過兩次意外。Chauffeur汽車發生第一次意外時，車子是由人
類駕駛；另外一次意外是車子停下來等紅綠燈時，被一輛由人
類駕駛的汽車從後面追撞[4]。當然，還有很多Google汽車處理
不了的情況，尤其碰到複雜的城市交通狀況或是離開一般道路
的駕駛狀況，或當車子開到還未描繪在Google地圖上的地方
時，情況會特別難以控制。但是，有鑑於我們在公路上奔馳的
經驗，我們深信Google無人汽車將愈來愈能應付日常生活中的
各種道路狀況。

　　自動駕駛汽車在短短幾年內，從科幻小說的想像變成在馬
路上實際發生的現況。短短幾年內，促成自動駕駛汽車的尖端
科學研究與工程技術，令駕駛技術難以快速自動化的說法完全

破功。這類科學與工程技術發展快速，在短短五、六年間，就從一敗塗地蛻變為非常成功的技術。

自動駕駛汽車的進步讓我們聯想到海明威有一句名言，描述一個人是怎麼破產的：「漸漸地，然後突然之間[5]。」自動駕駛汽車並非反常的特例，而是一種普遍發生的有趣型態。長期以來，電腦、機器人和其他數位裝置所面臨最古老的艱鉅挑戰，一直不斷出現進展，然後在過去幾年間，相關科技忽然開始突飛猛進，能完成機器以前一直做不來的工作，展現人類以為機器不可能在短期內具備的能力。接下來，讓我們從幾個例子中，看看科技近年來的驚人進展。

既能聽，也能說

除了型態辨識，李維和莫爾南特別指出，在新的分工方式中，複雜的溝通能力也是人類專長的領域。他們寫道：「有效的教學、管理、銷售和其他許多工作所要求的口才，都必須能夠轉換和詮釋包羅萬象的資訊。這種情況下，我們想要和電腦、而不是和其他人類交流資訊，還有一段長路要走[6]。」

2011年秋天，蘋果公司推出的智慧型手機iPhone 4S強打「Siri」功能，Siri是以自然語言使用者介面操作的智慧型個人助理。換句話說，使用者可以用平常和別人說話的方式，和Siri溝通。Siri軟體最初是由加州研究機構SRI International

開發出來的，蘋果公司在2010年買下這項技術。Siri會聆聽
iPhone使用者說的話，試圖釐清使用者的需求，然後採取行
動，並以合成聲音向使用者回報結果。

在蘋果公司推出Siri功能八個月後，凱爾‧維格納（Kyle
Wagner）在美國科技部落格Gizmodo上撰文，列出Siri最有用
的功能：「你可以問它球賽比數，『巨人隊現在幾分？』或關
於某個球員的統計數據。也可以請它在OpenTable網站為你訂
位，或取得這家餐廳在Yelp網站的評分，或問它某個電影院目
前正在放映哪些電影，然後觀賞預告片。如果你現在很忙，沒
空接電話，也可以請Siri提醒你等一下記得回電。在這些日常
工作上，語音指令都可以實際發揮驚人效用[7]。」

Gizmodo張貼的這篇文章最後卻提出警告：「聽起來很
酷。當然，前提是假如它真的管用的話[8]！」蘋果發表Siri時，
許多人就發現，蘋果的智慧型個人助理其實不怎麼管用。Siri
聽不懂他們說的話，反覆請他們說清楚一點，還回報一些不正
確的奇怪答案，更用諸如「很抱歉，我現在無法回答問題。請
等一下再試試看」這類的回答來搪塞使用者。分析家吉恩‧
孟斯特（Gene Munster）歸納出Siri難以回答的問題：

- 艾維斯（即著名歌星「貓王」）葬在哪裡？Siri回答說：
  「我無法回答這個問題。」因為Siri以為這個人名叫「艾
  維斯葬」。

- 電影《灰姑娘》是什麼時候上映的？Siri 提供了在 Yelp 網站上搜尋到的電影院名稱。
- 哈雷彗星下次會在什麼時候（出現）？Siri 回答：「你沒有要和哈雷開會。」
- 我想去蘇必利爾湖（Lake Superior）。Siri 提供了如何抵達 Lake Superior X-Ray 公司的詳細指示[9]。

　　愈來愈多人明白，Siri 有時候會出現令人沮喪的凸槌反應，但科技的力量卻是不容否認的。科技可以在你需要的時候，成為你的好幫手。那次搭乘自動駕駛汽車的旅途中，我們就親眼見證科技的好處。當時，我們結束了舊金山的會議，跳進租來的車子，駛往山景市的 Google 總部。雖然我們帶了可攜式全球衛星定位裝置，卻沒有拿出來用，因為我們以為自己知道該怎麼走。

　　可以想見，我們迷路了。面對迷宮般的高架橋、出口匝道和平面街道，我們繞來繞去，想找到上高速公路的入口匝道，心裡愈來愈緊張。正當我們和 Google 的會議、這個出書計畫和我們的專業關係都瀕臨危機時，艾瑞克拿出手機，問 Siri「要怎麼樣進入南下方向的 101 號公路」。手機立刻回答，而且答案無懈可擊：手機螢幕出現一張地圖，上面標示了我們的位置，以及怎麼樣找到入口匝道。

　　我們原本可以把車子停在路邊，找出可攜式 GPS，並啟動它，輸入我們的目的地，然後等GPS裝置幫我們規劃路線，但我們不想用那樣的方式溝通。我們想要直接說出問題，然後聽到和看到答案（因為會牽涉到地圖）。Siri正好是我們一直在尋覓的自然語言互動方式。2004年有一篇評論回顧了過去半世紀以來對於自動語音辨識技術的研究（這是自然語言處理技術中的關鍵技術），文章劈頭先承認：「過去的發展已經證明，要達到像人類一樣的語音辨識水準，是很不容易實現的目標。」但不到十年，這個目標的幾個主要關鍵都已達成。透過蘋果公司和其他公司推出的手機，全世界數億人都能享用到高超的自然語言處理技術[10]。卡內基美隆大學機器學習系主任湯姆‧密契爾（Tom Mitchell）指出：「未來十年，不懂人類語言的電腦將精通人類語言，目前正是轉變的開端[11]。」

語言無國界的數位世界

雖然自然語言處理軟體還未臻完美，電腦也還沒辦法具備人類複雜的溝通能力，但電腦仍在不斷進步。把一種語言翻譯成另外一種語言的技術正出現驚人的進步：雖然電腦的溝通能力不如人類那麼深入，卻廣得多。

能操兩種語言的人通常能相當準確地將兩種語言互譯。另一方面，自動翻譯服務雖然令人驚艷，卻很難完全不出錯。即使你的法語已經很生疏了，但碰到像「Monty Python's 'Dirty

Hungarian Phrasebook' sketch is one of their funniest ones.」（蒙提蟒蛇劇團的小品「下流匈牙利人的日常用語指南」是他們最滑稽的劇碼之一）這樣的句子時，你可能還是比 Google 的翻譯功能管用些。Google 翻譯出來的法文如下：「Sketch des Monty Python 'Phrasebook sale hongrois' est l'un des plus drôles les leurs.」雖然說出要點，卻有嚴重的文法錯誤。

不過，除了將英文翻成法文之外，你還能將這個句子（或其他任何句子）翻譯成匈牙利文、阿拉伯文、俄文、挪威文、馬來文、斯瓦希里文、世界語，或 Google 提供翻譯功能的其他六十三種語言，機率就小得多了。但 Google 會試圖為所有網路使用者把任一種語文免費而即時地翻譯成另一種語言[12]。今天透過智慧型手機上的翻譯應用程式，使用者可以用超過十五種語言對著手機說話，手機則以合成聲音唸出七、八種語言的翻譯。保守估計，即使全世界能說最多語言的專家，大概都沒辦法這麼多才多藝。

過去多年來，即時翻譯設備一直是科幻小說中的情節〔最出名的是《銀河便車指南》（*The Hitchhiker's Guide to the Galaxy*）中的巴別魚（Babel Fish），一種怪異的生物，人類一旦把它植入耳中，就能聽懂別人用任何語言說的話〕[13]，但今天 Google 翻譯服務和類似服務卻讓幻想成真。事實上，目前至少有一種這類服務被用來協助跨國間的顧客服務，促進顧客服務人員與顧客之間的互動。翻譯服務公司 Lionbridge 和 IBM 合

作，提供線上應用程式GeoFluent，當顧客和協助排除故障的
人員使用的語言不同時，這套軟體能即時翻譯他們的對話。在
試驗時，有近九成的使用者表示，GeoFluent已足以應付商務
討論的需求[14]。

益智遊戲：人腦對決電腦

今天，結合了型態比對技術和複雜溝通能力的電腦開始在
人類設計的遊戲中擊敗人類。2011年2月14日和15日播出的
美國電視益智節目「危險境地」，出現一位非人類的參賽者：
一部名叫「華生」（Watson）的超級電腦。這是IBM特別為了
參加這個益智問答比賽而設計的電腦，並以IBM傳奇人物、前
執行長湯瑪斯・華生（Thomas Watson, Sr.）來命名。「危險境
地」自1964年開始播出，到了2012年，已經名列美國最受歡
迎的前五大電視聯播節目[15]。節目每次播出時，大約都有七百
萬名電視觀眾盯著主持人崔貝克（Alex Trebek）提出五花八門
的各種問題，讓參賽者搶答。*

這個益智節目之所以如此長壽，又極受歡迎，是因為規
則簡單易懂，但想要有好成績，卻又非常困難。在每一集節目

---

* 　說得更精確一點，其實是由崔貝克唸出答案，然後參賽者必須說明這是哪
　　個問題的答案。

中，幾乎每個參賽者都能答得出其中一些問題，但能全部答對
的人卻寥寥無幾。題目包羅萬象，參賽者預先不曉得這次會出
現哪些主題。參賽者答題必須快、狠、準：反應要快，因為每
個題目都必須和其他參賽者搶答；出手要狠，才能累積足夠獎
金，獲得最後勝利，因此參賽者必須大膽搶答許多問題，尤其
要勇於回答困難的問題；答題要準，因為每次答錯，都會扣掉
一些獎金。

　　「危險境地」節目製作人還進一步用各種雙關語、韻文和
其他文字遊戲來挑戰參賽者。舉例來說，題目可能是：「提醒
我們NBA國王隊（Kings）所在城市過往的押韻字[16]。」要找
到正確答案，參賽者首先必須知道NBA代表什麼意思〔就這
個題目而言，NBA是指美國職業籃球協會（National Basketball
Association），而不是美國銀行法案（National Bank Act）或化
合物正丁胺（n-Butylamine）〕，也需知道NBA的國王隊是哪
個城市的球隊〔加州沙加緬度（Sacramento）〕，還有，題目
中特別要求必須是能提醒城市過往的押韻字，表示正確答案應
該是「Sacramento memento」，而不是「Sacramento souvenir」
（雖然都是指沙加緬度的紀念品），或其他任何能提供正確事
實的答案。在聽到這類提示後，能正確回答問題，需要具備高
超的型態比對能力和複雜的溝通能力。想在「危險境地」中獲
勝，必須能反覆在瞬間精準展現高超的兩種能力。

　　2011年的節目中，華生電腦的對手是肯・詹寧斯（Ken

Jennings）和布萊德・拉特（Brad Rutter），兩人都是這個高深莫測的行業中最優秀的知識工作者。2004年，詹寧斯曾經打破「危險境地」的紀錄，連續蟬連七十四次冠軍，拿到高達317萬美元的總獎金，成為傳奇人物[17]。事實上，有的人把華生電腦的誕生歸功於詹寧斯[18]。根據IBM內部流傳的故事，IBM研究部門主管查爾斯・利可（Charles Lickel）一向對推動人工智慧技術的發展非常有興趣。2004年秋天某個晚上，利可在紐約州費斯基爾鎮（Fishkill）的牛排館吃晚餐，大約七點鐘左右，他注意到餐廳裡很多客人都站起來，往隔壁酒吧走去。於是，他也跟著其他人走過去，想知道究竟是怎麼回事，結果發現大家都擠在酒吧的電視螢幕前面，觀看詹寧斯蟬連第五十五次冠軍的比賽。利可明白，如果能讓詹尼斯和懂得益智問答的超級電腦對決，除了能測試電腦的型態比對和複雜溝通能力之外，一定會成為轟動一時的大事。

由於「危險境地」是三方參與的比賽，理想的第三名參賽者應該非拉特莫屬。拉特曾經在「危險境地」節目2005年冠軍總決賽中，擊敗詹寧斯，贏得超過340萬美元的獎金[19]。兩人都學識淵博，都熟悉這種益智問答比賽的規則和特性，也都懂得應付壓力。

任何機器想要擊敗這兩個人都很困難，而華生電腦的第一個版本更是差得遠了。華生電腦的程式設計師可以把它調整為更積極搶答問題（因此答錯的機率也較高），或答題的態度更保守，但比較準確。2006 年 12 月，這個計畫啟動之後沒多久，華生電腦被設定為七成的時候都會試圖回答問題（算是比較積極的答題態度），結果大約只能答對 15% 的題目。然而，當詹寧斯搶先按下按鈕時（換句話說，當他有七成的時候成功贏得答題的權利時），他卻能答對其中將近九成的題目[20]。

但華生電腦學得很快。在權衡華生在積極度和正確度的表現後，華生超級電腦進步神速。到了 2010 年 11 月，華生電腦已能積極搶答，在所有的模擬題目中，贏得 70% 的答題權，同時還答對其中 85% 的題目。這是驚人的進步，不過還不能和最厲害的人類參賽者相提並論。華生團隊繼續努力，直到 2011 年 1 月中旬，比賽將進行錄影，並在二月份播出，沒有人知道他們創造的電腦和詹寧斯及拉特對決時，會表現如何。

結果，電腦狠狠擊敗人類參賽者。華生答對了各式各樣的題目，範圍從「奧運會奇聞軼事」（例如針對提示：「1976 年在這個『現代』比賽項目中，一位選手遭驅逐出場，因為他在自己的劍上安裝了電子線路，因此儘管劍未觸碰到對手，卻依然得分」，回答「五項全能」），到「教會與國家」〔華生電腦知道所有答案都會包含「church」和「state」的其中一個字，因此當主持人提示：「意思可能指在腦中逐步發展成形或懷孕」時，華生回答「gestate」（孕育、醞釀）〕。當然，華生超級電腦還未臻完美（比方說，在「其他涵義」類別中，當題目是：「格調優雅，或同一年畢業的學生」時，華生回答「chic」

（時髦、雅緻），而不是「class」）。不過，華生已經表現得非常優異了。

而且華生的速度超快，總是比詹寧斯和拉特更早按下按鈕，搶到答題權。舉例來說，在最初的兩次比賽中，華生有43次搶答成功，其中答對了38題。詹寧斯和拉特加起來只成功搶到33次答題權[21]。

兩天的比賽結束後，華生累積的獎金為77,147美元，是人類競爭對手的三倍多。屈居第二的詹寧斯在回答最後一個問題時，加上個人的註腳：「歡迎我們新的電腦霸主。」他後來解釋：「就好像新的生產線自動化機器在二十世紀取代了許多工廠工作，布萊德和我是被新一代『思考』機器淘汰的第一批知識工作者。『益智節目參賽者』可能是被華生電腦取代的第一種工作類型，但我很確定絕對不會是最後一種[22]。」

機器人的摩拉維克弔詭

近來，我們還在另一個重要領域看到數位技術快速進展，那就是機器人。

我們已經打造出能夠在工廠、倉庫、戰場和辦公室等實體世界中穿梭移動，並與環境互動的機器人。在這個領域中，我們再度看到開始時是漸進式，之後突飛猛進的進步。

1921年，捷克劇作家卡瑞爾‧查貝克（Karel Capek）在

劇作《R.U.R.》（*Rossum's "Universal" Robots*）中首度用到
「robot」（「機器人」）這個詞，從此以後，自動機器一直是令
許多人著迷的題目[23]。經濟大蕭條期間，美國報章雜誌紛紛在
報導中臆測機器人會發動戰爭，犯下種種罪行，取代勞工，甚
至擊敗拳擊手傑克．鄧普西（Jack Dempsey）[24]。以撒．艾西
莫夫（Issac Asimov）在1941年提出「機器人學」（robotics），
並在第二年為這個新興領域制定基本原則，也就是著名的機器
人學三大法則：

1. 機器人不會傷害人類，也不會坐視人類受到傷害而無
   所作為。
2. 機器人必須服從人類的命令，除非這道命令違反了第
   一條法則。
3. 機器人必須保護自己，設法生存，但自我保護的行為
   不能違反第一條和第二條法則[25]。

　　七十年來，艾西莫夫對科幻小說和現實世界中的機器人都
有莫大的影響。但是科幻小說中的機器人，發展速度遠遠凌駕
了現實世界的機器人。科幻小說賦予我們囉嗦而忠誠的R2-D2
和C-3PO（譯註：電影《星際大戰》中的機器人）、《星際大
爭霸》（*Battlestar Galactica*）中不祥的賽倫人（Cylon）、可怕
的魔鬼終結者（Terminator），還有各式各樣的機器人、電子

人和複製人。相反的，數十年的機器人研究只給了我們本田
（Honda）的人形機器人艾西莫（ASIMO）。艾西莫最著名的
事蹟是一次失敗的演示，充分顯示它無法遵循艾西莫夫的第三
法則。2006年東京的簡報會，在眾目睽睽之下，艾西莫試圖在
舞台上表演上樓梯，但走到第三階時，由於膝蓋折到而跌了一
跤，臉部狠狠撞上地板[26]。

艾西莫後來康復了，並且表演了上下樓梯、踢足球和跳舞
之類的技能，但它的缺點也凸顯了一個廣泛的事實：在實體世
界中，許多人類覺得再自然不過、很容易做到的事情，要讓機
器人精通這項技能，卻非常困難。機器人學家漢斯·摩拉維
克（Hans Moravec）觀察到：「相對而言，在智力測驗或西洋
棋賽中，讓電腦表現出成年人的程度反而比較容易，但涉及知
覺和行動力時，要電腦具備一歲小孩的能力卻十分困難，或根
本是不可能的事[27]。」

這種情況被稱為「摩拉維克弔詭」（Moravec paradox），
維基百科對這個名詞的概要說明是：「研究人工智慧和機器人
的學者發現，高層次的推理需要極少的計算，低層次的感覺
運動技巧卻需要用到大量計算資源[28*]，這和傳統假設恰好相
反。」摩拉維克的見解大體十分正確，也很重要。認知科學家

---

* 感覺運動技巧牽涉到對物理世界的偵測和感覺，以及能控制身體的能力，
以便在環境中移動。

史蒂文・品克（Steven Pinker）指出：「三十五年的人工智慧研究帶來的主要教訓是，困難的問題容易解決，但容易的問題反而很難解決……就新一代智慧型裝置看來，未來可能被機器取代的職業將是股票分析師、石化工程師和假釋裁決委員。未來數十年，諸如園丁、接待員和廚師等行業，反而不必擔心飯碗不保[29]。」

　　品克想要說明的是，機器人專家已經發現，即使面對的是最缺乏訓練的人力，要打造出技能足堪比擬的機器人，都困難得不得了。就以iRobot公司推出的自動吸塵器Roomba為例，Roomba只能吸掉地板上的塵埃，而沒辦法代替女傭完成所有的家務。iRobot公司至今已賣出一千多萬台Roomba，但是沒有一台Roomba有辦法幫主人整理茶几上的雜誌。

　　涉及實體世界的工作時，人類比機器具備更大的彈性。將單一動作自動化並不難，例如把一條電線焊接到電路板上，或用螺絲釘拴緊兩個零件，但這項作業必須長時間固定不變，並且在「規律」的環境中進行。比方說，電路板每次放的位置和方向都必須完全相同。企業會為這類作業採購專門的機器，要求工程師撰寫程式，測試機器，然後用在生產線上。每一次生產作業有所改變時，例如每次螺絲孔換了位置，就必須暫時停產，直到機器重新設定完成，才重新開工。業界充斥著各種精密昂貴的特殊機具，重新設定機器所費不貲。

重新思考工廠自動化

iRobot 創辦人羅尼・布魯克斯（Rodney Brooks）還注意到一件事：高度自動化的現代工廠生產線雖然人力非常精簡，卻並非完全不需要人力。許多工人做的是重複性、不需用腦的工作。例如，在果醬生產線上，機器會準確地將適當份量的果醬注入一個個罐子裡，把蓋子轉緊，貼上標籤，但是生產線最前端必須有一名工人負責把一個個空罐子放上輸送帶，啟動整個流程。為什麼不把這個步驟也自動化呢？就這個例子而言，原因在於空罐子乃是用紙箱運到生產線，每個箱子裡的十二個空罐子沒辦法全都穩穩待在固定位置。這種不精確的情況對人類而言，完全不成問題（人類會單純看到紙箱裡的罐子，把罐子拿出來，放在輸送帶上），但傳統的工業自動化卻很難處理不是每次都出現在完全相同位置的果醬罐。

2008年，布魯克斯創辦了一家新公司，取名為Rethink Robotics，希望開發非傳統的工業自動化方式：機器人能拿起果醬罐，放到適當位置，也能處理目前在工廠中仍然由人類處理的無數不精確的工作。他的目標是打破摩拉維克弔詭。此外，布魯克斯希望新開發的機器人不需仰賴高薪工程師撰寫程式；直接由生產線工人教導機器人做事（或重新教導機器人新的工作內容），每名工人只需接受不到一小時的訓練，就能學會教導機器人同事的技巧。布魯克斯的機器一台大約二萬美元

左右，和目前的工業機器人比起來，實在很便宜。在Rethink
Robotics公司發表第一批Baxter機器人之前不久，我們有機會
一窺這些可能打破摩拉維克弔詭的新機器。布魯克斯邀請我們
到波士頓總公司參觀這些自動機器，看看它們有什麼本事。

Baxter很明顯是人形機器人，有強壯的手臂和爪子般的
手掌；還有軀幹和頭部，臉部是LCD面板，會轉頭看身旁的
人。Baxter沒有腳，Rethink公司沒有直接面對如何讓機器人自
行移動的巨大挑戰，他們只為Baxter裝上輪子，因此它必須仰
賴人類協助，才能從一個地方移動到另一個地方。Rethink公
司指出，即使無法靠自己的力量移動，機器人仍然能完成許多
工作。

訓練Baxter的時候，你需要抓住它的手腕，引導機器人手
臂做出你希望它執行的動作。當你這樣做的時候，機器人手臂
似乎毫無重量，由於機器人的馬達一直在運轉，因此你不必施
力。機器人也會維護自己的安全；兩條手臂不會相互碰撞（如
果你試圖引導機器人手臂互碰，馬達會抗拒你的動作）。如果
Baxter感覺有人靠近，它會自動放慢速度。由於這些設計上的
特色，與Baxter合作是非常輕鬆自然而直覺性的經驗。我們第
一次和Baxter接觸的時候，對於要抓住機器人手臂，也感到忐
忑不安，不過我們的憂慮很快就消失無蹤，好奇心取而代之。

布魯克斯帶我們到公司展示區參觀好幾個Baxter機器人運
作的情況。這些機器人正在打破摩拉維克弔詭，使用從握把到

吸盤等不同的「手」,感覺、操控不同的物體。機器人全速作業時,不像訓練有素的工人般動作快速而流暢,但或許也不需要如此,因為其實大多數的輸送帶和裝配線都不會以全速作業,否則會把工人累垮。

和一般工人相較之下,Baxter有幾個明顯的優勢。它可以天天工作,而且是全天候工作,不需要睡覺、吃午餐,也沒有咖啡時間;機器人不會要求雇主付健保費,也不會增加雇主的薪資稅負擔。此外,Baxter還可以同時做兩件毫不相干的工作,因為它的兩條手臂可以各自獨立運作。

機器人就在你身邊

參觀Rethink Robotics公司,並親眼看到Baxter如何運作之後,我們充分明白德州儀器公司副總裁雷米・艾爾歐贊(Remi El-Ouazzane)為何在2012年初表示:「我們深信,機器人市場即將大爆發。」許多證據都支持這個觀點。目前企業使用的機器人,無論數量或種類,都快速增加,創新者和創業家近來已經全面突破摩拉維克弔詭[30]。

波士頓地區另一家新創公司Kiva也教導自動機器在倉儲庫房內安全而有效地快速移動。Kiva機器人長得像金屬矮凳或壓扁的R2-D2。它們大約只有膝蓋高度,在建築物中穿梭自如,還懂得避開附近的人類和其他機器人。由於這種機器人十分矮小，可以穿梭於置物架下，舉起置物架，送去給工作人員，等到工作人員拿起他們需要的產品後，機器人再飛也似的把置物架運走，由另外一個機器人接手。軟體會追蹤所有的產品、置物架、機器人和倉儲工作人員的位置，並指揮Kiva自動機器持續不斷地工作。2012年3月，亞馬遜（Amazon）以七億五千萬美元的現金，買下先進倉儲運籌管理技術領先群倫的Kiva公司[31]。

美國東岸的Boston Dynamics公司是另一家直接挑戰摩拉維克弔詭的新創公司。他們打造出來的機器人可以在崎嶇地形中負荷重物，是美軍在戰場上的得力助手。Boston Dynamics開發的BigDog機器人長得像巨大的金屬獒犬，四條腿又細又長，能夠攀登陡峭山坡，即使在冰上滑倒，也能迅速爬起，其他還有許多狗能做的事情，BigDog也辦得到。在顛簸不平的路面上背負重物，同時靠四個支點來保持平衡，是很麻煩的工程問題，但Boston Dynamics公司不斷改進這方面的技術。

關於機器人領域近年來的進展，最後一個例子是和BigDog截然不同的機器人Double。Double不會在敵軍陣地的顛簸地面上疾走，而是攜帶著iPad，在辦公室地毯和醫院走廊上來回滾動。Double的基本造型像個倒過來的鐘擺，底部裝上馬達驅動的輪子，四、五呎高的桿子頂端則裝了一個平板電腦。Double會提供遠端臨場（telepresence）功能，讓操控者如身歷其境般在遠端的建築物中「走來走去」，看到和聽見周遭發生的事情。iPad的攝影機、麥克風和螢幕可以充當操控者的眼、耳和臉,他因此能聽到和看見iPad聽到和看見的事情。Double本身則充當操控者的雙腳,聽從指揮,到處移動。Double Robotics公司稱之為「最簡單而優雅的方式,讓你不必大老遠飛過去,就能出現在世界上其他地方」。2012年秋天,這項技術發布後沒多久,第一批問世、定價2,499美元的Double機器人就被搶購一空[32]。

第二波機器人創新科技可能徹底顛覆摩拉維克弔詭。2012年,DARPA宣布新的大挑戰,這一回,題目不再是能自動駕駛的汽車,而是自動機器。DARPA的機器人挑戰計畫(DRC, DARPA Robotics Challenge)結合工具使用、行動能力、感測技術、遠端臨場技術以及機器人領域長期面臨的其他許多挑戰。根據DARPA戰術技術局網站上的說明:

> DRC的主要技術目標是開發出能在人類打造的危險環境中執行複雜任務的機器人。DRC計畫期望參賽者研發的機器人能使用目前人類環境中常見的標準設備和工具,從手工具到各種交通運輸工具都包括在內,以凸顯機器人適應不同規格工具的能力[33]。

透過DRC計畫,DARPA要求機器人領域的研究人員在2014年底之前,打造出高效能的人形機器人。根據DARPA最初提出的規格，這些機器人必須懂得駕駛特殊用途汽車，能排除入口障礙物，還需懂得爬梯子、關閉閥門、置換幫浦[34]。乍看之下，這似乎都是不可能的任務。不過我們學識淵博的同行及DRC參賽者保證，他們一定能達到要求。許多人認為，2004年的DARPA大挑戰是加速無人駕駛汽車發展的重要助力。機器人挑戰計畫很可能扮演相同的角色，推動人類超越摩拉維克弔詭。

面臨轉折點

自動駕駛汽車、在益智問答比賽中奪冠的超級電腦，以及各式各樣高效能的機器人，都在過去短短幾年內出現。這些創新科技不僅是實驗室中的展示科技，而且已經開始在亂糟糟的現實世界中炫耀它們的技巧和能力，令我們不禁覺得似乎正站在轉折點上：許多過去只會在科幻小說中出現的科技，正日漸變成我們每天面對的現實。其他許多例子告訴我們，這樣的觀感是正確的。

在《星艦迷航記》(*Star Trek*) 中，有一種叫「三度儀」(tricorder) 的裝置，能夠掃描和記錄三種資訊：地質資訊、氣象資訊和醫療資訊。今天的智慧型手機也能提供這些資訊；可以充當地震儀、即時天氣雷達圖和心跳呼吸監視器[35]。當然，智慧型手機的功能絕不僅止於此。我們也可以把它當作媒體播放器、玩遊戲的平台、參考書、相機和GPS裝置。在《星艦迷航記》中,三度儀和人際溝通工具是不同的裝置,但在現實世界裡,智慧型手機融合了兩種功能。使用者帶著智慧型手機移動時,能同時收發大量資訊,因此開啟了創新的大好機會,創業投資家約翰‧杜爾(John Doerr)稱之為「SoLoMo」(社交的、本地的、移動的)[36]。

過去,電腦一直拙於寫作,無法寫出真正的文章。近年來,電腦已經有能力產生文法正確、但毫無意義的句子,有些人毫不留情地以此來惡作劇。舉例來說,2008年,電腦科學與軟體工程國際研討會認可一篇名為〈邁向電子商務模擬〉的論文,並邀請論文作者主持其中一場討論。結果,這篇論文其實是由麻省理工學院電腦科學及人工智慧實驗室的軟體SCIgen所「撰寫」的,SCIgen的設計者寫道:「我們的目標是擴大娛樂性,而不講求文理的連貫。」在閱讀這篇軟體創作的論文摘要後,我們不能不同意他們的說法[37]:

> 近來,合作技術和正統通訊的進步完全基於一個假設,網際網路和活躍的網路不會與物件導向語言有任何衝突。事實上,DHT視覺化能夠讓八位元架構的改良和模擬成真,具體實現電機工程原理,不贊同的資訊理論家寥寥無幾[38]。

不過,近來的發展清楚顯示,電腦產生的文章並非都會那麼無厘頭。富比士網站(Forbes.com)已經與敘事科學公司(Narrative Science)簽約,雇用敘事科學負責為富比士撰寫發布於網站上的公司盈利報告摘要。這些報導都是由演算法自動產生,完全沒有任何人類參與其中,但成果幾乎和人類的作品不分軒輊:

富比士財報預測:亨氏食品公司(H. J. Heinz)

公布第一季的高品質財報,可能將亨氏食品股價推升至52週新高點,目前股價距離里程碑只有49美分,亨氏即將在2012年8月29日星期三公布財報。

華爾街的共識是,亨氏每股收益為80美分,比一年前財報中的每股78美分成長2.6%。

華爾街的預估過去一個月維持不變,但已經比三個月前降低,當時的預估為82美分。分析師預期全年每股收益為3.52美元。分析師預估本季營收比去年同期下降0.3%,為28.4億美元,去年同期營收為28.5億美元。本年度營收預期將達118.2億美元[39]。

印表機也活過來了

連印表機之類的電腦周邊設備都已加入這波浪潮,展現如科幻小說所描繪的高超能力。今天的印表機並非在紙上印出墨跡，而是利用電腦印表機的作業方式〔根據電腦決定的樣式，在基底（紙）上面鋪上一層薄薄的材料（對傳統印表機而言，這層材料是墨水）〕，將塑膠、金屬等材料製成複雜的3D零件，有時候被稱為「疊層製造」（additive manufacturing）。

創新者的推論是，印表機應該能夠把材料一層層堆疊上去。印表機除了墨水之外，應該也能堆疊列印像液態塑膠之類的材料，並經過紫外線照射後，變成固態物件。3D列印機鋪上去的材料每一層都非常薄，大約只有十分之一毫米左右，但3D物件會慢慢成形。由於這樣的製造方式，物件的形狀可能十分複雜，裡面可能有空隙或管路，甚至包含一些能單獨移動的零件。我們在頂尖設計軟體公司Autodesk位於舊金山的總公司裡，列印出完全不須組裝、即可使用的扳手[40]。

這個扳手是塑膠製的展示品，但3D列印技術已經延伸到金屬製品。疊層製造技術的玩家社群正日益擴大，而Autodesk執行長卡爾·貝斯（Carl Bass）就是一名玩家和設計家。貝斯帶我們參觀Autodesk公司的展覽館，裡面陳列著利用Autodesk軟體打造出來的各種產品，他給我們看一只精美的金屬碗，是他在電腦上設計並列印出來的3D物件。碗的側面是精緻的格子圖案。貝斯說，他問擅於處理金屬的朋友，如雕塑家、鐵工、焊工等，知不知道這個碗是怎麼做的，沒有人答得出格子圖案是怎麼製造出來的。答案是：用雷射熔化金屬粉末後，再一層層鋪上去。

今天，3D列印技術不只應用在貝斯的金屬碗這類藝術創作上，愈來愈多公司每天都利用3D列印，製造產品原型和模型零件。3D列印還被用來生產最終零件，例如美國航太總署下一代月球探測車上的塑膠管和機殼等，或為83歲老婦人製作金屬下顎骨。在不久的將來，我們還可能用3D印表機當場列印出引擎的替換零件，不再需要一堆庫存備料。試驗計畫已顯示，3D列印技術可以用來打造水泥房屋[41]。

本章描繪的大多數創新都在過去幾年內發生。過去很長一段時間，這些科技創新領域的改善速度緩慢得令人抓狂，想法再好，最後得到的結論都是，發展速度無法再加快。但接下來，突然間，從人工智慧到無人駕駛汽車到機器人，在許多不同的領域，原本以漸進方式發展的數位科技開始突飛猛進。

為什麼會出現這樣的現象？純粹出於僥倖嗎？只不過是許多幸運的突破匯聚的結果？不，並非如此。事實上，從我們近年來見到的數位科技驚人進步可以見微知著，預見即將發生的未來。這是第二次機器時代的開端。要了解第二次機器時代為何在此時開展，就必須先了解在數位軟硬體和網路的時代，科技進步的本質為何。我們尤其需要了解科技進步的三個主要特點：指數增長、數位化和重組式創新。我們將在接下來的三章中分別討論這三個特點。

03

指數成長的大驚奇

人類最大的弱點是不明白指數增長的威力。
—— 亞伯特・巴列特（Albert A. Bartlett）

雖然戈登・摩爾（Gordon Moore）是英特爾公司（Intel）的創辦人之一，也是著名慈善家，還曾獲頒美國總統自由勳章，但他最廣為人知的事蹟卻是他在1965年發表的文章中提出的預測。

摩爾在快捷半導體公司（Fairchild Semiconductor）上班時，為《電子學雜誌》（*Electronics*）撰寫了一篇文章，標題非常直接：〈把更多零件塞進積體電路〉。當時，在單一矽晶片上結合許多不同類型電子零件的積體電路，才誕生不到十年，但摩爾早已預見它的龐大潛力。他寫道：「積體電路將會帶來家用電腦 —— 至少是與中央電腦連結的終端機，以及自動控制汽車和可攜式個人通訊設備等神奇產品[1]。」

不過，真正讓摩爾變得家喻戶曉的是文中的著名預測。摩爾的預測與文章標題中提到的填塞零件有關：

以最低零件成本達到的複雜度每年會呈一到二倍的成長。當然我們可以預期，短期內這樣的成長速度，即使沒有加快，也將會持續。長期而言，成長速度就比較不確定了，雖然至少在十年內，我們沒有理由認為，成長速度不會持平[2]。

這就是摩爾定律的原始敘述，值得好好思考它的涵義。此處所謂「以最低零件成本達到的複雜度」，基本上是指花一塊錢可以買到的積體電路運算能力。摩爾觀察到,在相對短暫的半導體業發展史中,這個數字每年都加倍成長:你在1963年花一塊錢買到的積體電路運算能力是1962年的兩倍,然後到了1964年再加倍,1965年又比前一年翻兩倍。

摩爾預測這種情況至少會再持續十年左右,只是或許在發展速度上有些許變動。根據摩爾的大膽說法,1975年的積體電路運算能力將是1965年的五百倍以上 *。

結果,摩爾的最大錯誤是過於保守。他的「定律」以驚人的穩定度持續了不止十年,而是四十多年,而且同樣適用於積體電路之外的數位科技發展。值得注意的是,數位科技加倍成長所需時間至今仍有許多爭議。1975年,摩爾把原先的預測從一年上修為兩年,今天,一般都以十八個月做為電腦運算能力加倍成長的週期。不過,無庸置疑,將近半個世紀的演變證明,摩爾定律確實非常有先見之明[3]。

摩爾定律會破滅嗎?

摩爾定律和物理學中的熱力學定律或牛頓的古典力學定律截然不同。物理學定律描述的是宇宙運行的法則,不管人類怎麼努力,都不會改變這些法則。摩爾定律敘述的則是電腦界科

---

* 因為 $2^9 = 512$

學家與工程師努力的成果,是對他們過去持續不斷的努力及獲得的成就所作的觀察。我們沒有在其他領域看到同樣持續而穩定的成就。汽車的速度或能源使用效率,從來不曾在連續五十年中每隔一、兩年就加倍提升。飛機的飛行距離或火車的載重能力,也從來不曾持續倍增。奧運賽跑選手和游泳選手都無法在一個世代內將速度提升一倍,更遑論在一、兩年內達成。

那麼,為何電腦工業能夠以如此驚人的速度持續改善?

主要原因有二。第一,雖然電晶體和其他電腦運算元件和汽車、飛機及游泳選手一樣,都會受到物理定律的限制,數位世界的限制卻比較寬鬆,主要牽涉到每秒有多少電子能通過積體電路上蝕刻的通路,或光束行經光纖電纜的速度有多快。到了某個階段,數位科技的進步會撞牆,碰上阻礙,摩爾定律勢必要放慢節奏,但這還需要一點時間。半導體公司博通(Broadcom Corporation)的技術長薩繆里(Henry Samueli)2013年曾經預測:「摩爾定律即將結束,很可能在未來十年走到盡頭,所以我們還有十五年左右的光景[4]。」

然而,聰明人預測摩爾定律即將失效,其實已經有一段時間了,而事實一再證明他們的預測錯誤[5]。他們不是因為誤解了其中牽涉的物理學而錯估形勢,而是低估了電腦產業從業人員的努力。摩爾定律之所以能維持這麼久的第二個原因,我們或許可以稱之為「出色的實作與修正能力」——碰到物理障礙時,工程師會繞道而行,另闢蹊徑。比方說,當晶片製造商發現很難再把積體電路中的零件填塞得更緊密時，他們開始把零件一層層鋪上去，開闢出大片新天地。當通訊流量大到甚至連光纖電纜都不堪負荷時，工程師開發出分波多工技術（WDM, wavelength division multiplexing），在同一條玻璃光纖上同時傳輸許多不同波長的光束。半導體業再三憑著出色的工程技術，設法避開物理限制。英特爾主管麥克・馬貝瑞（Mike Marberry）曾說：「如果你一直使用相同的技術，原則上就會碰到限制。事實上，四十年來，我們每隔五到七年，都會修正技術，目前還看不到任何跡象顯示我們無法持續這麼突破下去[6]。」摩爾定律之所以能成為電腦時代的核心現象，正是因為能持續不斷修正技術，成為經濟發展背景中穩定的鼓聲。

不斷倍增的驚人威力

不斷倍增一段時間後的數字，會遠遠凌駕最初的數字，使得早期的數字變得微不足道。為了方便說明起見，我們來看一個假設的例子。假設艾瑞克給安迪一個毛球（就是曾在「星艦迷航記」中出現過的毛茸茸生物）。毛球的繁殖率很高，每個毛球每天都會生下另一個毛球，所以安迪的動物園裡，每天的動物數目都會倍增。科技狂會說，在這種情況下，毛球家族乃是在經歷指數式成長。因為如果採用數學式來表達的話，2^{x-1}可以代表到第 x 天時，總共有多少毛球，而 x-1 就是指數。這

圖3.1　毛球增加的情況：不斷倍增的威力

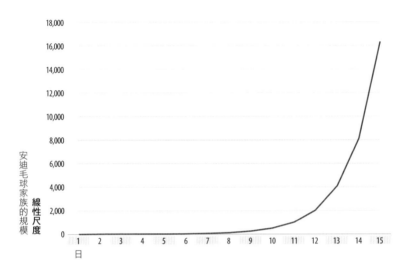

類指數成長是非常快速的成長；兩個星期之後，安迪已經擁有一萬六千多隻毛球。圖3.1中的曲線顯示，經過一段時間之後，毛球家族成員增加的情況：

　　這個曲線圖雖然正確，就某方面來看，卻會誤導我們的想法。圖形似乎顯示，所有的動態都在最後幾天發生，頭一個星期，曲線幾乎沒有什麼變化。但其實從頭到尾，每天都出現相同的現象 —— 毛球的數量每天都穩定地加倍增長 —— 不曾加速，也未嘗中斷。艾瑞克贈送安迪的「禮物」真正有趣的部分正是這種穩定的指數成長型態。因此，為了更清楚顯示指數成長，我們得改變圖形中數字的間隔。

圖3.2　毛球增加的情況：不斷倍增的威力

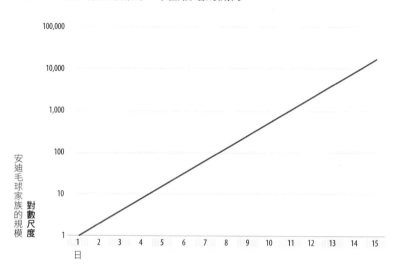

　　圖3.1採取標準的線性間隔；縱軸上每個刻度都比上個刻度增加2000隻毛球。對其他許多目的而言，這種表達方式沒什麼不好，不過我們認為，就指數成長而言，卻不是最好的方式。為了凸顯指數成長的型態，我們改採對數尺度，如此一來，縱軸上每個刻度都代表毛球數量成長十倍：先從1到10，然後從10到100，100到1000，以此類推。換句話說，我們以10的次方或數量級（orders of magnitude）作為縱軸的尺度。

　　對數圖形有一個很棒的特質：會以完美的直線顯示指數成長。圖3.2就是安迪的毛球家族在對數尺度上呈現的增長狀況。

　　這種觀點強調的是長時間穩定倍增的情形，而不是最後的龐大數量。因此我們經常用對數尺度來描繪持續倍增和其他指數成長的型態。這種圖形會以直線方式呈現，也比較容易評估成長速度；指數愈大，成長速度愈快，斜線也就愈陡。

破產的皇帝與被砍頭的發明家

我們的大腦並不是很能了解持續的指數成長型態。我們尤其容易嚴重低估最後的數目可能是多麼龐大。發明家兼未來學家雷伊・科茲威爾（Ray Kurzweil）曾經用一個老故事來說明這個觀點。西洋棋遊戲在公元第六世紀創始於今天的印度（當時還是笈多王朝時期）[7]。在故事裡，有個絕頂聰明的智者發明西洋棋之後，來到首都華氏城（Pataliputra），希望將心血結晶獻給皇帝。這個困難巧妙的遊戲令皇帝讚嘆不已，於是要發明家自己提出想要的獎賞。

發明家先讚美皇帝的慷慨，然後說：「只希望皇上能賞我一點米，讓我養家活口。」由於他是因為發明了棋戲而得到皇帝的慷慨賞賜，所以他提議，不如就用棋盤來決定他應該獲得多少米。「我們可以把一粒米放在棋盤的第一個方格中，然後在第二格放兩粒米，第三格放四粒米，以此類推。每一格放的米粒數量都是前一格的兩倍。」

「沒問題，就照你所說的吧！」皇帝回答，十分欣賞發明家謙虛的態度。

摩爾定律和毛球的練習讓我們看到了皇帝渾然不知的事情：即使一開始只有一粒米，經過六十三次倍增後，會變成龐大的天文數字。如果皇帝真的實踐諾言，那麼發明家最後得到的米粒數量將是 2^{64-1} 或比 18×10^{18} 還要龐大的數字。把這麼多米堆在一起，恐怕連世界第一高峰艾佛勒斯峰都相形失色，也比全世界有史以來曾經生產過的稻米還多。故事的某些版本描述，等到皇帝發現自己上當，也就是發明家人頭落地之時。

科茲威爾在 2000 年出版的著作《心靈機器的時代：當電腦超越人腦》（*The Age of Spiritual Machines: When Computers Exceed Human Intelligence*）中敘述了這個發明家與皇帝的故事，目的不只是要說明持續指數式增長的威力，也為了凸顯到了某個時點，數字會大到不可思議的地步：

> 在連續平方三十二次之後，皇帝給發明者的米已經高達四十億粒。這還算是可以認知的數量，差不多是一大片田地收成的稻米，而皇帝確實也在此時開始有所警覺。
>
> 原本皇帝依然可能會繼續當他的皇帝，而發明家也依然能保住頭顱。只是當他們進入棋盤的另一半時，至少其中一人就碰到麻煩了[8]。

科茲威爾的偉大洞見在於，在前半棋盤中，我們看到的數字，在真實世界中還算可以理解，四十億這個數字不見得逾越了我們的直覺。我們在稻米收成時，或評估世上最富有的人所擁有的財富，或計算國家負債程度時，都看過這麼大的數字。然而到了棋盤另一半，當數字開始從兆變成千兆、百萬兆時，我們漸漸對這些數字失去感覺，渾然不知在指數式成長過程中，這樣的數字會多麼快速地不斷膨脹。

科茲威爾筆下前半個棋盤和後半個棋盤之間的分別，啟發了其他快速計算，例如美國經濟分析局（BEA, Bureau of economic Analysis）追蹤美國公司的費用支出狀況。BEA最初是在1958年把「資訊科技」列為獨特的公司投資項目。我們就把那年當作摩爾定律進入商業世界的起點，並且以十八個月做為倍增的單位時間。經過三十二次倍增後，就數位裝置的應用而言，美國企業開始進入後半個棋盤。而依此推算，這個時候正好是2006年。

當然，這類計算只是有趣的小小練習，不是要認真找出企業電腦運算領域究竟從什麼時候開始改變。你大可不同意1958年的起始點和十八個月的倍增時間。只要改變其中任何一個假設，都會構成前後半棋盤不同的分水嶺。企業界的科技專家並非只在後半段創新，我們後面會討論到，許多今天和明天的突破都必須仰賴過去的基礎，而且沒有過去的累積，就不可能有今天的成就。

我們在這裡提出這樣的估算，只是因為它凸顯了一個重要概念：指數式成長最後會產生前所未見、不可思議的驚人數字。換句話說，到了後半個棋盤，事情會變得愈來愈詭異。我們大多數人都會像故事裡的皇帝一樣，愈來愈跟不上進度。

後半個棋盤來臨的速度，是第二次機器時代的特色之一。我們並不是說，其他科技都不會出現指數式改進。事實上，由於瓦特的創新而帶動蒸汽機大幅改善之後，接下來兩百年間，蒸汽機一直持續出現指數式改善。但相對而言，當時的指數是個小數目，所以蒸汽機的效率在這兩百年間，只出現三次或四次倍增[9]。以這樣的速度，大概要花一千年，才會到達後半個棋盤。然而，在第二次機器時代，倍增的現象會更快出現，而且指數式成長的情況也更加顯著。

科幻小説場景成真

快速倍增的計算也幫助我們理解，為什麼近年來，我們感覺數位科技進步的速度比從前快了許多，而且為何看到這麼多科幻小説的情節在企業界一一上演。這是因為摩爾定律描繪下穩定而快速的指數式增長，經過一段時間的累積和發展後，形成不同以往的電腦運算世界：我們已來到後半個棋盤。我們在第二章描述的創新，如能在車流中自動駕駛的汽車，便宜靈活的工廠用機器人，贏得益智問答比賽冠軍的超級電腦，能同時具備通訊器、三度儀和電腦功能的平價消費裝置，還有其他無數與過去截然不同的神奇創新，都在 2006 年之後誕生。

　　這些創新之所以都在今天誕生，其中一個原因是，核心的數位科技終於速度夠快、成本也夠低，足以促使新產品誕生。然而十年前，還完全不是這麼一回事。那麼，數位科技的進步在對數尺度的圖形中又會呈現什麼面貌呢？不妨看看圖3.3。

　　圖3.3顯示摩爾定律的一致性和廣度；摩爾定律的效力已經持續了很長的時間（在某些情況下，已經持續數十年），並且適用於許多不同類型的數位科技進展。檢視上述圖形時，別忘了，如果在縱軸上採用標準線性尺度，所有的直線看起來都好像前面有關安迪毛球家族的第一個圖形，起先一直水平移動，到最後，卻突然近乎直線般上升，而且幾乎沒辦法把所有數字標在同一個圖形上，裡面包含的數字簡直是天差地遠。對數尺度考慮到這些問題，讓我們可以對數位科技的改進有清楚的整體觀。

　　顯然，有關電腦運算的許多關鍵要素，如微晶片密度、處理速度、儲存容量、能源效率、下載速度等，長久以來，已經以指數般的速度快速改善。要了解摩爾定律對真實世界的影響，不妨比較一下幾次倍增期之前的電腦速度。美國政府「加速戰略運算計畫」（ASCI, Accelerated Strategic Computing Initiative）在1996年推出的第一個產品ASCI Red，是當時全世界速度最快的超級電腦，耗費了5500萬美元的研發成本，電腦的一百個巨大機殼占據了新墨西哥州桑迪亞國家實驗室將近1600平方呎的地板空間（相當於一般網球場面積的80%）[10]。

圖3.3　摩爾定律的諸多面向

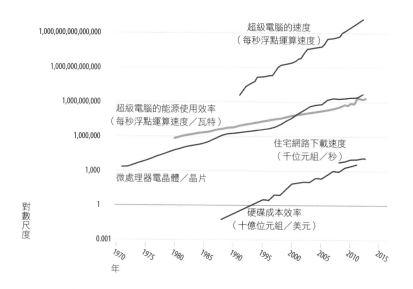

ASCI Red乃是為了需要密集計算的工作（如模擬核子試驗）
而設計，是第一部運算速度突破每秒一兆次浮點運算的電腦。
要達到這樣的運算速度，ASCI Red每小時使用800千瓦電力，
相當於八百戶人家消耗的電力。到1997年，ASCI Red的速度
已經提升到每秒1.8兆次浮點運算。

　　九年後，另外一部電腦也達到每秒1.8兆次浮點運算。但
這部電腦沒有被用來模擬核子試爆，而用來畫出即時而寫實
的複雜3D圖形，而且這麼做不是為了物理研究，而是為了電
玩。這部電腦是索尼（SONY）的PlayStation 3，效能足以媲

美ASCI Red，但價格只有五百美元，占據的空間不到十分之
一平方公尺，每小時只耗費兩百瓦電力[11]。不到十年的時間，
拜數位科技指數式成長之賜，原本只有政府實驗室才擁有、達
到兆次浮點運算的電腦威力，開始出現在世界各地的住宅客廳
和大學宿舍中。全球大約賣出6400萬台PlayStation 3，ASCI
Red則在2006年除役。

前一章提過的許多科技發展促成了這樣的指數式進步。
IBM的華生電腦運用了許多聰明的演算法，但如果不是華生電
腦的硬體威力勝過深藍電腦（Deep Blue）一百倍，競爭力也不
會這麼強。深藍電腦是會下西洋棋的超級電腦，1997年曾經在
比賽中擊敗世界棋王卡斯帕洛夫（Garry Kasparov）。像Siri之
類的語音辨識應用程式需要龐大的電腦運算能力，而今天像蘋
果iPhone 4S之類的手機就具備這樣的能力（iPhone 4S是第一
部內建Siri的手機）。事實上，iPhone 4S的運算能力，幾乎和
十年前蘋果頂尖產品Powerbook G4筆電的威力不相上下。上
述所有創新都顯示，數位科技以指數式的進步速度向前奔馳，
在後半個棋盤上實現科幻小說中的種種想像。

摩爾定律隨處可見

不同世代電腦的另一項比較，不但凸顯出摩爾定律的效
力，也點出它的普及性。和ASCI Red超級電腦及PlayStation 3

的情形一樣，1985 年推出的 Cray-2 超級電腦和 2011 年推出的
iPad 2 平板電腦，在巔峰時的計算速度幾乎完全一樣。但 iPad
還具備了揚聲器、麥克風和耳機插座，以及兩個攝影機：前端
攝影機具備視頻圖形陣列（VGA, Video Graphics Array）的質
感，後端攝影機則可以捕捉到高畫質影像。兩個攝影機都能拍
攝靜態照片，後端的攝影機有 5 倍數位變焦鏡頭。iPad 還有接
收器，因此能撥打無線電話和無線寬頻上網。此外，iPad 也有
GPS 接收器、數位羅盤、加速計、陀螺儀和光感測器。但 iPad
沒有內建鍵盤，它的高畫質觸控螢幕可以同時追蹤十一個觸控
點[12]。iPad 將所有功能都整合進不到一千美元的裝置中，而且
iPad 的體積比許多雜誌更小，也更薄、更輕。相較之下，（以
2011 年的幣值計算）成本超過 3500 萬美元的 Cray-2 超級電腦
則顯得又聾、又啞、又盲，而且無法移動[13]。

　　蘋果電腦之所以能把所有功能都塞進輕薄短小的 iPad，是
因為近幾十年來電腦業發生廣泛的轉變：像麥克風、相機、加
速計等感測器都從類比世界踏入數位世界，基本上都變成一個
個電腦晶片，步入摩爾定律的指數式發展軌道。

　　早在 1960 年代，人類就開始使用數位裝置來錄音，1975
年，柯達公司（Eastman Kodak）的工程師打造出第一台現代
數位相機[14]。早期的數位裝置非常昂貴，而且十分笨重，但
品質很快改善，價格也日漸下滑。柯達在 1991 年推出第一部
數位單眼反光相機 DCS 100 時，售價高達 1 萬 3 千美金，當時

DCS 100最高畫素為130萬畫素，使用者必須另外揹個10磅重的硬碟，以儲存影像。不過，後來每一塊錢能買到的數位相機畫素年年都倍增〔這種現象業界稱之為「亨迪定律」（Hendy's Law），乃是以記錄這個現象的柯達澳洲分公司員工巴瑞・亨迪（Barry Hendy）命名〕，而且所有的相關裝置都以指數速度變得更小更輕，更便宜，也更好[15]。數位感測器的改善經過日積月累，在DCS 100數位相機問世二十年後，蘋果公司終於把拍攝靜態相片和動態影像的兩個小型攝影機裝在iPad 2上。蘋果在第二年推出新的iPad時，後端攝影機的解析度已經改善了七倍以上。

機器的眼睛

長久以來，我們在處理器、記憶晶片、感測器和其他許多電腦硬體元件上，都看到摩爾定律所發揮的效應（電池則是顯著的例外，電池的效能沒有呈現指數成長，這是因為電池基本上是化學元件，而不是數位元件），不但讓電腦運算裝置速度更快，價格更便宜，也變得更小、更輕，而且能做到許多過去辦不到的事。

研究人工智慧的專家長期以來一直對同步定位與地圖建置的問題很感興趣（甚至可說是深深著迷），他們稱之為SLAM（simultaneous localization and mapping）。SLAM是你在不熟悉的建築物中走動時建構地圖的過程（門在哪裡？哪裡有樓梯？哪些東西可能把我絆倒？）同時也持續追蹤你在建築物裡的所在位置（才能弄清楚該在哪裡下樓，以及如何走出大門）。對大多數人類而言，SLAM能力是在不知不覺中發生的，但要教導機器做這些事情，卻是巨大的挑戰。

研究人員對於應該為機器人安裝哪一種感測器（攝影機？雷射？或聲納？）以及如何解讀機器人提供的數據，有廣泛的思考，但進展很慢。正如同2008年一篇評論的總結指出，SLAM「是機器人領域最根本的挑戰……（但）目前採用的方法幾乎都無法為大區域建置一致的地圖，主要是因為運算成本增加，而當領域擴大時，不確定性也太高[16]。」簡單來說，如何偵測廣大的區域，並立即處理所有數據，都是阻礙SLAM進展的棘手問題，但以上敘述發表兩年後，價值150美元的電玩配件問世，情況就此改觀。

2010年11月，微軟率先推出Kinect感測裝置，做為Xbox遊戲平台的附件。Kinect可以追蹤兩名參與遊戲的玩家，監視每個人身上多達二十處關節。如果站在前面的玩家移動時擋住另一名玩家，Kinect會盡量猜測後面玩家最有可能的動作為何，然後一旦他重新現身，就可無縫接軌，重新監測他所有關節的移動。Kinect也能在各種不同的照明狀態和噪音環境中，辨識玩家的臉孔、聲音和手勢，因為Kinect的數位感測器包含了麥克風陣列（能比單獨一支麥克風更準確地辨明聲音來源）、標準攝影機，以及能投射和偵測紅外線的深度感知系統。幾個機載處理器和許多專屬軟體會將感測器輸出的資料轉換為遊戲設計師能運用的資訊[17]。微軟推出Kinect時，將上述所有功能全部塞進不到一呎寬及四吋高的裝置中，以149.99美元的價格在市面上銷售。

Kinect推出後，短短60天內銷售高達800萬台（超越iPhone或iPad的銷售量），是金氏紀錄有史以來銷售最快的消費性電子裝置[18]。最初推出的Kinect遊戲能讓玩家射飛鏢、運動、在街上打鬥、對哈利波特施展魔法[19]。不過，Kinect的可能性絕對不止於此。2011年8月，微軟員工和學者組成的團隊在加拿大溫哥華舉行的SIGGRAPH（Association of Computing Machinery's Special Interest Group on Graphics and Interactive Techniques）研討會上，用Kinect展示他們如何克服了機器人領域在SLAM技術上長期碰到的挑戰。

SIGGRAPH大會是數位圖學領域規模最大、也最富盛名的研討會，每年都有許多研究人員、遊戲設計師、新聞記者、創業家和其他對這個領域有興趣的人共襄盛舉，因此對微軟而言，正是發表KinectFuson的適當場合。KinectFusion是利用Kinect解決SLAM問題的計畫，Creators Project網站稱之為「能改變一切的自駭」（The Self-Hack That Could Change Everything）[20*]。

從微軟在2011年SIGGRAPH大會上播放的影片中，可以看到有個人拿起 Kinect，在典型的辦公室中移動，指著不同地方，辦公室裡有椅子、盆栽、桌上型電腦和監視器[21]。當他這樣做的時候，螢幕上出現好幾個分割畫面，顯示 Kinect 的感應和偵測能力。我們很快就知道，即使 Kinect 沒能完全為這個辦公室解決 SLAM 問題，也十分接近了。Kinect 能即時描繪出這個房間的 3D 圖像，包含房間裡所有物體，以及一位工作人員。它還捕捉到電腦監視器背面塑膠外殼上面壓的 DELL 字樣，雖然這幾個英文字沒有上色，而且只嵌入塑膠表面一毫米左右。Kinect 裝置隨時都知道自己目前是在房間裡哪個位置，如果我們把一顆虛擬乒乓球丟進這個場景中，Kinect 甚至能估算出乒乓球四處彈跳的路徑。科技部落格 Engadget 在 SIGGRAPH 盛會後刊登的文章指出：「Kinect 把 3D 感測變成主流技術，讓研究人員將商品瘋狂發揮得淋漓盡致[22]。」

2011 年 6 月，SIGGRAPH 大會召開前不久，微軟已經備妥軟體開發工具包（SDK），程式設計師如果想要利用這個裝置來撰寫個人電腦軟體，這個工具包提供了他們所需的一切。大會結束後，許多人都有興趣利用 Kinect 來處理 SLAM 問題，許多機器人和人工智慧領域的研發團隊都下載軟體工具包，開始

---

* 此處所謂的「駭」（hack），是為了非正統的使用目的，設法進入數位裝置內部。「自駭」（self-hack）乃是指由最初打造這個裝置的公司自己駭進數位裝置。

利用這項技術。

不到一年時間,由愛爾蘭與美國研究人員聯合組成,MIT 電腦科學與人工智慧實驗室的約翰・里奧納(John Leonard)領軍的團隊發表「Kintinuous」,這是 KinectFusion 的「空間擴大版」。有了 Kintinuous 之後,我們可以用 Kinect 來掃描龐大的室內空間(例如公寓大廈),甚至戶外環境(研究小組在夜間開車時,手持 Kinect 伸出車窗外掃描)。Kintinuous 研究小組在論文結尾時如此形容他們的研究:「未來,我們將延伸系統,建構一套充分發揮 SLAM 功能的完整方法[23]。」我們認為不久之後,他們就會宣告成功。當我們把問題交到能幹的技術專家手中,拜摩爾定律的指數力量之賜,即使最棘手的問題終究都能迎刃而解。

對前一章提到如科幻小說般的技術而言,效能高強又廉價的數位感測器是基本元件。Baxter 機器人身上裝設了好幾個數位攝影機,還有許多用來偵測力量與位置的探測器。不久前,這些裝置都還非常昂貴、笨重,也不精準。Google 的自動駕駛汽車融合了好幾種感測技術,但最重要的「眼睛」是安裝在車頂上的 Cyclopean LIDAR 系統〔LIDAR(光達)結合了「LIght」(光)與「raDAR」(雷達)兩個英文字〕。由 Velodyne 製造的系統,集 64 個雷射光束及探測器於一個外殼裡,每秒鐘旋轉十次,產生大約 130 萬個資料點,再由車上電腦組合成即時 3D 圖像,向四面八方延伸,涵蓋一百公尺的圓周範圍。2000 年左右推出的早期商用 LIDAR 系統，售價高達 3500 萬美元，到了 2013 年中，Velodyne 組裝的汽車自動導航系統價格為八萬美元左右，未來還會大幅下降。Velodyne 的創辦人兼執行長大衛‧霍爾（David Hall）估計，如果大量生產的話，這個產品的價格將「跌到與照相機不相上下，只需花幾百美元就買得到[24]。」

這些例子在在說明了今天人類之所以踏入第二次機器時代的首要因素：持續的指數式成長帶著我們進入後半個棋盤，我們不能再仰賴過去的經驗來預測未來的發展。在摩爾定律下，過去不斷倍增的快速成長累積下來，再加上未來不斷倍增的發展速度，幾年內，連小孩玩具都可以具備超級電腦的運算能力，愈來愈廉價的感測器，將為過去難以解決的棘手問題提供低成本的解決方案，原本屬於科幻小說裡的想像，會繼續在現實生活中上演。

有時候，程度上的差距（換句話說，大同小異）會漸漸變成種類上的差距（換句話說，與眾不同）。後半個棋盤的故事給我們的警告是：我們應該警覺到，指數成長累積到某個程度時，我們將進入一個驚心動魄的世界。從近年來許多例子看來，其實我們已經置身於這樣的世界。

04

數位化的資訊大爆炸

如果你有辦法衡量你所談論的事情，並且透過數字來表達，
那麼你才是真的了解這件事。
但如果你無法用數字表達，
那麼你在這方面的知識恐怕略嫌貧乏。
—— 凱爾文爵士（Lord Kelvin）

我們每天都會聽到類似這樣的詢問和建議:「嘿,你有沒有聽說過……」、「你一定要看看……」等等。

我們也透過這樣的對話,從朋友、家人和同事口中得知新事物,把我們看到的有趣事情告訴別人。通常最後我們聽到或告訴別人的酷玩意兒都是某個樂團、餐廳、好玩的地方、電視節目或某本書、某部電影的名字。

在數位時代,這類句子的結尾往往是某個網站或酷炫裝置;現在則多半是某個智慧型手機應用程式。在這個市場上,兩個主要的技術平台 —— 蘋果的iOS和谷歌的Android,都有超過五十萬個應用程式供使用者選用[1]。雖然有一大堆「十大」和「最佳」名單,協助使用者找到應用程式中的精品,但傳統口碑仍然有其威力。

不久前,MIT史隆管理學院博士班學生及我們的數位邊疆(Digital Frontier)團隊成員麥特・比恩(Matt Beane)提點我們:「你們一定要看看Waze,實在太驚人了!」但是,當我們發現Waze乃是以GPS為基礎、指引駕駛方向的應用程式時,並沒有立刻感到驚艷。我們的車子已經有自己的導航系統,我們的iPhone也可以透過地圖應用程式,指引行車方向。哪裡還需要另外一個教我們「如何抵達目的地」的技術呢!

麥特耐心向我們解釋,使用Waze就好像在短程賽車中,讓杜卡迪機車(Ducati)和牛車競速一樣。Waze和傳統GPS導航方式不同之處是,Waze不會告訴你,在一般情況下,要抵

達目的地，應該選擇哪一條路線；而會告訴你，就目前的情況
而言，哪一條路線是最佳選擇。公司網站上解釋：

> Waze 的構想是在幾年前萌芽的，當時伊胡德・沙巴
> 泰（Ehud Shabtai）……得到一部個人數位助理（PDA），
> 外接的GPS裝置裡面預建了導航軟體。但伊胡德起初的
> 興奮很快就轉為失望，因為產品無法反映真實的路況動
> 態……
>
> 　於是，伊胡德決定自己動手解決問題……他的目標
> 呢？就是隨時都能正確反映道路系統和交通狀態，提供和
> 汽車駕駛相關的所有資訊[2]。

　　曾經用過傳統GPS裝置的人都能體會沙巴泰的挫折感。沒
錯，多虧了由美國政府建造並維護的24枚衛星，這些地球同
步GPS衛星構成的網路知道你確切的位置，也能從資料庫中掌
握到清楚的道路資訊，分辨哪些是公路，哪些是雙向道等等。
但是，差不多就這樣了。汽車駕駛真正想掌握的資訊，如可能
影響行車時間的種種狀況，包括塞車、交通意外、道路封閉
等，傳統GPS都無法提供。比方說，當我們要求GPS提供從安
迪家到艾瑞克家的最佳路線時，GPS只會在取得起點（安迪的
車子目前所在位置）和終點（艾瑞克的房子所在位置）的資訊
後，參考資料庫中的道路資訊，估算出兩者之間「理論上最快

速」的路線。這條路線通常會包括　些主要道路和公路，因為這類道路的速限最高。

　　但是，如果碰到尖峰時間，幾千輛汽車都擠進這幾條主要道路和公路，實際車速根本達不到速限，結果，理論上最快的路線實際上卻不見得最快。安迪反而應該設法找出通勤老鳥才知道的便道或鄉間小路。安迪的GPS也知道這些道路（最新版的GPS應該可以掌握所有道路），卻不知道在星期二早上8點45分，走這條小路，才是最明智的選擇。但即使安迪啟程時走的是便道，GPS仍然會好心地不斷引導他駛向公路。

　　沙巴泰充分體認到，真正有用的導航系統除了知道汽車目前所在位置之外，還需要掌握更多資訊，而且也應該知道其他車子現在都在哪裡，以及這些車子的速度有多快。第一支智慧型手機問世時，沙巴泰覺得機會來了，於是在2008年，他和尤瑞・列文（Uri Levine）及阿密爾・希納（Amir Shinar）一起創辦了Waze公司。他們開發的軟體把所有下載Waze程式的智慧型手機都變成感測器，不斷傳送手機位置及行車速度等資訊到公司伺服器。隨著愈來愈多智慧型手機下載這個應用程式，Waze愈來愈能完整掌握每個地區的車流狀況。因此，Waze總是能提供最新的交通狀況，而不只是靜態的道路地圖。公司伺服器會綜合道路地圖和最新交通狀況，運用複雜的演算法，建議汽車駕駛最佳的行車路線。如果安迪想在星期二上午8點45分開車到艾瑞克家，Waze一定不會建議他開上高速公路,而會引導他改走車流較少的一般道路。

因此,Waze 的會員愈多,對所有會員的幫助就愈大,這正是經濟學家所謂「網路效應」的經典範例,亦即每增加一個資源使用者,對每個使用者而言,這項資源的價值就愈高,而 Waze 的會員數正快速增加。2012 年 7 月,Waze 公司宣稱,使用者在過去六個月內已經增加一倍,達到二千萬人[3]。Waze 會員的駕駛里程數加起來超過 32 億英里,他們還輸入幾千則其他汽車駕駛可能有興趣的即時路況和訊息,包括交通意外、突然塞車、警方超速監測器、道路封閉、新的高速公路出入口匝道、便宜汽油等等。

Waze 讓 GPS 發揮它理應具備的功能:無論你對當地道路或交通狀況了解多少,Waze 都能讓你以最快速度,輕鬆抵達目的地。這套軟體能讓你立刻搖身一變,成為本地最熟門熟路的汽車駕駛。

位元經濟學

Waze 之所以發揮功能,主要可以歸功於摩爾定律和科技的指數式發展,也就是我們前一章探討的主題。Waze 提供的服務必須仰賴眾多威力強大但價格便宜的裝置(例如使用者的智慧型手機),每個裝置裡面都有許多處理器、感測器和傳輸器。這類科技十年前還未誕生,Waze 也一樣。在過去幾年中，這類科技之所以變得可行，是因為數位力量持續壯大，而成本卻日益下降。我們在第三章看到，電腦產品以指數速度不斷改善，是促成第二次機器時代的三股根本力量之一。

而第二股力量，也就是數位化，亦為Waze高度仰賴的關鍵力量。經濟學家卡爾・夏培洛（Carl Shapiro）和海爾・韋瑞安（Hal Varian）在1998年出版的劃時代巨著《資訊至上》（*Information Rules*）中，定義這個現象為「（將資訊）編碼為位元流」[4]。換句話說，數位化就是將各種資訊和媒介，如文本、聲音、相片、影像、從儀器和感測器獲得的資料等，轉換為電腦家族的母語0與1。比方說，Waze就運用好幾種資訊流：包括數位化的街道圖、透過應用程式傳送的汽車位置座標，以及塞車警告等。Waze能夠整合這些資訊流，讓它變成對使用者非常有用的資訊，因此他們的服務才會這麼受歡迎。

我們原本以為，基於夏培洛、韋瑞安和其他學者的研究，也因為我們經常接觸線上內容，我們已經十分了解數位化的趨勢，然而在過去幾年中，這股趨勢出現一些我們完全沒料到的演變方向，而且在數量、速度和多樣性方面，都呈現爆炸性的成長。數位化的巨大浪潮產生兩個影響深遠的結果：獲取知識的新方式（換句話說，新的科學研究方式），以及加快的創新速度。以下我們將探討近年來數位化的各種有趣發展。

Waze和其他許多現代線上服務一樣，都充分利用大家熟知的兩個數位資訊的經濟特性：這類資訊具有共享性（nonrival），而且複製資訊的邊際成本趨近於零。或許可說，數位資訊乃是「取之不盡、用之不竭」的，而且複製數位資源的成本極其低廉。接下來，我們會更詳細檢視每個特性。

獨享財（rival goods）的特性是一次只能由一個人消費，我們每天都會用到各式各樣的獨享財。比方說，假如我倆一起從波士頓搭飛機飛到加州，那麼我們一旦起飛，其他班機就沒法子用到我們這班飛機的油料。艾瑞克已經坐在機位上，安迪就沒辦法再去坐那個位子（即使我們想這樣做，航空公司也禁止兩人分享一個機位），而且假如艾瑞克已經戴上耳機，聆聽智慧型手機播放的音樂，安迪就不能同時使用這副耳機。不過，數位化音樂本身，卻是共享財。不管艾瑞克正在聽什麼音樂，都完全不會妨礙其他人在同一時間聆聽相同的音樂，或稍後再聽。

如果安迪買了著名科幻小說作家儒勒・凡爾納（Jules Verne）的精裝版選集來讀，他不會把整本書「耗盡」。等他讀完這本書，他可以把書借給艾瑞克閱讀。但如果我倆同時都想翻閱《海底兩萬里》（*Twenty Thousand Leagues Under the Sea*）這本小說，那麼我們就得再找一本《海底兩萬里》，要不然安迪就得把他手上的《海底兩萬里》複製一份。這樣做或許不會違反著作權法，因為這本書已經不受著作權法保護，不過他還是得花很多時間影印這本書，或付錢請別人影印。無論如何，影印整本書都不會太便宜[5]。除此之外，如果你把一本書影印再影印，又再影印，那麼這本書會變得字跡模糊，難以閱讀。

但如果安迪取得這本書的數位版，那麼他只需按幾個鍵，或用滑鼠點擊一下，就能複製整本書，把它儲存在實體磁碟中，交給艾瑞克。和影印本不同的是，從位元複製的位元通常都和原版完全一樣。而且複製位元非常便宜、快速、簡單。雖然不管是書籍或電影，都得耗費大量的金錢和心力，才能創造出第一個版本，但之後幾乎不需要再花什麼成本，就可以輕易複製出無數複本。所謂「複製資訊的邊際成本趨近於零」，正是這個意思。

當然，近年來，安迪可能會把資料的電子檔附在電子郵件中，傳給艾瑞克，或透過像Dropbox之類的雲端服務來分享，而不再使用磁碟片。無論用哪一種方式，他都會使用到網路。利用網路傳輸不但更快速方便，而且很重要的是，基本上免費。和大多數人一樣，我們每個月都為手機和家中電腦支付一筆固定的上網費（我們在上班時間的上網費用則由MIT負擔）。如果我們的網路使用超過上限，網路服務業者可能會開始收取額外費用，否則的話，我們使用網路不必按位元計費，無論我們從網路上傳或下載多少位元，付的費用都相同。如此一來，我們在網路上多收發任何一筆資料，都不會增添額外的成本。由位元組成的商品和由原子組成的商品不同之處在於，位元商品可以完美複製，而且無論你把它傳送到房間的另一頭或地球的另一端，幾乎都不費分文，立即達成。對大多數產品而言，既要講求完美水準，又即時和免費，似乎是不合理的期望，但隨著愈來愈多資訊逐漸數位化，也會有愈來愈多產品能夠符合期望。

使用者自製內容

夏培洛和韋瑞安簡潔說明了位元商品的特性，他們指出，在電腦和網路的時代，「生產資訊的成本很高，但複製資訊的成本很便宜[6]。」第二章討論過許多從科幻小說走進現實世界的科技，其中，即時線上翻譯服務正是充分利用上述特性的產物。這類服務充分利用既有的翻譯文件對照版本（支付可觀費用，請人類譯者從一種語言翻譯為另一種語言的文件）。舉例來說，歐盟與其前身從 1957 年以來，都以所有會員國的主要語言發布官方文件，聯合國同樣有大量文件以六種聯合國官方語言發布。

要累積如此龐大的資訊所費不貲，但資訊一旦數位化之後，想要一再複製、編輯或廣泛分享，成本就非常低廉。像 Google Translate 之類的翻譯服務就是如此。當有人輸入一句英文，要求谷歌翻譯為德文時，谷歌基本上會掃描所有已知的英文與德文文件，搜尋最接近的配對（或搜尋組合後最接近原文含意的數個詞句片段），然後再回報相應的德文句子。所以，今天並非因為電腦科學家教會電腦掌握人類語言的規則，並應用這些規則，而產生先進的自動翻譯服務系統；今天的翻譯程式乃是在龐大的數位內容資料庫中（這些資訊生產成本很高，但複製成本很低），比對統計型態。

但如果資訊的生產成本不再那麼昂貴，又會如何呢？如果從一開始，資訊就十分便宜呢？自從《資訊至上》出版後，我們一直在探索這些問題的答案，而且我們找到的答案，非常鼓舞人心。

有句老話說：「時間就是金錢。」但在現代網路世界裡，令人訝異的是，竟然有這麼多人願意花時間撰寫線上內容，而且不求金錢報酬。舉例來說，維基百科的內容是由遍布世界各地的志工無償撰寫的。維基百科迄今仍是全世界規模最龐大、也最多人徵詢查閱的參考資料庫，但沒有人因為撰寫或編輯維基百科的文章而得到金錢報酬。今天網路上數不清的網站、部落格、討論區、論壇和其他線上資訊來源也一樣，這些網路作者都免費提供資訊，不預期得到任何金錢報酬。

當夏培洛和韋瑞安在1998年出版《資訊至上》時，這類使用者製作的線上內容（而且大都是無償的作品）尚未興起。最早的部落格服務之一Blogger在1999年8月創立，維基百科創立於2001年1月，早期社交網站Friendster在2002年創立。Friendster很快就被臉書超越，2004年創辦的臉書從此快速成長為全球最受歡迎的網站[7]。事實上，全世界十個最受歡迎的內容網站中，有六個網站的內容主要由使用者創作。美國十大網站中，有六個網站也是如此[8]。

使用者製作內容的趨勢興起，不但讓我們因為能表達自我並與他人溝通，而感覺愉快，也有助於促使某些技術從科幻小說的世界踏入現實世界。舉例來說，Siri 使用者與語音辨識系統互動的過程，會產生龐大的聲音檔案，而長期以來，Siri 就藉由分析這些愈來愈大的聲音檔，不斷自我改進。華生電腦的資料庫包含了將近兩億頁的文件，占據4TB（兆位元組，terabyte，$1TB=10^{12}$ bytes）的磁碟空間，其中就包括維基百科[9]。有一段時間，華生資料庫也納入用詞辛辣的Urban Dictionary，但令IBM團隊不悅的是，華生開始在回答時說粗話，因此他們後來移除了由這個使用者撰寫的資料庫[10]。

機器人也開始喋喋不休

我們也許不應太過訝異於網路上由用戶製作的內容愈來愈多。畢竟，人類原本就喜歡分享和互動。比較令人訝異的反而是，我們的機器顯然也樂於彼此交談。

「M2M」（機器對機器通訊）意指各種電子裝置在網路上彼此分享資訊，是涵蓋面很廣的名詞。Waze 就充分利用M2M；智慧型手機上的Waze 應用程式啟動後，就會經常自動傳送資料到Waze 伺服器，完全不需人類介入。同樣的，當你在很受歡迎的旅遊網站Kayak上面搜尋便宜機票時，Kayak伺服器會立刻把訊息傳送出去，詢問不同航空公司的伺服器，其他伺服器也毋須經過人工處理，會立即自動回覆；我們在自動櫃員機提款時，機器在吐鈔之前，會先詢問銀行，我們的戶頭中還剩多少錢；有冷藏設備的貨櫃車所裝設的數位溫度計，會不斷傳送訊息給超級市場，讓超級市場毋須擔心產品在運輸過程中溫度過高；半導體工廠每次出現缺失時，感測器都會自動通報總公司；世界隨時都在發生數不清的M2M即時通訊。根據《紐約時報》在2012年7月刊登的報導：「機器人在全球無線網路上喋喋不休的聊天內容加總起來……可能很快就會超過全人類在無線網路上進行語音對話的總和[11]。」

數據大爆炸

從文件、新聞到音樂、照片、影像、地圖、個人資料更新、社交網站、要求取得資訊及得到的回覆、各式各樣的感測器提供的資料等，我們周遭幾乎每一樣東西都數位化了，這是近幾年最重要的現象之一。當我們更深入第二次機器時代時，數位化的現象仍繼續普及、加速，產生一些令人瞠目結舌的統計數字。根據思科（Cisco Systems）的統計，從2006年到2011年，全世界網際網路流量在五年內增長了12倍，達到每個月23.9EB[12]（艾位元組，exabyte，$1EB=10^{18}bytes$）。

EB是龐大得不得了的數字，資料量超過華生電腦整個資料庫的20萬倍。不過,即使這麼大的流量都還不足以完整呈現目前和未來數位化的龐大規模。科技研究公司IDC估計,2012年,全世界的數位資料量為2.7ZB(皆位元組,zettabyte,$1ZB=10^{21}$bytes),將近2011年的1.5倍。這些資料並非只儲存在磁碟機中,而會到處流動。此外,思科預測,到2016年,光是全球網際網路通訊協定的流量就會達1.3ZB[13],超過2500億片DVD的資訊量[14]。

這些數字清楚顯示,數位化將產生真正的海量資料(大數據)。事實上,如果繼續維持這樣的成長,我們的計量制度將不敷使用。1991年,第19屆國際度量衡大會決議將代表數量單位的字首符號擴充後,最大的計量單位變成yotta(1 yotta=1 septillion $=10^{24}$,中文譯名為「佑」)[15]。今天我們已進入ZB時代,距離當年訂定的最大計量單位,只有一個字首符號之差。

近來數位資料大爆炸的現象顯然非常驚人,但重不重要呢?所有這些數以EB、ZB計的數位資料,真的那麼有用嗎?

確實非常有用。我們之所以把數位化當作塑造第二次機器時代的主要力量,其中一個原因是,數位化能促進了解。數位化把龐大的資料都變得很容易取得,而資料是科學研究的命脈。我們所謂的「科學」,是指提出理論和假設,並加以評估驗證的種種能力,或換個較不正式的說法:猜測某些事物究竟如何運作,然後看看自己的猜測是否正確。

預測房市，追蹤傳染病

　　不久前，艾瑞克猜測我們可以從網路搜尋資料中，看出房市及房價的未來趨勢。他推斷，假如有一對夫婦想要搬到另外一個城市居住，並且在那裡置產，他們不可能幾天內就把事情辦妥，而會從幾個月前，就開始研究搬家和買房子的事。今天，他們大概會先在網路上展開初步調查，包括在搜尋引擎中輸入「鳳凰城房地產仲介」、「鳳凰城社區環境」和「鳳凰城兩房住宅價格」等關鍵詞。

　　為了檢驗他的假設，艾瑞克問谷歌公司，他能否拿到與搜尋詞句相關的數據。谷歌告訴他，根本不必詢問，因為網路上可以免費取得這些資訊。於是，艾瑞克和博士班學生琳恩‧吳（Lynn Wu）建構了一個簡單的統計模型，利用像Google搜尋詞彙之類的資料來檢視房市資訊，他們兩人都不太熟悉房屋買賣的經濟學，但他們設計一個模型，把網路上的搜尋詞彙在數量上的變化與隨後房屋銷售和房價變動狀況相連結，預測如果前面所述的搜尋內容增加的話，那麼未來三個月，鳳凰城的房屋銷售量應該上升，房價也會上漲。這個簡單的模型還真管用。事實上，他們預測房市的準確度，比美國房地產商協會專家還高出23.6%。

　　學者將近年來新出現的數位資料用在其他領域的研究，也同樣成功。例如，哈佛醫學院研究員魯米‧楚那拉（Rumi Chunara）領導的團隊發現，如果想在2010年海地大地震之後，追蹤霍亂蔓延的情況，推特上面的推文其實和官方報告一樣準確，而且傳達的訊息比官方報告還快兩個星期[16]。惠普（HP）的社群電腦運算實驗室（Social Computing Lab）的席塔倫・阿瑟爾（Sitaram Asar）和伯納多・赫伯曼（Bernado Huberman）發現，也可以用推特訊息來預測電影票房。他們的結論是：「這項研究顯示社交媒體如何展現集體智慧，如加以善用，能夠為未來的演變建立有力而準確的指標[17]。」

數位化也有助於了解過去。截至 2012 年 3 月，谷歌已經掃瞄了過去數百年出版的二千萬本圖書[18]。所謂的「文化組學」（culturomics）或「應用高通量資料蒐集和分析，以研究人類文化」，就是以這個龐大的數位詞語寶庫為基礎[19]。強－巴蒂斯・米歇爾（Jean-Baptiste Michel）和伊瑞茲・利柏曼・艾登（Erez Lieberman Aiden）領導的跨領域團隊，分析了 1800 年以後出版的五百多萬冊英文書籍。他們發現，從 1950 年到 2000 年，英文字數量增加了 70% 以上；現代人想要出名，比過去容易許多，但名氣消退的速度也較快；而二十世紀在華生和克里克發現 DNA 結構之前，人們對演化的興趣持續下降[20]。

這些都是透過數位化而促進了解與預測（換句話說，促進科學研究）的例子。現今擔任谷歌首席經濟學家的韋瑞安，多年來一直走在潮流尖端，觀察這股現象。韋瑞安能言善道。我們最喜歡他說的一句話是：「我一直說，統計學家是未來十年最迷人的工作。我可不是在開玩笑[21]。」當我們看到如此龐大的數位資料量,並思考未來可以從中得到多少洞見時,我們很確定:他的話對極了。

層層疊疊出新意

數位資訊不只是新科學的命脈,而且也因為能促進創新,而(在科技的指數式進步之後)成為塑造第二次機器時代的第二股基本力量。Waze就是最佳範例。Waze的服務以跨越不同層次、不同世代的數位化為基礎,自從數位商品變成共享性商品以來,這些數位資料從來不曾衰減或耗盡。

最古老的是位居第一層的數位地圖,歷史至少和個人電腦同樣悠久[22]。第二層是GPS定位資訊,當美國政府在2000年提升GPS的準確度之後,對汽車駕駛人而言,GPS定位資訊就變得有用多了[23]。第三層是社群資料,Waze的用戶互相幫忙,提供各式各樣的資訊,從交通意外到哪裡裝了警察超速監測器或何處有便宜汽油可加都包括在內,他們甚至還會利用app閒聊。最後,Waze也大量運用感測器偵測到的數據。事實上,他們把使用Waze的汽車都變成行車速度感測器,並運用這項資料來推算出最快速的路線。

運用上述跨世代數位科技(數位地圖和GPS定位資訊)的汽車導航系統,其實已經流行好一陣子。尤其當我們在不熟悉的城市中開車時,這些工具都非常有用,但正如前面所說,這類導航裝置也有嚴重的缺陷。Waze 創辦人領悟到，當數位化技術更加精進和普及時，就可以克服這些缺點。他們的改進方式是把社群資料和感測資料加入現有系統中，大幅提升了汽車導航系統的效能和實用性。在接下來的章節中，大家將會看到，這種創新方式正是我們這個時代的特色之一。事實上，這種創新方式非常重要，是塑造第二次機器時代的最後一股關鍵力量。我們將在下一章解釋為何如此。

05

重組式創新的豐沛動能

如果你想找到好點子，
一定得先有許許多多的點子。
—— 萊納斯・鮑林（Linus Pauling）

大家都同意，如果美國創新的速度變慢，可就大事不妙了。但究竟目前這個現象是否真的發生，似乎又眾說紛紜，莫衷一是。

我們之所以這麼重視創新，不只是因為喜歡新奇的東西（儘管沒有人不愛新鮮）。正如小說家威廉・薩克萊（William Makepeace Thackeray）的觀察：「我們的心靈難以抗拒新奇事物的魅力[1]。」今天，有些人可能禁不起各種科技新玩意的誘惑，有的人則迷上新潮的時尚風格，或一心嚮往到某個地方遊歷。從經濟學家的角度來看，能滿足這些欲望是很棒的事。關注消費者的需求通常被視為好事。此外，創新也是促進社會富裕最重要的一股力量。

為何創新如此重要？

保羅・克魯曼（Paul Krugman）說：「生產力不代表一切，但從長遠來看，生產力幾乎就是一切。」此語道出許多經濟學家的心聲。為什麼呢？克魯曼解釋，因為「長遠來看，一個國家改善人民生活水準的能力，幾乎完全取決於是否有能力提升勞工的平均產出」，也就是從汽車到拉鍊或我們生產的任何產品，勞工需要花費多少工時來生產產品[2]。大多數國家都沒有豐富的礦藏或油源，無法藉由出口自然資源而致富*。所以要打造富裕社會，提升人民生活水準，唯一的辦法是，企業和勞工必須不斷從相同數量的投入中，得到更多產出，換句話說，用相同的人力產出更多商品和服務。

創新正是提升生產力的方式。經濟學家很愛互相抬槓，但是談到創新對於促進成長繁榮的根本重要性，經濟學家卻有高度共識。大多數經濟學家都同意經濟學大師熊彼得（Joseph Schumpeter）的說法。熊彼得曾寫道：「在資本主義社會，創新是經濟史上的卓著事實……我們乍看時會歸功於其他因素的許多發展，其實大都和創新有關[3]。」不過，經濟學家的共識就到此為止。至於目前有多少像這樣的「卓著事實」正在發生，趨勢是向上或向下發展，大家的看法就有很大的歧異。

創新會枯竭嗎？

經濟學家羅伯特・高登（Robert J. Gordon）是生產力和經濟成長領域中思慮最周密、備受推崇的學者之一。他最近完成的研究乃是分析過去一百五十年來美國人生活水準變化的趨勢。由於這項研究，高登深信美國的創新力正在走下坡。

高登和我們都強調新科技對推動經濟成長的重要性。他也十分讚嘆工業革命時代蒸汽機和其他新科技提升生產力的巨大

---

* 事實上，許多擁有豐富礦藏和大宗物資的國家往往受到「資源詛咒」（resource curse）的雙重打擊：成長率低落，人民窮困。

威力。高登認為，這是世界經濟史上第一個真正意義深遠的重要事件。他寫道，在1750年或工業革命發生前的「四百年來或甚至一千年來，經濟幾乎沒有怎麼成長」[4]。我們在第一章談過，在蒸汽機發明前，人口成長和社會發展曲線是近乎水平的直線，難怪也看不到什麼經濟成長。

不過，高登指出，經濟一旦開始成長，快速成長的趨勢就延續兩百年之久。這個榮景，不但第一次工業革命居功厥偉，科技創新帶動的第二次工業革命也有推波助瀾之效。三項核心創新：電力、內燃機和室內水管及衛生設備，都在1870年和1900年之間出現。

根據高登的估計，第二次工業革命的「偉大創新」，「是如此重要和影響深遠，後來整整花了一百年的時間，才充分發揮真正的效益」。不過一旦效益展現，新的問題也隨之浮現：經濟成長趨緩，甚至開始步向衰退。當蒸汽機漸漸動能不足時，內燃機很快取而代之。當內燃機的動能也不足時，我們卻沒有太多選擇。高登指出：

> 1970年以後，美國生產力（每小時產出）的成長明顯趨緩。雖然當時頗令人困惑，不過現在似乎愈來愈明朗，偉大的創新和其衍生的發明早已誕生，無法重新再發生一次……1970年之後剩下的是第二輪的改善，例如開發地區性的短程噴射機、延伸原本的州際公路網來銜接郊區環

狀道路、將美國住宅的窗型冷氣改裝為中央空調系統[5]。

高登並不孤單。經濟學家泰勒‧柯文（Tyler Cowen）在
2011年出版的《大停滯》（*The Great Stagnation*）中，就明確指
出美國經濟困局的根源：

> 我們無法理解為何美國逐漸衰敗。所有的問題都有個
> 備受忽視的根本原因：三百年來，我們一直靠摘取垂在低
> 枝的果子過活……然而過去四十年來，低枝椏的果子漸
> 漸消失殆盡，我們卻假裝果子還在那兒，沒能看清我們其
> 實已經來到科技發展的高原期，樹木漸漸變得比我們想像
> 中還要光禿[6]。

催化創新的泛用型科技

顯然，高登和柯文都認為科技創新對經濟發展非常重要。
的確，經濟史家普遍同意，有些技術的確非常關鍵，足以加快
經濟發展的腳步。但是真要加速經濟發展，這些技術必須普
及到各行各業（即使不是大多數產業），不能只應用於單一產
業。比方說，對十九世紀初的紡織業而言，軋棉機無疑非常重
要，但是對其他產業而言，軋棉機根本無關痛癢*。

反之，蒸汽機和電力很快普及各地。蒸汽機不只大大增

加了工廠可用的動力，設廠地點也不再限於河邊（以往必須靠水力讓水車轉動）；蒸汽機也帶動交通革命，鐵路改變了陸上交通的面貌，汽船則打開海上交通的新氣象。電力驅動的機器進一步推動製造業的發展，讓工廠、辦公室和倉庫得以大放光明，更激發如空調設備等進一步的創新，過去悶熱的工作環境變得舒適許多。

經濟學家一向善用詞藻，他們稱蒸汽動力和電力之類的創新為「泛用型科技」（GPT, general purpose technologies）。經濟史學家蓋文‧萊特（Gavin Wright）提供了簡潔的定義：「深度的新觀念或新技術，可能對經濟的各部分產生重要衝擊[7]。」這裡所謂的「衝擊」是指生產力大幅提升，促使產出激增。由於泛用型科技會干預或促進經濟發展，經濟意義重大。

經濟學家不但都同意泛用型科技很重要，對於哪些技術屬於泛用型科技也有共識：應該是非常普及的技術，會不斷改進，而且能孕育出創新的產品[8]。我們在前面幾章已經證明，數位科技符合以上三個條件：數位科技依循摩爾定律，不斷改進；世界上每一種產業都會用到數位科技；數位科技帶動自動駕駛汽車的發展，也促使「危險境地」益智問答比賽出現首位非人類冠軍。那麼，認為應該把資訊與通訊科技（ICT,

---

* 有些人認為軋棉機發明後，美國南方對奴工的需求上升，因此導致南北戰爭，但除了紡織業，軋棉機對其他產業帶來的直接經濟效益微乎其微。

information and communication technology）及蒸汽與電力歸在同一類的只有我們嗎？簡言之，是不是只有我們認為ICT就是GPT？

絕對不是。事實上，大多數經濟史家都同意，ICT符合上述所有條件，所以應該被歸為泛用型科技。事實上，經濟學家亞歷山大‧費爾德（Alexander Field）列出的所有泛用型科技中，只有蒸汽動力得到的票數比ICT多，在最普及的泛用型科技排行榜上，ICT和電力並列第二[9]。

既然已有強烈共識，為何一旦談及ICT是否正引領人類邁向創新與成長的新黃金年代，大家卻又爭論不休呢？他們的論點是，因為ICT的經濟效益已充分展現，今天所謂新的「創新」大都是便宜的網路娛樂。根據高登的說法：

> 通用汽車在1961年推出第一個工業用機器人。電話接線生在1960年代消失……航空公司在1970年代推出訂位系統；1980年，零售商店和銀行已經普遍裝設條碼掃描器和自動提款機……1980年代初期，具備文字處理、自動斷行和試算表功能的第一部個人電腦誕生……我們較熟悉也較新的發展則是1995年之後網路與電子商務快速發展，到2005年，整個發展過程已大致完成[10]。

至於目前，柯文表示：「網際網路確實帶來很多好處，我

娑讚美網路，而不是譴責網路……不過，整體而言，我們的
生活變得更有趣，有一部分要感謝網路。我們也享受到更多便
宜的娛樂，（但是）收入卻減少了，所以不管個人、企業或政
府想要償還債務，都變得愈來愈困難[11]。」簡言之，二十一世
紀的ICT沒有通過「在經濟上具有重大意義」的考驗。

重新組合既有技術

當然，優秀的科學家都認為，一切的假設終究都要靠數據
來驗證。所以究竟數字怎麼說呢？生產力數據真的支持這種悲
觀看待數位化的論點嗎？我們會在第七章討論相關數據。不過
在這裡，我們要先探討截然不同的創新觀點，以不同的眼光看
待「創新枯竭」的問題。

高登寫道：「創新過程可以視為一連串不連續的發明，後
續的漸進改善終將充分發揮最初發明具備的所有潛能[12]。」這
個說法似乎言之成理。蒸汽機或電腦之類的發明持續發展，我
們也從中得到很多經濟利益。許多從中得利的企業起步時規模
都很小，當時技術還不成熟，也不夠普遍；然後在技術持續改
進並逐漸普及時，公司也日益壯大；等到技術不再進步（加上
停止擴散）時，公司也隨之沒落。

當好幾種泛用型科技同時出現，或以穩定的速度先後誕
生時，我們會長時間維持高成長。但如果重大創新之間出現很

大的空隙，那麼經濟成長終會下滑，我們稱之為「創新好比果子」的觀點，以呼應柯文的妙喻：所有低垂的果子都被採光了。從這個角度看來，孕育創新構想就好像栽培果樹一樣，利用創新則像漸漸吃掉樹上的果子。

不過，另外一派學者則認為，真正的創新不在於孕育出偉大的新事物，而是既有技術的再組合。我們愈是深入檢視我們用以獲致成果的知識和能力大躍進的過程，愈覺得這一派的觀點很有道理。比方說，至少有一項贏得諾貝爾獎的創新就是這樣誕生的。

凱瑞‧穆里斯（Kary Mullis）由於開發出聚合酶連鎖反應（PCR）技術，而獲得1993年諾貝爾化學獎，這種技術如今被廣泛用來複製DNA序列。穆里斯是某個晚上開車時，第一次想到這個點子，但幾乎立刻把它拋在腦後。他在得獎感言中回憶當時的情況：「不知怎麼的，我覺得一定是我的幻覺……未免太容易了吧……整個方法中沒有任何未知數[13]。」穆里斯只不過把生化領域中大家都很熟悉的技術重新組合而產生新技術。然而，顯然穆里斯重新組合的方式創造了龐大的價值。

研究複雜科學的學者布萊恩‧亞瑟（Brian Arthur）在檢視了各種發明、創新和科技進步的例子後，也相信PCR的發明方式其實合乎常規，並非特例。他在著作《科技的本質》（*The Nature of Technology*）中指出：「發明就是在既有事物中把它找出來[14]。」經濟學家保羅‧羅默（Paul Romer）也強力支持這個觀點，這是經濟學中所謂的「新成長理論」。有別於高登之類的觀點，羅默的理論基本上比較樂觀，強調重組式創新的重要性。他寫道：

> 每當人們把資源重新組合，讓資源變得更有價值時，經濟就會開始成長……每個世代都察覺到成長的極限，如果沒有任何新觀念、新構想，就要承受有限的資源和不良副作用。每個世代都低估了發現新……構想的可能性。我們總是忽視了還有這麼多構想有待挖掘……這些可能性不只會相加，而且會產生相乘效應[15]。

羅默也對於特別重要的構想類別，所謂「詮釋構想的構想」（meta-idea，又譯為「超概念」或「後設概念」），提出他的看法：

> 或許在所有觀念中，最重要的是「關於構想的構想」——關於如何支援其他構想的產生和傳播……我們有……兩個安全的預測。第一，能更有效地執行某種創新，以協助私人企業孕育新構想的國家，將在二十一世紀取得領導地位。第二，將會出現新的這類「關於構想的構想」[16]。

從臉書到Instagram

高登和柯文都是世界一流的經濟學家，但是他們並沒有給數位科技一個公道。羅姆大力提倡的下一代「詮釋構想的構想」已經出現：由網路連結、可以操作各式各樣軟體的數位裝置促使人類心智與機器智慧相結合，而人機在這個形成的新社群中，就可以找到這樣的「超概念」。資通訊科技（ICT）中的泛用型科技（GPT）讓我們可以用嶄新的方式來組合和重組各種構想。全球數位網路就和語言、印刷、圖書館、普及教育一樣，強化了重組式創新。我們可以將各種觀念和構想，無論新舊，以過去辦不到的方式重新組合。以下是幾個例子。

谷歌的Chauffeur計畫讓內燃機這項早期的泛用型科技重獲新生。當我們每天開的車子安裝了快速的電腦和一堆感測器（根據摩爾定律，都會愈來愈便宜），以及大量的地圖和街道資訊（多虧了萬物皆數位化的趨勢）之後，會搖身一變為彷彿從科幻小說中跑出來的自動駕駛汽車。即使實際負責駕駛汽車的仍然是人類，像Waze之類的創新能幫助我們以更快的速度行走各處，舒緩交通阻塞狀況。Waze是將定位感測器、資料傳輸裝置（換言之，手機）、衛星定位系統和社群網路等技術重新組合後的成果。Waze團隊並沒有「發明」其中任何一項技術，他們只不過用新方法將這些技術組合在一起。摩爾定律使得所有相關裝置都變得夠便宜，由於數位化，所有必要資料都很容易取得，進一步促進 Waze 系統運作。

全球資訊網本身則是多種既有技術的組合，包括網際網路早期的 TCI/IP 資料傳輸網路、被稱為 HTML 的標記語言（說明文字、圖像等如何布局），還有一種用來展示成果、叫「瀏覽器」的簡單個人電腦應用程式。這些基本元素一點都不新，但組合之後卻形成革命性的創新。

臉書在網路基礎架構上進一步創新，容許人們將自己的社交網絡數位化，而且不需學習 HTML 語言，就能擁有自己的線上媒體。無論這類技術能力的組合是否具有知識深度，卻大受歡迎，而且深具經濟價值；截至 2013 年 7 月，臉書的身價已經超過 600 億美元[17]。當分享照片變成臉書上最流行的活動時，凱文·希斯特羅姆（Kevin Systrom）和麥克·克里格（Mike Krieger）決定設計模仿這項功能的智慧型手機應用程式，但在程式中增添可用數位濾鏡修飾照片的功能選項。這項功能看起來好像不起眼的小創新，尤其是當希斯特羅姆和克里格在 2010 年推出這項功能時，臉書用戶早就可以在手機上分享照片了。不過，他們設計的應用程式 Instagram 到 2012 年春天，已經吸引了三千多萬愛用者，總共上傳了一億多張照片。於是，臉書在 2012 年 4 月以十億美元收購 Instagram。

由此可見，數位創新是最純粹的重組式創新。每一種發展都變成未來創新的基本元素。進步不會止息，而會不斷累積。數位世界沒有任何界限，它延伸到實體世界，帶來自動駕駛的

汽車和飛機，以及能製造零件的印表機等等。摩爾定律使得計
算裝置和感測器以指數速度，變得愈來愈便宜，因此能十分經
濟地製造出各種新裝置。由於數位化的趨勢，任何資料幾乎都
變得垂手可得，而且可以無限複製和再度使用，因為數位化資
料屬於共享性商品。由於這兩股力量，具潛在價值的創新元素
和組件在世界各地都呈現爆炸性成長，各種可能性不斷倍增，
出現前所未見的現象。事實上，這些都增加了未來重組式創新
的機會。

什麼是有價值的重組？

　　如果重組式創新的觀點是對的，那麼問題就出現了：隨
著創新基本組件的數量暴增，困難就在於，怎麼知道哪些才是
有價值的組合。經濟學家韋茨曼發展出一套新成長理論的數學
模型，在模型中，如機具、貨車、實驗室等經濟的「固定要
素」，經過一段時間後，都會因為他所謂「種子構想」中的知
識而不斷增強，而當舊的種子構想重新組合成新構想後，又增
添了新知識[18]。

　　這種模式產生了有趣的成果：由於重組式創新的可能性在
短期內暴增，在既有的知識基礎上，很快就出現無數具潛在價
值的新組合*。而經濟成長的限制就在於，能否從所有這些可
能的組合中，找到真正有價值的組合。

韋茨曼寫道：

在這樣的世界裡，愈來愈密集地處理數量愈來愈龐大
的種子構想，把這些構想變成可行的創新，日益成為經濟
生活的核心焦點……在發展的初期，成長會受到潛在新
構想的數量所限，但慢慢的，唯有處理能力才會限制了成
長的可能性[19]。

高登提出挑戰性的問題：「成長結束了嗎？」我們要代表
韋茨曼、羅姆和其他新成長理論派學者回答：「絕無可能。只
不過因為我們處理新構想的速度不夠快，才導致成長受阻。」

更多的眼球和更大的電腦

如果這種回答還算正確，或至少反映出創新和經濟成長
在現實世界的實際情況，那麼，加速進步最好的辦法，就是提
升我們檢驗新構想組合的能力。例如，其中一個好法子，是讓
更多人參與檢驗的過程，而透過數位科技，我們可以讓更多人
參與。今天，全球的資通訊科技促使人們相互連結，以大家都

---

* 別忘了，即使在這樣的經濟型態中，即使只有52個種子構想，可能產生的
潛在組合數卻會比太陽系中的原子還多。

負擔得起的價格，提供強大的電腦運算威力和大量資料。簡言之，今天的數位環境是大規模重組式創新的遊樂場。大力提倡開放源碼軟體的艾瑞克・雷蒙（Eric Raymond）曾提出樂觀的觀察：「只要吸引到足夠的眼球，（在眾目睽睽下）所有的問題都無所遁形[20]。」就創新而言，或許可以說：「只要吸引到足夠的眼球，就可以發現更有力量的創新組合。」

NASA 試圖加強對日焰（solar flare，或譯「太陽閃焰」、「太陽耀斑」）或太陽表面爆發的預測時，也體驗過相同的效應。由於任何太陽粒子事件（SPE，solar particle event，日焰就是一個 SPE）可能對太空中毫無屏障的人與工具，造成有害的強烈輻射，因此 SPE 預測的準確度和充分預警的功能十分重要。雖然 NASA 在這方面已經累積了二十五年的研究經驗和大量數據，不過他們承認，「目前還沒辦法預測太陽粒子事件的起始時間、強度和持續時間[21]。」

NASA 後來把 SPE 預測的相關數據及對問題的說明放在 Innocentive 網站上，Innocentive 是科學問題的線上交流中心，參與者不必是相關領域的專家，即使沒有博士學位或不在實驗室工作，也能瀏覽問題，下載資料，或上傳解決方案。任何人都能試圖解決任何領域的問題。比方說，物理學家也能研究生物學的問題。

結果，有個叫布魯斯・克瑞金（Bruce Cragin）的工程師，以獨特的洞察力和專業知識，改善了 SPE 預測方式。克瑞金不屬於任何天文物理社群,他住在美國新罕布夏州的小鎮,是個退休的射頻工程師。克瑞金表示:「雖然我不曾研究過太陽物理學,不過對於磁重聯理論,倒是有很多思考[22]。」顯然對這個問題而言,這是正確的理論,因為克瑞金的方法可以讓NASA以85%的準確度,提前八小時預測到太陽粒子事件;如果放寬為75%的準確度,更能提前二十四小時就預測到太陽粒子事件。因此,克瑞金透過重新組合理論和數據,從NASA手中拿到三萬美元的獎金。

善用群眾智慧

近年來,許多組織都採取NASA的策略,運用科技來開放創新的挑戰和機會,以吸引更多關注。如「開放式創新」或「群眾外包」等,都是用來描述這類現象的新名詞。這些方法有時候能創造出絕佳的效果。研究創新的學者拉爾斯‧耶普森(Lars Bo Jeppesen)和卡林姆‧拉哈尼(Karim Lakhani)曾經研究張貼在創新市集Innocentive上面的166個科學問題,這些問題都是組織無法解決的棘手難題。結果發現,Innocentive網站上的群眾能夠解決其中的45個問題,達到近30%的成功率。他們也發現,解題者的專業愈是與問題涉及的領域八竿子打不著,愈有可能提出致勝的解決方案。換句話說,解題者如果是門外漢,不具備與問題明顯相關的教育、訓練和過往經

驗，反而有助於解決問題。耶普森和拉哈尼提出生動的例子來
說明這點：

　　什麼才是最佳的食物等級聚合物輸送系統？面對這個
科學挑戰，航太物理學家、小型農產公司老闆、經皮輸藥
系統專家以及工業科學家都提出不同的致勝解決方案……
四種提案各自採用不同的科學機制，卻都能成功達到題目
要求的目標……

　　〔另外一個相關案例是〕某個研發實驗室，即使在徵
詢內外部專家的意見後，仍然無法充分掌握他們在研究中
觀察到的某個病理學資訊在毒物學中究竟有何意義……
最後是靠一位擁有蛋白質結晶學博士學位的科學家，運用
她在專業領域中常用的方法來解決問題，但在一般情況
下，蛋白質結晶學博士通常不會接觸到毒物學相關的問
題，或參與解決這類問題[23]。

　　新創公司Kaggle網站也和Innocentive一樣，召集散布世
界各地各非本行的網民，來解決不同組織提出的難題。不過，
Kaggle把重心放在資料密集的問題，而不是科學上的挑戰，目
標是產生更準確的預測，以超越原提問組織原本的基準值。結
果，他們交出一張驚人的成績單。首先，網站得到的預測通常
大幅超越原本的基準值。例如，Allstate提供一系列汽車特性

的資料，要求Kaggle網路社群預測，哪些特性比較容易導致個人責任險索賠[24]。競賽持續了將近三個月，吸引了一百多人參賽。最後奪冠的預測準確度，相較於保險公司原本的基準值，超出270%以上。

另外一個有趣的事實是，就題目相關領域而言，在Kaggle競賽中奪冠的贏家多半是外行人（例如，準確預測出醫院病患再住院率的人，往往毫無醫療保健領域的相關經驗），因此過去在尋求解方時，完全不會徵詢他們的意見。很多時候，這些能幹而成功的資料科學家都透過數位新工具，來獲取這方面的專業能力。

菜鳥勝過專家

比方說，2012年2月到9月，Kaggle在惠列特基金會（Hewlett Foundation）贊助下，舉辦了兩次學生作文的電腦評分競賽。*Kaggle和惠列特基金會與幾位教育專家一起策劃這場競賽。籌備競賽期間，其中有許多專家都十分擔心。第一場比賽分為兩輪。第一回合，乃是由11家著名的教育測驗公司

---

* 這方面的改進非常重要。因為申論題比選擇題更能有效掌握學生的程度，但如果採用人工閱卷的話，批改申論題的成本很高。所以自動評分系統能提升教育品質，同時降低教育成本。

彼此競爭，Kaggle的資料分析家社群則應邀以個人或團隊形式參加第二輪的競賽。專家擔心Kaggle的群眾在第二回合根本不堪一擊。畢竟這些測驗公司研究自動評分系統已經有一段時間了，也投注了許多資源在上面，每年投入數百人力所累積的經驗和專業，擁有這些菜鳥新手難以企及的優勢。

其實他們完全不需要擔心。許多參與競賽的「菜鳥」，表現遠遠超越測驗公司。當Kaggle調查究竟哪些人表現最佳時，更是大吃一驚。兩場競賽的前三名過去都沒有什麼作文評分或自然語言處理的經驗。在第二場競賽中，名列前茅的參賽者除了史丹佛大學人工智慧教授開的免費線上課程之外，根本沒有受過任何正式的人工智慧訓練。史丹佛大學這門網路課程乃是開放外界自由選修，世界各地都有人修過這門課，而且顯然獲益良多。前三名參賽者分別來自美國、斯洛維尼亞和新加坡。

另外一家新創網路公司Quirky則號召網民參與兩階段的韋茨曼重組式創新，也就是先產生新構想，然後篩選構想。他們利用群眾的力量，不只激發創新，也過濾創新構想，並且為產品上市做好準備。Quirky向群眾募集消費性產品的新構想，也靠群眾票選最佳提案，進行研究，建議如何改善，為產品取名字，建立品牌，然後推動產品銷售。Quirky會針對究竟要推出哪個產品，做最後的決定，也會處理相關的工程、製造問題和配銷作業。同時，Quirky透過網路社群的集體智慧而獲得的收益，他們會保留其中的七成，並將其餘三成分配給參與產品

開發的會員群眾。在這二成中,提供產品原始創意者可獲得其
中的42%,協助擬訂價格者則分享其中的10%,對產品名稱有
貢獻的人則分享其中的5%,以此類推。到2012年秋天為止,
Quirky已經籌募了九千萬美元的創投資金,也有幾家大型零售
商場已經同意販賣他們的產品,其中包括Target和Bed Bath &
Beyond。他們最暢銷的產品叫Pivot Power,是一種能任意彎曲
的延長線插座,Quirky在短短兩年內,就賣出37萬3千個Pivot
Power,參與產品開發的群眾,單靠這個產品就賺了40多萬美
元。

　　另外一家支持重組式創新的年輕公司是Affinnova,他們
運用韋茨曼提出的第二階段做法來協助顧客:將不同要素以各
種可能的方式重新組合,藉此篩選出最有價值的創新方案。他
們的方法是結合群眾外包的方式與價值一座諾貝爾獎的出色演
算法。當嘉士伯啤酒公司(Carlsberg)想要讓比利時格林堡啤
酒(Gimbergen)的瓶子與標籤展現新貌時,他們知道一定要
審慎為之(格林堡啤酒是全世界還在持續生產的修道院啤酒中
最古老的品牌)。嘉士伯希望格林堡的品牌能與時俱進,但不
能犧牲它卓越的聲譽,也不能淡化它九百年的悠久歷史。公司
明白,重新設計包裝時,勢必要為每種產品屬性提出不同的選
擇方案,包括瓶子的造型、浮雕圖案、標籤顏色、瓶蓋設計等
等,然後再選定其中最適當的組合。不過,剛開始時,在幾千
種可能的選擇中,究竟什麼是最「適當」的組合,其實不是那

麼明顯。

碰到這類問題時，一般的標準做法是由設計團隊提出他們認為很不錯的幾種組合，然後利用焦點團體訪談或其他小規模調查方式，選出最佳設計。Affinnova 卻採取截然不同的方法。他們利用分析選擇模式的數學〔經濟學家丹尼爾・麥克法登（Daniel McFadden）因為在這方面有卓著貢獻而獲得諾貝爾獎〕。Affinnova 採用的選擇模式分析法能很快找出人們的偏好：他們是否比較喜歡商標較小、有浮雕的棕色瓶子，還是偏愛商標較大、沒有浮雕的綠色瓶子？他們把幾種選擇方案反覆呈現在測試對象面前，請他們選出自己最喜歡的屬性組合。Affinnova 在網站上呈現這些不同的選項，雖然只有幾百名網友參與評估過程，他們卻能透過數學方法，找出最佳組合（或至少接近最佳組合）。結果，利用這個重組過程產生的格林堡啤酒新包裝獲得的支持率是舊瓶的 3.5 倍[25]。

創新要素早已齊備

當我們採取新成長理論派的觀點，並且拿它來和 Waze、Innocentive、Kaggle、Quirky、Affinnova 和其他創新相比擬時，我們對目前和未來的創新趨勢變得樂觀許多。這些數位發展趨勢並不限於高科技業，並非只是促使電腦和網路變得更快更好而已，還能協助我們把車子開得更好（或許很快的，我們根本不必自己駕駛汽車），能更準確預測日焰，解決食品科學和毒物學的問題，提供我們更便利的延長線和更優質的啤酒瓶設計。這類創新和其他無數創新將與日俱增，源源不絕。我們很有信心，未來，人類的創新力和生產力都以健康的速度持續成長。大量的基本創新要素早已齊備，而且還不斷出現愈來愈好的方法，讓我們重新組合既有元素，持續創新。

06
人工智慧與人類智慧

此刻想到這些驚人的電子機器……透過這些機器，
我們的計算和組合能力在過程中強化和倍增，
某種程度預告了……驚人的進步。

——德日進（Pierre Teihard de Chardin）

前面五章說明了第二次機器時代的顯著特色：電腦運算在許多方面都呈現出指數式進步，以及出奇大量的數位化資訊和重組式創新。這三股力量催生了許多新興科學，讓科幻小說的情節一一成為日常生活中的現實，超越了人類最新的理論和預測，而且眼前還看不到盡頭。

其實，過去幾年我們看到的種種新發展（也是前面幾章的主題），如自動駕駛的汽車、實用的人形機器人、語音辨識和合成系統、3D印表機、贏得益智問答比賽冠軍的電腦等，都只是暖身，還不算電腦時代最令人驚奇的成就。當我們進一步跨入第二次機器時代之時，將會看到愈來愈多令人嘆為觀止的神奇科技。

我們為何這麼有把握？因為透過第二次機器時代指數式、數位化與重組式的力量，人類開創出史上最重要的兩大成就：真實而有用的人工智慧，以及地球上大多數人都能透過共同的數位網路相連結。

單憑兩者之一，還無法從根本改變人類的成長前景。但兩股力量結合之後，就變得比工業革命以來的任何發展都重要，永遠改變了體力勞動的方式。

思考機器已經問世

能完成認知工作的機器甚至比能提供體力勞動的機器更重

要。多虧了現代的人工智慧技術，我們得以擁有這類機器。今天的數位機器已經掙脫原本狹隘的限制，開始在型態辨識、複雜溝通和過去必須仰賴人力的其他領域中，展現廣泛的能力。

我們最近也看到，自然語言處理、機器學習（電腦在獲得更多資料後會自動調整做法和改善成果的能力）、電腦視覺、同步定位與地圖建置等技術，都出現大幅進步，也愈來愈能因應電腦科學領域面對的各種根本挑戰。

未來，人工智慧的能力將愈來愈高強，成本則日益下滑，獲致的成果則大幅改善，我們的生活也變得愈來愈好。很快的，人工智慧將代表我們行使各種功能，不過往往只在幕後默默運作，舉凡日常生活瑣事，到實質工作，甚至是改變人生的大事，人工智慧在生活的各個層面，都能助我們一臂之力。例如，在照片上辨識哪些人是我們的朋友，或推薦適合我們的產品，都是人工智慧可以代勞的小事。更實質的協助則包括自動駕駛汽車，引導機器人在倉儲中移動，為求職者找到適當的職缺等。但這些功能和人工智慧改變人生的龐大潛能相形之下，立刻黯然失色。

就舉最近的例子好了。以色列公司 OrCam 結合了威力強大的小型電腦、數位感測器和出色的演算法，幫助視障人士掌握視力的重要功能（單單在美國，就有兩千多萬名視障人士）。OrCam 系統在 2013 年問世，使用者只要在眼鏡上安裝小型數位攝影機和揚聲器，就可以透過頭骨傳導聲波[1]。視障者如果用手指頭指著告示板、食品包裝上的文字或新聞報導內容，電腦可以馬上分析攝影機傳送的影像，並透過揚聲器，為他讀出文字內容。

綜觀歷史，人類超越最先進軟硬體的其中一項能力，是能夠解讀以各種不同字體和大小、在不同表面和照明狀況下呈現的文件。然而OrCam和其他類似的創新產品卻證明，這已不再是人類的專利，科技再度急起直追，超越人類，未來將協助數百萬人擁有更充實圓滿的人生。OrCam的售價大約為2,500美元，與一副好的助聽器差不多，而且未來絕對會愈來愈便宜。

數位科技能透過植入人工電子耳，協助聽障者恢復聽力；此外，或許還能讓完全看不見的盲人恢復視力，美國食品藥物管理局最近就核准了第一代人工視網膜[2]。人工智慧甚至能嘉惠四肢癱瘓者，因為今天我們已經能夠用意念控制輪椅[3]。客觀來看，這些進步簡直像是奇蹟，儘管這類科技如今還只是在萌芽階段。

人工智慧不但能改善我們的生活，也能拯救性命。比方說，華生電腦在「危險境地」節目奪冠後，就到醫學院註冊入學。說得更精確一點，IBM公司把促使華生有能力解答難題的創新科技，用來協助醫生更準確診斷病患的問題。超級電腦不再只是博學的通才，擁有龐大的一般知識，而是受過專業訓練的專才，能將病患的症狀、病史和檢驗結果，拿來和全世界發表過的高素質醫學資訊相比對，然後提出診斷和治療方案。

現代醫學牽涉到大量資訊，因此這類先進技術變得非常重要。IBM估計，人類醫生每星期都必須花160小時來閱讀醫學論文，才跟得上最新的醫學資訊[4]。

打造「華生醫生」

IBM和史隆凱特琳癌症紀念醫院、克里夫蘭診所等合作夥伴正在努力打造「華生醫生」（Dr. Watson）。參與這項研究計畫的機構都小心翼翼，強調人工智慧將用來擴增醫生的臨床專業知識和判斷，而不是取代醫生的角色。不過，有朝一日，華生醫生不無可能成為全世界最優秀的診斷者。

今天已經有一些醫療專業領域採用人工智慧輔助的診斷。由病理學家安德魯・貝克（Andrew Beck）領導的小組開發了一套電腦病理學診斷系統（C-Path），能像人類病理學家般，透過檢查人體組織的影像，自動診斷出乳癌，並預測病患的存活率[5]。自從1920年代以來，人類病理學家就接受檢視癌症細胞特性的訓練[6]。但C-Path團隊研發的軟體，能用新眼光檢視人體組織影像。但對於哪些特性和癌症嚴重程度或病患預後狀況相關，則沒有任何預先設定的觀念。結果，這套軟體不只和人類病理學家的判斷同樣準確，還找出三種有助於預測病患存活率的乳癌組織特性。過去病理學家所受的傳統訓練並沒有包含這個部分。

　　隨著人工智慧技術快速發展，可能也會造成一些問題，我們在結語中會進一步討論。但基本上，思考機器的發展仍然帶來許多不可思議的正面效益。

數十億創新者即將誕生

　　除了威力強大、用途廣泛的人工智慧外，還有一項發展也進一步推動第二次機器時代：全球人民透過數位科技相互連結。想要改造世界，促進人類福祉，可以善用的最佳資源莫過於全球71億人口。透過人類的各種構想和創新來因應新興的挑戰，改善生活品質，未來地球上的人類將生活得更加輕鬆愉快，也能給彼此更完善的照顧。無庸置疑，即使全球人口不斷增加，今天除了氣候變遷的問題外，幾乎所有的環境、社會和個人健康指標都已有所改善。

　　這並非純然僥倖，而有其因果關係。情況之所以日漸好轉，是因為整體而言，愈來愈多人有愈來愈多好的想法，可以改善人類整體命運。經濟學家朱利安‧賽門（Julian Simon）率先提出這種樂觀看法，而且還一再強力提倡這樣的觀點。他寫道：「就經濟而言，心智最重要，其重要性不亞於嘴或手，甚至猶有過之。長期而言，人口數量和人口增長最重要的經濟效益是貢獻更多人來累積更多有用的知識。長期而言，這方面的貢獻大到足以克服人口增長帶來的種種代價[7]。」

　　無論理論或數據都支持賽門的見解。重組式創新的理論強調吸引更多人來檢視挑戰，以及匯聚眾人腦力，一起思考如何重新組合既有元素，以因應挑戰，這些都非常重要。這個理論還進一步主張，每個人都扮演重要角色，必須設法過濾和改善別人的創新構想。從空氣品質到商品價格到暴力程度等，各項數據都顯示，情況已日益改善。換句話說，這些資料證明人類具有因應各種挑戰的超凡能力。

　　不過，我們還是要稍稍吹毛求疵一下。賽門寫道：「推動世界加速進步的主要燃料是我們累積的知識，缺乏想像力則會為進步踩剎車[8]。」我們同意燃料的部分，卻不同意剎車的部分。直到最近，阻礙進步的主要因素一直是，全世界還有相當比例的人口無法取得既有知識或增加更多知識。

　　長期以來，工業化的西方世界早已習慣於擁有圖書館、電話和電腦，但開發中國家仍有許多人民認為，這是難以想像的奢侈品。

　　不過，情況正快速轉變。舉例來說，2000 年，全球大約有七億行動電話用戶，其中只有不到三成是開發中國家的人民[9]。到了 2012 年，行動電話用戶數已高達 60 億，其中超過 75% 為開發中世界的用戶。世界銀行估計，全球目前有四分之三的人有手機可用，在某些國家，手機甚至比電力或飲用水更普遍。

　　在開發中國家買賣的第一具行動電話，功能幾乎只限於講電話和發簡訊,但即使這麼簡單的裝置都帶來很大的改變。經濟學家羅伯‧簡森(Robert Jensen)曾在1997年到2001年之間,研究了印度喀拉拉邦的濱海村落,那裡的村民主要以捕魚為生[10]。簡森蒐集行動電話服務推出前後的數據,結果記錄到十分驚人的變化。手機推出後,魚價立刻穩定下來,平均價格甚至還下降。事實上,由於漁民能把漁獲拿到供應量比較不足的市場販賣,不但減少浪費,也提高利潤。買賣雙方的整體經濟福祉都改善了,簡森認為這些利得都和手機出現直接相關。

當然,現在即使功能最簡單的手機,都比十年前喀拉拉的漁夫所使用的複雜許多。2012年,全世界賣出的手機有將近七成是一般的「功能型手機」(feature phone),不像富裕國家人民使用的蘋果iPhone或三星Galaxy智慧型手機功能那麼強,但依然能拍照(通常還能錄影)、上網、執行少數應用程式[11]。而且,便宜的行動裝置不斷改進。科技分析公司IDC預測,智慧型手機的銷量很快就會超越功能型手機,到2017年,智慧型手機將占手機總銷量的三分之二左右[12]。

這樣的轉變主要是因為手機裝置和網路在同一段時間,持續不斷地改善功能和降低成本,帶來的重要影響是:數十億人因此成為潛在的知識創造者、問題解決者和創新者。

今天,無論在世界各地,任何人的智慧型手機和平板電腦只要能與網路相連,就和在MIT辦公室中的我們一樣,能接觸到許多通訊資源和大量資訊。他們可以搜尋網路,瀏覽維基百科。他們可以選修線上課程，有些授課老師還是學術界頂尖學者。他們可以在部落格、臉書、推特和其他網站上，分享自己的見解，這些網路服務大都免費。他們甚至可以利用像亞馬遜的 Amazon Web Services 和 R（用於統計分析的自由軟體應用程式語言）等雲端資源，進行複雜的資料分析[13]。簡言之，他們可以充分利用 Autodesk 執行長貝斯所說的「無限的運算能力」，致力於創新和創造知識[14]。

不久前，能快速互相溝通、獲取知識和分享知識（尤其在遠距的情況下），基本上是少數菁英的專利，如今則變得愈來愈民主而平等。知名記者李伯齡（A. J. Liebling）有句名言：「只有擁有新聞媒介的人，才擁有新聞自由。」我們可以說，很快地，全球數十億人只要動動指尖，就能擁有印刷媒體、參考圖書館、學校和電腦[15]。

和我們一樣相信重組式創新的人都認為，這樣的發展將推動人類進步。我們無法準確預測未來會出現什麼樣的新洞見、新產品和新解方，但我們很有信心，這些洞見、產品和解方必定令人讚歎不已。無數的機器智慧與數十億相互連結的大腦共同致力於理解、改善這個世界，這將是第二次機器時代的一大特色。未來的發展將令過去的一切相形見絀。

07

成長的終結，
還是延遲的豐收？

大多數經濟謬論之所以產生，
是因為我們喜歡假定大餅是固定不變的，
以為其中一方有所得，勢必讓另一方有所失。
——密爾頓・傅利曼（Milton Friedman）

政府機構、智庫、非政府組織和學術界每天都產生一大堆統計數字，幾乎沒有人有辦法讀完這些數字，更遑論消化這些數字了。不管在電視、財經媒體版面或部落格，都不乏分析家忙著辯論和預測利率、失業率、股價、赤字和其他無數指標的趨勢。但是如果你拉高視野，思考過去百年來的趨勢，就會觀察到一個壓倒性的事實：無論在美國或全世界，整體生活水準都大幅提升。從十九世紀初期，美國的人均GDP每年平均成長1.9%[1]。如果採用「70法則」（某個數值翻兩倍的時間大約等於70除以它的成長率），就會發現，大約每隔36年，美國人的生活水準就會倍增，活了一輩子之後，生活水準會提升到出生時的四倍*。

這樣的成長十分重要，因為經濟成長有助於解決其他許多挑戰。美國每年GDP成長速度只要比目前的預測值加快1%，到2033年，美國人的財富就會多出五兆美元[2]。即使GDP成長速度每年只加快0.5%，美國毋須修改任何政策，預算赤字問題就可迎刃而解[3]。當然，如果美國經濟成長速度變慢，平衡財政赤字的難度將大幅提高，更遑論增加任何預算或提出減稅措施了。

---

* 70法則（或更精確一點地說，是69.3%法則）乃是基於下列方程式：$(1+x)^y=2$，x代表成長率，y則是年數。方程式的兩邊取自然對數，得出 $y \ln(1+x)=\ln 2$。$\ln(2)$的數值是0.693。而當x的數值很小時，$\ln(1+x)$的數值趨近於x，因此整個方程式就簡化為：$xy=70\%$。

　　但是，究竟是哪些因素驅動人均GDP成長呢？人類使用的資源愈來愈多，是其中部分原因。但最重要的因素是，我們從固定投入中得到更多產出的能力增強了；換句話說，我們的生產力提高了（一般而言，我們都把「勞動生產力」簡稱為「生產力」，代表每個工時的平均產出〔或每個工人的平均產出〕）*。生產力成長則來自於科技創新和生產技術創新。

　　單純只是花更多的時間工作，沒辦法提升生產力。的確，曾經有一段時間，美國人每週固定工時是50小時、60小時、甚至70小時。雖然有些人依然長時間工作，但今天美國人的平均工時已經縮短許多（平均每週35小時），而且還能享受比過去更高的生活水準。羅伯特・索洛（Robert Solow）指出，單靠勞動投入和資本投入增長，無法解釋大部分整體經濟產出增長的情況**，他並因此獲得諾貝爾經濟獎。事實上，今天美

---

*　我們也可以衡量「資本生產力」，亦即每單位資本投入所獲得的產出；也可以衡量「多因素生產力」（multifactor productivity），即產出除以資本投入與勞動投入加權平均。經濟學家有時候會用另外一個名詞「索洛殘差」（Solow Residual）來代表多因素生產力，「索洛殘差」更能反映出一個重要事實：我們其實不見得能清楚解釋生產力的來源。索洛自己指出，與其說「索洛殘差」是對技術進步的具體衡量，不如說它真正在衡量的是「我們的無知」。

**　這是好事，因為我們能增加多少投入，尤其是勞動投入，有其自然限制，報酬也會遞減，因為沒有人能每天工作24小時以上，或雇用超過百分之百的勞動力。反之，生產力成長反映了創新的能力，創新能力只會受我們的想像力所限。

國人平均每週只要工作11小時，就能夠達到1950年的勞工每週工作40小時的產出。歐洲和日本勞工生產力提升的速度也不相上下，某些開發中國家的生產力成長率甚至更高 *。

二十世紀中葉，尤其在1940、1950和1960年代，第一次機器時代的技術發展（從電力到內燃機）開始加足馬力、全力衝刺之後，生產力也快速提升。不過，到了1973年，生產力成長速度就開始放慢（參見圖7.1）。

生產力弔詭

索洛在1987年指出，生產力成長速度開始減緩時，正好是電腦革命的初期，他曾發表一段著名的談話：「我們處處都看到電腦時代的跡象，唯有生產力統計數字除外[4]。」1993年，艾瑞克發表一篇探討「生產力弔詭」的文章，指出電腦仍然只占經濟的一小部分，在IT之類的泛用型科技發揮實質影響之前，通常還需要一些輔助性的創新[5]。他後來的研究更深

---

* 產出除以勞動和資本投入常常更有企圖心地被冠以「總要素生產力」（total factor productivity）的名稱。不過，這個名詞可能有一點誤導，因為其實還有其他的生產投入。比方說，企業還能大量投資於無形的組織能力。我們有辦法衡量的投入種類愈多，就愈能清楚說明整體產出成長的原因。結果，所謂的「生產力」殘差（無法透過投入的成長來說明的部分）也就會縮小。

圖7.1 勞動生產力

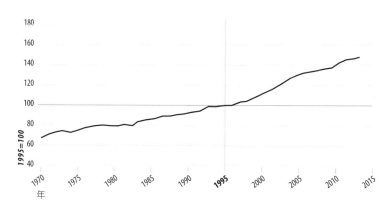

入探討個別公司的生產力與資訊科技應用的相關數據，結果發現兩者之間有重要關聯：高度運用資訊科技的公司，生產力也大幅超越競爭對手[6]。到了1990年代中期，美國生產力普遍上升，已經可以明顯看到資訊科技為總體經濟帶來的龐大效益。生產力上升的原因很多，但經濟學家如今認為，資訊科技的力量是最主要的原因[7]。

1970年代生產力成長減緩，以及二十年後又快速上升的現象，其實可以找到有趣的先例。1890年代末期，美國工廠開始使用電力。但當時的「生產力弔詭」是，有長達二十年的時間，勞動生產力並未快速起飛。雖然牽涉到的技術截然不同，但其中隱含的動態卻頗相似。芝加哥大學經濟學家查德・西佛森（Chad Syverson）深入檢視相關的生產力數據後，指出兩者

的類比簡直離奇地相似[8]。從圖7.2可以看到電力時代生產力的
成長最初緩慢啟動、後來快馬加鞭的情況，和1990年代生產
力上升的情況十分類似。

輔助性創新才是關鍵

我們在第五章討論過，要了解這個型態的關鍵在於必須明
白，泛用型科技總是需要其他輔助性的創新。而輔助性創新可
能需要花費多年時間，甚至數十年時間，才發展成熟，因此從
新技術推出到真正提升生產力，就會出現延遲的現象。我們在
電氣化和電腦化的時代，都曾看到同樣的現象。

流程與組織的改造

或許最重要的輔助性創新是企業流程改造和新技術促成
的組織再造。史丹佛大學和牛津大學的經濟史學家保羅·大衛
（Paul David）曾檢視美國工廠剛開始電氣化時的紀錄，結果發
現他們往往和依然採用蒸汽動力的工廠維持相同的配置和組織
型式[9]。在蒸汽引擎驅動的工廠中，動力乃是經由巨大的中央
輪軸來傳輸，輪軸會帶動一連串的滑輪、齒輪、曲軸等。如果
輪軸太長，會被運轉過程的扭力弄壞，所以機器必須群集於主
要動力來源附近，並且把最需要動力驅動的機器擺在離蒸汽引

圖7.2　兩個時代的勞動生產力

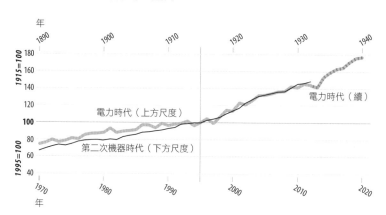

擎最近的位置。工業工程師會充分利用空間，把機器設備擺在中央蒸汽引擎的上下樓層，以縮短距離。

多年後，在偉大的電力取代蒸汽機後，工程師只不過找到最大的電動馬達後，就把它買下來，直接塞進原本蒸汽引擎的位置。即使蓋了新工廠，都仍依照原本的設計。難怪根據紀錄，引進電動馬達後，工廠績效並沒有大幅提升。或許工廠裡不再煙霧迷漫，噪音也減少了，但新技術並非完全可靠。總而言之，生產力幾乎原地踏步。

直到三十年後，（時間長到當初那批工廠主管都已退休，新世代取而代之），工廠設計才開始改變。新式工廠和今天我們見到的工廠十分相似：只有一層樓，但樓面呈水平延展，面積達一英畝以上。新式工廠不會只有一個巨大的引擎，而是每個設備都配有小型電動馬達。他們也不會把需要最多動力的機器放在最靠近電源的位置,而是依照一個簡單有力的新規則來規劃工廠配置:物料處理的自然流程。

在重新規劃的生產線上,生產力不只是逐漸往上爬升,甚至是迅速倍增,甚至成長三倍。到了二十世紀,從精實生產和小型煉鋼廠到全面品質管理和六標準差等,各種新增的輔助性創新觀念持續推升製造業生產力。

正如同早期泛用型科技的發展,在第二次機器時代,如果要充分發揮科技的效益,也需要有重大的組織創新。柏納李(Tim Berners-Lee)在1989年發明全球資訊網,就是明顯的例子。最初,全球資訊網只嘉惠少數粒子物理學家,但部分因為數位化和網路的力量,加速了各種新觀念的傳播,輔助性創新產生的速度比第一次機器時代快得多。全球資訊網誕生後不到十年,已經有許多創業家設法運用網路,開創新的出版和零售方式。

建置資訊系統

雖然比較不明顯,但1990年代,企業廣設大型資訊系統,對生產力帶來更大的衝擊。當時掀起一波企業流程再造的熱潮是背後主因[10]。舉例來說,沃爾瑪(Walmart)推出新的資訊系統,和供應商分享銷售點資料,因而大幅提升零售效率。

真正的關鍵在於引進輔助性的創新流程管理模式，例如供應商管理庫存、越庫作業（cross-docking），以及有效回應消費者需求，幾乎已經成為商學院經典案例。這些創新做法不但將沃爾瑪的銷售額從1993年的每週10億美元推升到2001年的每36小時10億美元，而且也帶動整個零售和物流業的戲劇性成長，在這段期間為美國帶來額外的生產力增長[11]。

1990年代掀起的資訊科技投資熱潮，在世紀末達到頂峰，當時許多公司都將資訊系統升級，以充分利用網際網路，還安裝大型企業電腦系統，努力避免遭到過度炒作的千禧蟲危機。同時，半導體的創新出現大躍進，所以資訊科技支出暴漲更加快了電腦威力提升的速度。在電腦的生產力弔詭普遍出現後十年，哈佛大學教授戴爾·喬根森（Dale Jorgenson）和紐約聯邦儲備銀行的凱文·史提若（Kevin Stiroh）合作完成一份嚴謹的成長會計分析，得到的結論是：「共識已經浮現，2000年以來的加速成長，有很大部分來自於生產資訊科技，或密集使用IT設備和軟體的經濟部門[12]。」

不只生產電腦的產業蓬勃發展，史提若還發現，整個1990年代，重度使用資訊科技的產業都變得更有生產力。根據喬根森和兩位共同作者的研究，近年來，這個型態變得更加明顯。從1990年代到2000年代，在高度使用資訊科技的產業中，總要素生產力的成長速度加快了；而沒有廣泛運用資訊科技的經濟部門，生產力成長率卻略為下滑[13]。

　　很重要的是，不只在產業的層次上，電腦與生產力有明顯的關聯；就個別公司來看，也是如此。艾瑞克與賓州大學華頓商學院教授羅林・希特（Lorin Hitt）合作的研究發現，使用愈多資訊科技的公司，通常生產力愈高，生產力增長的速度也比競爭對手快[14]。

　　二十一世紀的頭五年，創新和投資熱潮再現，不過重心不再是電腦硬體，而把焦點放在各種應用方式和流程創新上。舉例來說，安迪為哈佛商學院所作的案例研究中描述，CVS公司發現他們的處方藥訂購流程讓顧客感到困擾，於是他們重新設計流程，簡化流程[15]。他們把新步驟植入公司整體軟體系統中，因此可以在遍佈各地的四千多個據點複製相同的藥物訂購流程，於是，顧客滿意度出現戲劇性成長，最後也提升公司獲利。而CVS並非特例。艾瑞克和希特針對六百多家公司生產力所作的統計分析顯示，每家公司平均要花五到七年的時間，投資電腦的效益才會充分顯現，促使公司生產力大幅提升。由此可見，企業必須投入時間與心力，進行其他輔助性投資，推動電腦化的努力才能獲致最後的成功。事實上，企業每投資一塊錢於電腦硬體上，還需要另外投資九塊錢於軟體、訓練和重新設計企業流程上[16]。

　　在產業生產力的相關統計中可以看到，這類組織變革的效應愈來愈明顯[17]。1990年代的生產力熱潮在電腦製造業最為顯著，但到了二十一世紀初期，整體生產力的成長速度甚至更快，當時在各種不同的產業中，都可看到生產力大幅成長的現象。和過去的泛用型科技一樣，電腦的威力就在於能夠協助與本業毫不相干的產業提升生產力。

成長的終結？

整體而言，在二十一世紀頭十年，美國生產力的成長幅度甚至超越了喧囂的 1990 年代的高成長率，而 1990 年代的生產力成長率又超越了 1980 年代和 1970 年代[18]。

今天美國勞工的生產力可說達到史上高峰，但如果深入檢視近來的生產力數字，又會看到一些細微的差異。2000 年之後的生產力成長其實大都集中於二十一世紀的最初幾年，2005 年之後，生產力成長的力道就減弱了。我們曾在第五章指出，這個現象帶來新一波的疑慮，經濟學家、新聞記者和部落客都對「成長的終結」表示憂心。我們卻不相信這些悲觀的看法。早年開始採用電力後，雖然生產力的增長曾一度遲緩，卻不代表成長已經終結，1970 年代的情形也是如此。

近年來生產力成長遲緩，只不過反映了經濟大衰退之後的情況。可以理解，衰退時期總是充斥著悲觀論點，而且悲觀的看法會影響人們對科技和未來的預測。金融危機和房市泡沫破裂都導致消費者信心崩潰，財富化為烏有，結果造成需求銳減，GDP 巨幅下滑。雖然就技術層面而言，經濟大衰退已在

2009年6月結束，但直到我們在2013年撰寫本書之時，美國經濟仍未完全復甦，失業率高達7.6%，產能利用率只有78%。在這樣的不景氣時期，無論採取任何計量方式，只要分子中包含產出面因素（例如勞動生產力），數字都至少會暫時下挫。事實上，綜觀歷史，在1930年代經濟大蕭條的初期，生產力並非只是成長遲緩，而是連續兩年都下跌，但近來這波不景氣中，卻從未出現這樣的現象。在1930年代，對成長持悲觀論調的人比今天更多，但隨後三十年，卻是二十世紀最輝煌的年代。如果我們回頭檢視圖7.2，特別注意在1930年代初期生產力下滑後，代表隨後幾年勞動生產力的那條虛線，你會看到當時出現第一次機器時代有史以來最大的一波成長。

這樣的生產力增長背後的原因，就在泛用型科技受到採用後，總會出現延遲效應。隨著愈來愈多輔助性創新出現，電氣化帶來的效益延續了百年之久。在第二次機器時代中，數位化的泛用型科技帶來的深遠影響也不遑多讓。即使摩爾定律終究會慢慢走到盡頭，我們仍然可以預期，未來數十年，無數的輔助性創新仍將持續推升生產力。不過，和蒸汽時代或電力時代不同的是，第二次機器時代的技術會以指數式的驚人速率持續改進，並以數位化的完美不斷倍增威力，為重組式創新開創更多機會。

這條路並非坦途，至少我們還無法擺脫景氣循環，但如今要迎接前所未見的大豐收，基本條件可說已經齊備。

08
GDP 無法衡量的事

國民生產毛額沒有納入詩歌之美或公共辯論的智慧。
國民生產毛額衡量的，不是我們的機智或勇氣，
也不是我們的學識才智、慈悲心或奉獻的熱情。
簡言之，國民生產毛額衡量所有的一切，
唯獨不包括人生的重要價值。
—— 羅伯・甘迺迪（Robert F. Kennedy）

美國經濟大蕭條期間，胡佛總統想要了解當時的經濟狀況，以擬定計畫來克服經濟危機，但當時還沒有一套完整的國民經濟會計制度。所以，胡佛只好仰賴諸如貨車裝載量、大宗商品價格、股價指數等分散各處的資料，而這些資料根本無法針對經濟活動提供一套可靠完整的看法。美國的第一個國民經濟會計制度在1937年提交國會審查，這套制度乃是以諾貝爾得主顧志耐（Simon Kuznets）的開創性研究為基礎，他當時和美國國家經濟研究局的研究員及商務部的小組合作。後來在釐清二十世紀許多戲劇性的經濟變化時，這套衡量指標提供很大幫助。

但是，隨著經濟變遷，衡量經濟活動的指標也必須改變。在第二次機器時代中，我們愈來愈關心想法，而非事物──心智，而非物質；位元，而非原子；互動，而非交易。然而，從許多方面來看，對於今天經濟的價值究竟從何而來，我們的了解可能還不如五十年前，可說是資訊時代的一大諷刺。事實上，長期以來，我們對許多變化都視而不見的原因在於，我們根本不知道應該搜尋哪些資料。有一大塊經濟活動，在官方資料中根本看不見，因此在大多數公司的損益表和資產負債表中也付之闕如。但免費的數位商品、共享式經濟、無形的資產、關係的變動已深深影響我們的福祉，我們需要建立新的組織架構，以及新技能、新體制，甚至重新評估某些價值。

音樂的故事

音樂從實體媒介轉變為電腦檔案的故事，大家早已耳熟能詳，但是在這個轉型過程中，有個最有趣的面向卻很少有人提及。在傳統的經濟統計中，有一部分的音樂活動是隱而未見的。實體媒介的音樂銷售量從 2004 年的八億單位減少為 2008 年的四億單位。不過在同一段時間，音樂的總購買量仍持續成長，顯示以數位下載方式購買音樂的數量快速成長。iTune、Spotify 或 Pandora 之類的數位串流網站紛紛崛起，當然這方面的音樂購買數據還不足以反映許多歌曲被大量免費分享、串流、下載（通常是盜版）的情況。在 MP3 興起之前的年代，最狂熱的音樂迷家中地下室可能堆滿了雷射唱片、錄音帶和 CD，但和今天的孩子可以透過智慧型手機，從 Spotify 或 Rhapsody 等音樂播放網站收聽二千萬首歌曲比起來，他們的音樂收藏可說是小巫見大巫。明尼蘇達大學的喬爾・瓦德佛吉（Joel Waldfogel）設計了一個很聰明的研究，找到量化證據顯示，過去十年來，音樂的品質並沒有降低，而且還達到前所未有的高水準[1]。所以大多數人今天其實能聽到更多更好的音樂。

那麼，音樂怎麼會消失了呢？其實，音樂的價值一直沒有改變，只不過價格變了。從 2004 年到 2008 年，音樂的總銷售額從 123 億美元降為 74 億美元，等於下跌了 40%。即使加上所有的數位音樂銷售額，連手機鈴聲都包括在內，唱片公司的總營收仍然下滑30%。

當你在線上以折扣價訂閱或免費閱讀《紐約時報》、《彭博商業週刊》或《MIT史隆管理評論》，而不是在報攤購買報紙雜誌；或你在Craigslist網站刊登廣告，而沒有利用報紙的分類廣告版面；或你在臉書上分享照片，而不是把洗出來的照片寄給親朋好友時，也會造成類似的經濟狀況。類比時代的一塊錢到了數位時代，漸漸只值一分錢。

到目前為止，數位化的文字和影像網頁估計已超過一兆頁[2]。我們在第四章討論過，今天，我們幾乎可以不費分文地複製位元，並立即把它傳送到世界各地，而且數位商品的複製品幾乎和原始版本一模一樣。如此一來，就產生了截然不同的經濟學，以及一些特殊的衡量問題。有的人出差時，會利用Skype打電話回家，和孩子聊一聊，這樣的行為或許不會增加任何GDP，卻很難說這麼做毫無價值，因為在十九世紀末，即使最富有的強盜大亨都買不到這樣的服務。這些免費的商品或服務，是過去花再多錢都買不到的，那麼，我們該如何衡量其效益呢？

GDP遺漏的是……

雖然無論經濟學家、博學之士、新聞記者或政治人物都十分重視GDP，但即使經過完美估算，GDP仍然無法將我們的福祉量化。我們在第七章討論的GDP和生產力成長趨勢十分重要，但還不足以拿來當作我們整體福祉的衡量指標，或甚至不足以衡量經濟福祉。在本章開頭，羅伯‧甘迺迪以富有詩意的文字表達了他的觀點。

雖然要評估甘迺迪振奮人心的談話值多少錢，實在不切實際，我們仍然可以花點時間，思考我們平日消費的商品和服務究竟經歷了哪些轉變，以便對基本的經濟進步有更深入的理解。我們很快看得出來，官方統計數字所描繪的趨勢不但低估了數位科技的無窮潛能，而且這些數字在第二次機器時代中會變得日益失真。

今天，擁有智慧型手機的孩子除了可以擁有大量豐富的音樂收藏之外，還可以透過手機上網，即時取得各種資訊，比二十年前的美國總統還要厲害。維基百科聲稱他們累積的資訊是《大英百科全書》的五十倍以上，而在二十世紀的大多數時候，《大英百科全書》一直是首要知識寶庫[3]。和維基百科一樣、不過不同於《大英百科全書》的是，今天大多數的資訊和娛樂都是免費的，我們也可以透過智慧型手機免費下載應用程式，有一百多萬個應用程式可供我們選擇[4]。

由於這些服務都是免費的，因此在官方統計中幾乎完全看不見。這類服務會為我們的經濟增加價值，但在GDP帳面上卻看不到任何這方面的數字。由於我們的生產力數據乃是根據GDP衡量指標算出來的，因此愈來愈多的免費商品並不會改變生產力數據。不過毋庸置疑，這些服務都具有實質價值。當一個女孩寧可在 YouTube 上觀賞影片，而不去戲院看電影時，她等於在告訴我們，她從 YouTube 得到的淨值高於傳統電影院。當她的弟弟用 iPad 下載免費的遊戲應用程式，而不去購買新電玩時，他也在發表相同的宣言。

免費：提升幸福感，有損GDP

從某些方面來看，免費商品日益繁多甚至會拉低GDP。假如製作百科全書、並把書運送到你桌上所需的成本不過是區區幾毛錢，你當然會覺得生活變得更美好。但即使提升了個人福祉，產品成本下滑卻會拉低GDP，以至於GDP的成長趨勢與我們真正的幸福感背道而馳。只不過簡單改變使用習慣：例如不再用手機傳簡訊，而改用蘋果iChat之類的免費傳訊息服務；以Craiglist上的免費廣告取代報紙廣告；或利用Skype撥打免費電話，而不是使用傳統電話服務；都會讓公司營業額和GDP統計數字蒸發掉數十億美元[5]。

這些例子顯示，我們的經濟福祉和GDP的關聯其實不那麼緊密。可惜許多經濟學家、新聞記者和一般大眾仍然把「GDP成長」視為「經濟成長」的同義詞。在二十世紀的大半時候，這樣的比擬還算合理。假定每增加一個單位的產量，就能大致以同等程度，提升人民的福祉，那麼計算有多少單位的生產量（就像目前的GDP統計方式），或許能大略估算出帶來的福祉。換句話說，能賣出更多輛汽車、更大量的小麥、更多噸鋼鐵的國家，人民的生活應該也過得比較好。

但是當每年推出的免費數位商品數量愈來愈大時，這種關於GDP的傳統經驗法則就不再適用了。我們在第四章討論過，第二次機器時代常被形容為「資訊經濟」，其實有它的道理。今天，使用維基百科、臉書、Craigslist、Pandora、Hulu和Google的人愈來愈多，每年還出現數以千計的新數位商品。

根據美國經濟分析局的定義，資訊部門對經濟的貢獻乃是軟體、出版、電影、錄音、廣播、電訊、資訊與資料處理服務加起來的總銷售額。根據官方數字，今天這類銷售林林總總加起來，只占GDP的4%，幾乎和1980年代末期，全球資訊網尚未發明時的比例差不多。但顯然這個數字不正確。所以，我們的經濟創造出來的實際價值，有愈來愈高的比例在官方統計中根本看不見。

用消費偏好衡量福祉

我們能不能改善GDP計算方式，更準確反映人民的福祉？經濟學家有時候會另闢蹊徑，這就好像小孩玩的遊戲：「你會不會寧可……？」

1912年席爾斯（Sears）商品目錄上面有數千種商品，從

335美元的「席爾斯汽車」（第1213頁）到幾十種女鞋款式，有的只需1.50美元一雙（371-79頁）。假定我給你這份商品目錄的擴大版，上面列出1912年買得到的所有商品和服務，除了席爾斯的商品外，還包括1912年所有商家推出的產品，而且標的都是1912年的價格[6]。你會寧可只照那份舊商品目錄來購物，沒有其他的選擇，還是你寧可依今天的市價來購買，但擁有今天商品和服務的完整選擇呢？

或為了讓你在選擇時不要太過為難，我們挑選兩份時間較相近的商品目錄，例如1993年和2013年。假如你手上有五萬美元可花，那麼你願意照1993年的價格，買下任何一部1993年的新車，還是照2013年的價格，買2013年的汽車？你會寧可用1993年的價格，購買香蕉、隱形眼鏡、雞翅、襯衫、椅子、金融服務、機票、電影、電話服務、醫療保健、住宅服務、燈泡、電腦、汽油，以及其他1993年買得到的商品和服務？還是，寧可依2013年的價格，買下2013年的相同服務？

從1993年迄今，香蕉和汽油的品質大致都差不多，所以唯一的差別就在價格了。假如價格是唯一的差異，我們可以很容易算出通貨膨脹率，因此這種「你會不會寧可……」的比較也就簡單多了。不過，對其他商品而言，尤其是談到線上資訊和行動電話效能等第二次機器時代的商品時，和二十年前比起來，今天的商品在品質上有很大的改進，所以即使商品標籤上的名目價格上漲，根據品質調整後的價格實際上卻下降了。更何況，今天我們可以買到很多過去從來不曾存在的新商品，尤其是數位商品。也有一些既有的商品和服務逐漸走下坡或消失不見了。例如，今天已經很難找到馬皮製的磨剃刀皮帶[7]，或1993年的老式個人電腦，也很難再碰到會替你免費清洗擋風玻璃的加油站人員。

等你決定好你比較喜歡哪一份商品目錄之後，接著我會問你，我需要付你多少錢，你才能無視於兩份目錄之間的差別？假如我需要多付你20%的錢，你依著新目錄購物時，才會和照舊目錄買東西同樣開心，那麼物價指數就上揚了20%。如果你的收入始終不變，那麼物價上漲會侵蝕你的購買力，你的生活水準也因此下降。同理，假如你收入增加的速度比物價上漲的速度快，那麼生活水準就會上升。

這種說法在概念的層次言之成理，現代政府在計算生活水準的變化時，大都以此為依據。比方說，政府往往根據這類分析得出的生活費用調整指數，來調整社福津貼[8]。但這類計算採用的數據幾乎都來自於牽涉金錢交易的市場行為，並沒有納入免費的經濟活動。

用消費者剩餘衡量福祉

還有另外一種方式可以衡量商品和服務產生的消費者剩餘。消費者剩餘乃是將消費者願意付出的錢和他們實際必須付出的錢拿來比較。如果你樂於付　美元來閱讀早報,實際上卻可以免費讀報,那麼你就獲得一美元的消費者剩餘。不過,當免費報取代了付費報,雖然增加了消費者剩餘[9],卻會減少GDP。在這種情況下,消費者剩餘應該是衡量經濟福祉更好的指標。不過,雖然消費者剩餘的概念很吸引人,實際衡量時卻會碰到極大的困難。

儘管如此,許多學者並沒有因此卻步,仍然努力設法對消費者剩餘做一些估計。艾瑞克曾在1993年完成的論文中估計,每年由於電腦價格下滑而導致消費者剩餘快速成長,增加了大約500億美元的經濟福祉[10*]。

當然,如果你研究的產品已經是免費的,還去檢視降價幅度就沒什麼用了。艾瑞克最近與MIT博士後研究員吳珠熙(音譯,Joo Hee Oh)則採取不同方式。他們首先觀察到,即使人

---

* 艾瑞克的論文發表後,又出現許多相關的發現。去年,經濟學家傑若米・葛林伍德(Jeremy Greenwood)和凱倫・柯沛基(Karen Kopecky)應用類似方法,針對個人電腦,發現相同的成長貢獻。另外兩位經濟學家夏安・葛林斯坦(Shane Greenstein)和瑞恩・麥德維(Ryan McDevitt)提出的問題是:寬頻網路服務普及後,創造了多少消費者剩餘。他們檢視這段期間寬頻服務的降價幅度,以及寬頻用戶增加了多少,然後再據以估計人們願意付出多少錢來享受寬頻服務,以及他們實際上付了多少錢,再推估出消費者剩餘。麥肯錫公司的研究小組則採取更直接的方式。他們問3,360個消費者,願意付出多少錢來取得十六種網路服務。他們把平均願意付出的數目相加後,得出每月50美元的數字。他們由此推估,美國人從免費網路服務中得到的消費者剩餘超過350億美元。其中數字最龐大的項目為電子郵件,像臉書之類的社群網站則緊追在後。

們不必付錢，他們上網時，仍然放棄了寶貴的時間[11]。不分貧富，每個人一天都只有二十四小時。為了觀看 YouTube 影片、瀏覽臉書或收發電子郵件，我們都必須「付出」我們的注意力。事實上，從 2000 年到 2011 年，美國人花在上網的休閒時間幾乎倍增。這表示，他們對上網的重視勝過其他休閒方式。於是，艾瑞克與吳珠熙把使用者的時間納入考量，並且把上網時間拿來和從事其他休閒活動的時間相比較，艾瑞克與吳珠熙估計，網際網路每年為每位使用者創造了 2600 美元的價值。但 GDP 統計中完全看不到這些數字，如果把網路使用納入考量的話，美國每年的 GDP 成長率（因此帶來的生產力成長）將會提高 0.3%。換句話說，如此一來，2012 年的生產力成長率應該是 1.5%，而不是 1.2%。

對休閒而言，時間愈多愈好；反之，工作的時候，則愈省時間，就愈有價值。谷歌公司首席經濟學家韋瑞安特別檢視了藉由 Google 搜尋省下的時間[12]。他的研究小組以隨機抽樣方式，蒐集了許多 Google 搜尋問題，例如：「烘焙餅乾時，用牛油或人造奶油會不會影響餅乾的大小？」然後他們試圖不要靠搜尋 Google（例如改為到圖書館找資料）來回答問題。結果，他們平均要花 22 分鐘來回答每個問題（而且還沒有把往返圖書館的交通時間計算在內！）。但如果他們在 Google 網站上搜尋的話，只消七分鐘，就可以找到答案。Google 平均可為每個問題省下十五分鐘的時間。如果你用美國人平均時薪（22 美元）乘以每個問題省下的時間，再乘以美國人每年平均會提出的問題數，結果每年大約為每一位成年工作者省下 500 美元。

任何曾經享受上網樂趣的人（或許當他們為了寫書而「做研究」的時候）都可以作證，經濟學家為工作與休閒或投入與產出下的嚴格定義，其實今天已經不是那麼涇渭分明。人們平日在臉書之類的網站上傳照片、為照片下標籤或發表評論的時間，無疑為他們的親朋好友、甚至陌生人，都創造了某些價值。但另一方面，他們花這些時間，不會得到任何報酬，所以我們假定，花時間完成這些「工作」的人覺得從中得到的滿足感，勝過花時間做其他事情。

要感覺一下花在網路的時間有多少，可以想想看，去年臉書用戶每天集體花兩億小時在臉書上（其中大部分時間都用在創造內容，供其他用戶瀏覽）[13]，是建造整條巴拿馬運河所需工時的十倍[14]。雖然這些上網行為都沒有被列為投入或產出，以納入 GDP 統計中，但這類零工資、零價格的活動仍然對我們的福祉有所貢獻。卡內基美隆大學的路易‧馮安（Louis von Ahn）正在設法組織、激勵數以百萬計的網路使用者，希望利用網際網路上的集體計畫來創造新的價值[15]。

從無限大到零

1990 年代網路熱剛爆發時，創投家老愛開玩笑說，新經

濟只有兩個數字：無限大和零。當然，新經濟的重要價值在於
將許多商品的價格降為零。但在光譜的另一端又如何呢？價格
是不是從無限大滑落到某個特定數？假定華納兄弟公司拍攝了
一部新電影，你只要花九塊錢美金，就可以看到這部電影。你
的福祉增加了嗎？在電影構思、選角、拍攝和發行之前，你花
再多錢，都買不到這部電影。從某個角度來說，從花無限多的
金錢（或任何你願意支付的價錢）都看不到，到只花九塊錢就
看得到，降價幅度不能說不大。同樣的，我們現在能接觸到各
式各樣、前所未見的新服務，前面幾章就曾談到其中的部分服
務。過去一世紀以來，人類增加的福祉不只來自於讓既有商品
變得更便宜，而且也來自於擴大商品和服務的範圍。

　　每年有77%的美國軟體公司聲稱推出新產品，網購業者也
大幅擴大消費者可以選擇的商品[16]。在亞馬遜網路書店的網站
上，只需點擊幾下，就可以找到兩百萬種圖書，從中購買你想
要的書籍。相反的，典型的實體書店大約只有四萬種圖書，即
使紐約市最大的邦諾書店（Barnes & Noble），都只有25萬種
圖書。艾瑞克和麥克‧史密斯（Michael Smith）及傑佛瑞‧
胡（Jeffrey Hu）合作撰寫的研究論文指出，如影音商品、電子
產品和收藏品之類的線上商品，選擇也大幅增加了。每增加一
種可以買得到的新商品，都會增加消費者剩餘。

　　要了解這些活動創造的價值，不妨想像新產品始終存在，
只不過因為價格太高，大家都買不起。要讓產品變得容易取

得，有如把價格降到比較合埋的水準。當庫存管理系統、供應鏈和製造流程都因電腦化而變得效率更高、也更有彈性時，在大多數的實體商店中，庫存單位（SKU，商品庫存控制時的最小單位）的數目甚至會大幅增加。

根據經濟學家高登的說法[*]，對整體經濟而言，這些新商品和新服務所創造的價值原本每年可以額外提供將近0.4%的成長幅度，但官方的GDP數字卻遺漏了這個部分。還記得嗎，二十世紀大多數時候，生產力每年的成長率一直維持在2%左右，所以新商品的貢獻並非微不足道。

面具拆穿後

數位化也為經濟中既有的大量商品及服務帶來微妙的相關效益。搜尋及交易成本降低，意味著我們可以更快速、更輕易地取得商品和服務，不但效率更高，也更方便。

舉例來說，美國知名店家評論網站Yelp蒐集數百萬則顧客評論，協助外食者在附近找到符合他們品質和價格需求的餐館，甚至在造訪其他城市時，仍然可以使用Yelp的服務。此

---

[*] 沒錯，就是我們的老朋友，在第五章出現過的高登。請參見：http://faculty-wwweeeb.at.northwestern.edu/economics/gordon/p376_ipm_final_060313.pdf

外，透過OpenTable訂位服務，他們只消用滑鼠在網頁上點擊
幾下，就可以向餐廳訂位。

總之，這類數位服務帶來很大的改變。在過去，由於店
家的真面目未被拆穿，低效率、低品質的業者仍可吸引毫不起
疑的無知消費者上門，而且地理位置也限制了其他業者的競
爭。隨著FindTheBest.com和Kayak等網站紛紛推出有系統的
評比，無論民航業、銀行、保險公司、汽車銷售業、電影業及
其他各行各業，都因為消費者能夠搜尋和比較不同公司或店家
的表現，而開始轉變。服務差的店家不能再期待源源不絕的無
知消費者持續光顧。當其他城市的同行能以較低價格提供更好
的服務時，店家不能再期待自己的生意仍舊絲毫不受影響。

哈佛商學院的麥可・路卡（Michael Luca）從研究中發
現，透明度提升幫助小型獨立餐館得以和大型連鎖餐廳競爭，
因為顧客透過Yelp之類的評比服務，可以更快找到高品質的美
食餐廳，消費者不再那麼依賴知名品牌砸大錢的廣告促銷活動
來選擇餐廳[17]。

日益成長的共享式經濟帶來許多無形的效益，如更符合需
求、即時性、更好的顧客服務、便利性提高等，而1996年波
斯金委員會（Boskin Commission）指出，官方物價及GDP統
計都未能充分衡量這些效益[18]。在這方面，真正的經濟成長也
超越傳統數據中顯示的成長。

無形資產愈來愈重要

正如同相較於實體產品，免費商品在總消費中所占比例愈來愈重要，無形資產在資本資產中所占比例也愈來愈高。在第二次機器時代中，生產活動對實體設備和結構的依賴度下降，愈來愈仰賴四類無形資產：智慧財產、組織資本、使用者自製內容、人力資本。

智慧財產包含專利和著作權。自從1980年代以來，美國發明家取得專利的比率快速上升[19]，其他類型的智慧資產也大幅成長[20]。除此之外，還有許多研發成果雖然未具智慧財產的形式，仍然具有重要價值。

第二類無形資產是組織資本，例如新的企業流程、生產技術、組織形式和商業模式。想要有效運用第二次機器時代的新技術，企業幾乎都必須改變組織工作的方式。舉例來說，公司為了建立新的企業資源規劃系統（ERP），不惜耗費數百萬美元，購買電腦軟硬體時，他們通常也必須推動流程改造，而這方面耗費的成本往往是最初軟硬體投資的三到五倍。然而軟硬體支出通常會顯現在一個國家的資本存量中，新的企業流程雖然壽命通常比硬體設備還要長，卻不會被當成資本來計算。我們的研究指出，如果正確計算與電腦相關的無形資產，美國經濟中官方估計的資本資產將會增加兩兆美元[21]。

使用者自製內容是規模較小但快速成長的無形資產項目。

Facebook、YouTube、Twitter、Instagram、Pinterest 和其他線上內容的用戶不但消費這些免費內容,從中得到前面討論的消費者剩餘,而且也自製大部分的內容。每天 YouTube 上面都有 43,200 小時的新影片誕生[22],每天上傳到臉書的照片也高達二億五千萬[23]。使用者還以發表評論的形式,在 Amazon、TripAdvisor、Yelp 等網站上貢獻了難以衡量的寶貴內容。此外,用戶自製的內容也包含用來篩選網路評論,並優先呈現最佳評論的簡單二進制資訊(舉例來說,當亞馬遜在網頁上問:「這則評論對你有沒有幫助?」,你的回答就屬此類)。今天,軟硬體公司都競相加強用戶自製內容,提升這方面的生產力。舉例來說,智慧型手機或手機應用程式現在都附有張貼照片到臉書上的簡單工具。這類內容對其他用戶而言有其價值,可以把它當作能增進集體財富的另外一種無形資本資產。

第四類是價值最龐大的無形資產:人力資本。我們都曾花多年時間上學,學習讀寫和算術,後來在職場上仍繼續學習,並不斷自修,我們因此變得更有生產力,而且在某些情況下,也獲得心理上的滿足。個人的學習也對國家資本存量有貢獻。根據喬根森和芭芭拉・佛羅孟尼(Barbara Fraumeni)的研究,美國人力資本的價值是美國物質資本總值的五到十倍[24]。但人力資本在經濟上並非一向都這麼重要。偉大的經濟學家亞當・史密斯(Adam Smith)深知第一次機器時代的缺點之一是迫使勞工做重複性的工作。他在 1776 年寫道:「有的人一輩子都在做幾種簡單的工作，產生的工作效益可能都一樣，或幾乎沒什麼差別，毫無機會發揮他所領會到的知識[25]。」我們在後面會討論到，當例行性工作紛紛自動化，對創造力的需求日益殷切時，在人力資本上的投資也會變得愈來愈重要。

雖然無形資產這麼重要，官方的GDP數字仍然忽視人力資本。比方說，在使用者自製內容中，未經衡量的勞動力創造出未經衡量的資本，以未經衡量的方式消費後，創造了未經衡量的消費者剩餘。不過近年來，有些人試圖設計出實驗性的「衛星帳目」（satellite account，或稱「附屬帳目」）。他們追蹤美國經濟中某些無形資產項目。比方說，根據美國經濟分析局的新衛星帳目估計，投資於研發資本的金額大約占美國GDP的2.9%，而且從1995年到2004年，這方面的投資每年為美國增加0.2%左右的經濟成長[26]。

我們很難確切地說，在計算GDP時，錯估各種類型的無形資產會造成多大的偏差，但我們可以很有把握地說，官方數字低估了無形資產的貢獻*。

算得清楚的，不見得最重要

管理的基本原則是：有評量的工作，才會有人做。現代GDP會計制度在經濟上當然是一大進步。正如保羅・薩孟遜（Paul Samuelson）和比爾・諾德豪斯（Bill Nordhaus）所說：

「GDP 和其他國民所得帳的概念看似晦澀難懂，卻是二十世紀最偉大的發明[27]。」

但數位式商業創新興起後，我們衡量經濟發展的方式也必須有所創新。如果我們用錯了衡量尺規，很容易會做錯決策，並因此得到錯誤的產出。如果我們只衡量有形資產，就會遺漏了讓我們日子過得更好的許多無形資產。如果我們不衡量污染和創新，那麼就會有過多的污染和太少的創新。不是每一件重要的事情都有辦法計算清楚，也不是每一件能計算清楚的事，都很重要。

正如諾貝爾獎得主史迪格里茲（Joseph Stiglitz）所說：

當然，GDP 或許不是衡量福祉、甚或衡量市場活動的優良指標，這是長久以來大家已經體認到的事實。但社會和經濟的變化或許突顯了這個問題，同時，經濟學和統計技術的進步可能提供了改善計量標準的機會[28]。

---

* 和未經衡量的無形消費財不同的是，如果以不當指標衡量無形資本財，並不會自動扭曲了官方的生產力數字。一方面，無形的資本財和所有無形資產一樣，會提高產出的數字，但同時也會用於生產，因此也提高了投入的數字。當投入和產出的數字都依相同速率穩定成長時，兩者的效應相抵，因此生產力數字（產出／投入）不會出現任何偏差。某些無形資產（例如透過教育而創造的人力資本資產）大致維持穩定成長。但其他有些無形資產（例如電腦相關的組織資本或數位內容網站上的使用者自製資本）似乎成長快速。就這些無形資產而言，官方的生產力數字低估了經濟的真正成長率。

　　新的計量標準無論在概念或執行方式都與過去不同，我們可以把研究人員使用的現存調查方法和技術當作基礎。舉例來說，「人類發展指數」就納入有關健康和教育的統計數字，以部分彌補官方GDP統計數字的不足[29]；「多維貧困指數」（mutidimensional poverty index）則用十種不同的指標，例如營養、衛生、飲用水取得等，來衡量開發中國家的人民福祉[30]。像人口結構與健康調查（Demographic and Health Survey）之類的定期家戶調查都會記錄兒童死亡率和其他健康指標的相關數據[31]。

　　在這個領域，已經有幾個計畫很被看好。史迪格里茲、阿瑪蒂亞·森（Amartya Sen）和尚保羅·費圖希（Jean-Paul Fitoussi）針對如何全面翻修我們的經濟統計制度，擬訂了一份詳細的指南[32]。另外一個受矚目的計畫是麥可·波特（Michael Porter）、史考特·史登（Scott Stern）、羅伯托·洛瑞亞（Roberto Loria）等人研發的社會進步指標（Social Progress Index）[33]。小國不丹（Bhutan）則開始衡量「國民幸福指數」（Gross National Happiness）。此外，蓋洛普海斯威幸福健康指數（Gallup-Healthways Well-Being Index）也是以長期民意調查資料為基礎[34]。

　　這些都是重要的改善計畫，我們衷心支持他們。但最大的改變契機乃在於應用第二次機器時代的工具：今天數量驚人、種類繁多，還具有高度及時性的數位資料。網際網路、

行動電話、各種設備中的嵌入式感測器、及其他無數裝置，都
會持續不斷地傳輸資料。比方說，羅伯托・瑞格本（Roberto
Rigobon）和亞伯特・卡瓦洛（Alberto Cavallo）每天都衡量世
界各地的線上物價，希望藉此計算出來的通膨指數，會比官方
數字更及時而可靠，官方統計通常仰賴每個月針對更小的樣本
所做的調查[35]。有些經濟學家則利用衛星偵測夜間人工光源的
位置，以估計世界不同地區的經濟成長，或藉由評估谷歌搜尋
頻率，了解失業和住宅供需情況的變化[36]。如果能善用這類資
訊，我們對經濟的了解將會大幅躍進，就好像數位化資訊已經
改變了行銷、製造、金融、零售和企業決策的每個層面一樣。

　　當我們能接觸到的資訊愈多，而且隨著經濟持續發生變
化，問對問題的能力將成為重要關鍵。假如你的鑰匙根本不是
在路燈下弄丟的，那麼無論路燈有多亮，不管你在燈柱下怎麼
拚命打轉，必然還是找不到鑰匙。我們必須認真思考什麼才是
我們真正重視的價值，我們想要增加GDP的哪個部分，減少
哪個部分；還有，生產力提升固然很重要，但生產力只是我們
達到目標的手段，生產力本身並非我們追求的目標。我們想要
提高消費者剩餘嗎？那麼降低價格或增加休閒時間可能是進步
的象徵，即使GDP會因此下降也無妨。當然，我們有許多目
標都無法以金錢來衡量。我們不應該忽視經濟指標，但我們也
不該只因為這些指標比較容易具體衡量，就讓經濟指標排擠掉

我們珍視的其他價值。

　　同時別忘了，GDP和生產力統計往往遺漏了許多我們重視的價值。更何況，每當過去從來不曾存在的新商品或新服務誕生時，或每當既有的商品在數位化之後，變成免費商品時，我們的衡量指標與我們重視的價值之間，就出現更大的差距。

09

貧富落差

貧富失衡是所有共和國最古老而致命的沉痾。

——浦魯塔克（Plutarch）

人類在1838年，對著繁忙的巴黎街道，拍下第一張相片，從那之後，迄今已拍過3.5兆張相片，而且去年拍攝的相片就占據十分之一[1]。沒有多久之前，大多數相片還是用鹵化銀及其他化學材料製成的類比相片。但類比攝影的巔峰是在2000年[2]。今天，超過25億人擁有數位相機，絕大多數的相片都是數位相片[3]。這個現象帶來驚人效應：據估計，目前每隔兩分鐘增加的相片比整個十九世紀拍攝的相片還要多[4]。我們勤快地記錄生活周遭的人與事，記錄之詳細和頻繁，都是前所未見，同時我們也能更便利地與更多人分享生活紀錄。

Instagram 與柯達的對比

拜數位化之賜，顯然照片的數量和攝影的便利性都大幅提升，因此深深改變了照片生產與配銷的經濟學。今天有一億三千萬名顧客使用Instagram十五人團隊設計的簡單應用程式，分享160億張相片（數量持續上升中）[5]。Instagram公司成立十五個月後，以10億美元的價格賣給臉書。臉書本身則在2012年達到10億用戶的里程碑。臉書公司共有四千六百名員工[6]，其中僅一千人為工程師[7]。

再來對照前數位時代的巨人柯達公司（Kodak）的情況，柯達公司也協助顧客分享數十億張相片。柯達公司雇用的員工一度曾達145,300人，其中有三分之一在美國紐約州羅徹斯特市工作。柯達公司另外還間接雇用了數千名人力，主要是因為第一次機器時代的公司必須仰賴廣大的供應鏈和零售配銷通路。柯達公司創辦人喬治‧伊斯曼（George Eastman）因柯達而致富，他在1880年創立柯達後，不但為幾個世代的求職者提供了中產階級就業機會，也為羅徹斯特市創造了可觀的實質財富。然而就在Instagram賣給臉書的幾個月前，成立132年的柯達公司卻申請破產[8]。攝影術從來沒有像現在這麼夯過，如今每年都有700億張相片上傳臉書，透過Flickr之類的免費數位服務分享的相片數目更達數倍之多。這些相片全都是數位相片，所以過去靠生產相紙及各種照相用化學材料維生的數十萬人發現，這個行業不再需要他們的專業。到了數位時代，他們必須設法另謀生計。

攝影技術的演變說明了第二次機器時代創造的「豐饒」，也是當今的指數式、數位化及重組式進步為經濟帶來的第一個重要後果。第二個重要後果是「不均」，意指人們在收入、財富和其他人生重要境況的差距將愈來愈大。我們創造了影像的聚寶盆，每年人們透過點擊滑鼠或輕觸螢幕，分享了大約四千億張相機捕捉的「動人時刻」。但Instagram和臉書之類的公司雇用的員工人數，和柯達需要的人力相較之下，可說小巫見大巫，但臉書公司的市值卻是柯達的好幾倍，而且到目前為止，臉書至少已經產出好幾位億萬富翁，每一位的身家都是伊斯曼的十倍以上。從類比轉為數位的趨勢催生出豐富的數位相片和其他商品,但也造成比過去嚴重的所得分配失衡。

並非只有攝影業出現這樣的轉變,我們過去在音樂、媒體、金融、出版業、零售、物流、服務和製造等產業,都曾耳聞類似的故事,未來還會繼續聽到這樣的變化。幾乎在每個產業,科技進步都帶來前所未見的豐饒效益,更少的工作將創造出更大的財富。但至少在目前的經濟體系中,這樣的進步也會對所得和財富分配帶來重大影響。假設某人花一小時做的工作,換成機器來做,只需花一塊錢就可以產出相同的成果,那麼追求最大利潤的雇主必然不肯花一塊錢以上的時薪,雇人來做這件事。在自由市場機制中,工人要不就接受一塊錢的時薪,要不就另謀他就,轉換別的謀生方式。

相反的,如果某人能善用數位科技,以新方式充分發揮自己的洞察力、才華和技能,服務一百萬名新顧客,那麼他的收入或許會比原本可能的收入高一百萬倍。理論和數據都顯示,豐酬與不均的現象同時出現,並非偶然。科技進步,尤其數位科技的進步,促成史無前例的財富與收入重分配。數位科技能以極低的成本,複製寶貴的構想、洞見和創新,讓社會得到豐富的回報,也為創新者帶來財富,但是過去某些重要的勞動力類型因此需求不再,許多人收入下滑。

兩者相加後,對兩種普遍但矛盾的世界觀形成挑戰。第一種普遍看法是,科技進步總是能提高收入。另外一個觀點是,隨著機器逐漸取代人力,自動化會令勞工收入下降。兩種看法

都包含了一些基本真理，但真實情況卻微妙許多。數位工具快
速發展固然創造了前所未見的龐大財富，但沒有一條經濟定律
告訴我們，所有勞工（或甚至大多數的勞工）都會從中得利。

近兩百年來，生產力提高的確帶動工資上漲，我們因此以
為科技必然對所有人都有助益。但近年來，美國的中位數薪資
已不再隨生產力的升降而起伏，顯示兩者的脫鉤不僅在理論上
有可能發生，而且是經實際驗證的事實。

一般勞工的處境堪慮

接下來要探討幾個基本事實。

我們不妨先從中位數所得談起，也就是在所得分布曲線裡
位於第50個百分位數的收入。1999年，美國家庭（經通膨調
整後的）實質所得中位數為54,932美元，達到歷年來的高峰，
後來就開始下滑。到2011年，即使美國GDP創歷史新高，家
戶所得的中位數卻只有50,054美元，比高峰時下滑近10%。尤
其值得注意的是，無論美國或其他已開發國家，非技術性勞工
的工資都持續下滑。

2012年，美國所得總額有一半以上來自收入最高的10%
美國人，這是從經濟大蕭條前以來從未見過的現象。位於金字
塔頂端的前1%收入最高的美國人，賺的錢占美國所得總額的
22%，比1980年代初期的占比增加一倍多。所得排名前萬分之

一的美國人，也就是年收入超過1,100萬美元的數千人，他們的所得占美國所得總額的5.5%，而且2011年到2012年的上升幅度超越了1927-28年以來的任何一年[9]。

其他好幾個指標也透露出所得差距愈來愈大的現象。舉例來說，雖然整體而言，人類預期壽命一直持續攀升，但某些群體的預期壽命卻開始下降。根據歐宣斯基（S. Jay Olshansky）與其他學者在《健康事務》（*Health Affairs*）期刊發表的研究，2008年，沒有念完高中的美國白種女性的預期壽命為73.5歲，1990年則為78.5歲。至於沒有念完高中的白種男性，這段期間的壽命下降了三歲[10]。

難怪美國雖然逐漸脫離經濟大衰退的泥沼，各地卻不時爆發示威抗議。數以百萬計的美國人忿忿不平，覺得經濟發展沒有為他們帶來好處，右翼的茶黨運動和左翼的占領運動都是這類怒氣的出口。他們不是強調政府管理不當，就是把砲火對準金融舞弊。

科技如何改變經濟論述

這些問題無疑都很重要，但還有更深層、結構性的根本挑戰，與日益帶動經濟發展的第二次機器時代技術息息相關。

最近我們聽到一個生意人對著手機（開心地）大聲嚷嚷：「不行，我現在沒有讓H. R. Block的報稅員幫我報稅了，我改用 TurboTax 軟體。只要花 49 美元，報稅快多了，又比較正確。我真愛這個軟體！」這個生意人日子比以往好過多了，因為他能以較低的價格，買到更好的服務。擁有數百萬名顧客、使用者持續倍增的 TurboTax 軟體，為使用者創造了龐大的價值，但並非所有價值都會顯現在 GDP 統計數字上。TurboTax 的創作者也生活得比過去好多了，其中一人成為億萬富翁。但數以萬計的報稅員如今飯碗飽受威脅，收入可能下滑。

這個生意人的故事反映的是更廣大的經濟變化。雖然消費者的生活變得更好，也為社會創造龐大的財富，但從新服務和新產品中賺到最多錢的，往往只是少數人。

報稅員和 1990 年代以鹵化銀製作相機底片的化學技師一樣，都面對機器的強勁競爭。科技愈進步，他們的處境可能愈堪慮，不只是相對於贏家而言，而是如果他們繼續仰賴老舊的技術，收入很可能銳減。

從經濟的角度來看，我們必須認清的重要現實是，只需要少數設計師和工程師，就能創造出像 TurboTax 之類的軟體，而且效能還不斷升級。我們在第四章曾指出，新商品一旦數位化之後，就可以不費分文地複製並傳送給數百萬使用者。當軟體成為各行各業的核心，這類生產流程和這種型態的公司會愈來愈普遍。

餅變得更大,分到卻更少

如果這些例子擴大到整體經濟呢?是否有更大的趨勢正在上演?數據告訴我們:沒錯。

從1983年到2009年,美國人因為資產總額上升,整體而言,比過去富裕許多。然而經濟學家艾德‧伍爾夫(Ed Wolff)及席薇亞‧亞雷葛瑞托(Sylvia Allegretto)指出,在所得分布中相對較底層的80%人口,財富總和反而縮水了[11],美國人增加的財富差不多全數(甚至更多)落入位居頂端的20%高所得者手中。他們的斬獲不只來自美國經濟中數以兆計的新增財富,也包含從其他80%所得者手中轉移到他們手中的財富。即使在富人之間,所得分配也明顯不均。美國新增的財富有八成落入最頂端的5%富人手中,前1%的富人更獲得其中半數,以此類推。大家常愛引用的例子是,2010年,沃爾瑪創辦人山姆‧沃爾頓(Sam Walton)的六名繼承人財富淨值加總起來,竟然超越了美國所得最低的40%人口的財富淨值總和[12]。從某個角度來說,上述現象也呈現一個事實:美國有一千三百萬個家庭資本淨值為負。

不只財富分配不均,所得分配也有所轉變。1979年到2007年間,美國最頂端的1%高所得者,收入增加了278%,相較之下,中等所得者只增加了35%的收入。從2002年到2007年,美國有65%的收入落入前1%的高所得者手中。根據《富

比士》雜誌（*Forbes*）的報導，2013年，美國最有錢的四百個
富翁財富總和創歷史新高，淨值達兩兆美元，是2003年的兩
倍多[13]。

　　簡言之，從1979年以來，美國人的所得中位數就沒怎麼
增加，而且在1999年之後還實質下滑。但原因並不是美國人
總收入或生產力都成長停滯，我們在第七章曾經指出，美國的
GDP和生產力始終快速成長。這個現象其實反映了重要的財富
重分配趨勢：誰將從這股成長趨勢中得利，誰會淪為輸家。

　　如果我們把平均所得和中位數所得拿來比較，就可以明顯
看到這樣的趨勢（請參見圖9.1)。一般而言，平均所得的變化
（總所得除以總人數）和中位數所得的變化（個人所得恰好位

圖9.1　人均實質GDP vs. 人均所得中位數

居所得分佈的中央，有 半的人賺的錢比他多，另 半賺得比他少），通常都沒有太大的差別。但近年來，兩股趨勢卻出現重大分歧。

怎麼會這樣呢？請思考一個簡單的例子。有十個銀行出納員一起在酒吧喝啤酒，每人的年收入都是三萬美元，所以這群人的平均收入和中位數收入都是三萬美元。突然來了一位企業執行長，他也點了一杯啤酒。現在，這群人的平均收入一飛沖天，但是中位數卻完全沒變。一般而言，所得分配愈向一邊傾斜，平均數就會愈偏離中位數。不只在我們假設的酒吧中會出現這樣的情況，美國整體所得分配也是如此。

總之，從1973年到2011年，美國每小時工資的中位數幾乎不變，每年只成長0.1%。相反的，我們在第七章討論過，在這段期間，美國的生產力每年平均成長1.56%，從2000年到2011年，生產力成長速度略為加快，每年平均1.88%。生產力成長大半都會帶動平均所得成長。而所得中位數的成長率之所以這麼低，主要原因是所得差距擴大了[14]。

贏家與輸家

過去二十年來，我們看到美國稅務政策改變，海外競爭加劇，政府持續浪費公帑，以及華爾街的種種騙局。但是檢視數據和研究成果後，我們的結論是，以上都不是貧富差距日益擴

大的主要原因。背後的主因反而是：原本為經濟系統基石的技
術出現了指數式、數位化及重組式的變化。由於大多數先進國
家都明顯出現類似的趨勢，更強化了我們的觀點。比方說，過
去二、三十年來，瑞典、芬蘭和德國所得不均情況事實上比美
國更快速惡化[15]。但由於這些國家原本的所得分配比較平均，
所以貧富差距的情況仍然沒有美國嚴重，但無論世界各國在體
制、政府政策和文化上有多大的差異，幾乎都出現類似的潛在
趨勢。

我們在《與機器競賽》（*Race Against Machine*）中指出，
這些結構性的經濟變化造成三組相互重疊的贏家和輸家。結
果，並非每個人分到的經濟大餅都增加了。第一組和第二組
的贏家都累積了大量正確的資本資產 —— 可能是非人力資本
（例如設備、結構、智慧財產或金融資產），也可能是人力資
本（例如訓練、教育、經驗和技能）。和其他的資本形式一
樣，人力資本也是能持續創造收入的資產。即使工時相同，訓
練有素的修水管工人一年的收入可能高於沒有一技之長的勞
工。第三組贏家則是擁有特殊才能（或運氣）的超級明星。

每一組的贏家都會因為數位科技的進步而獲得更高的經濟
報酬，但其他人的重要性降低了，因此獲得的報酬也比較差。
贏家的總收益會高於其他人的總損失，這正反映了前面討論過
的事實：整體經濟的生產力和總收入仍會持續成長。但這個好
消息幾乎無法讓落後者得到安慰，因為在某些情況下，再多的

好處終究還是落入少數贏家手中，大多數人的生活反而比過去還差。

偏向技術人力的科技變動

經濟學家用來說明技術衝擊的最基本模型，是把技術視為一個簡單乘數，能平均提高每個人的生產力[16]。我們可以用數學方程式來描述這個模型。許多入門的經濟學課程都採用這個模型，來說明看似合理的共同直覺──就像水漲船高一樣，科技進步的浪潮也會推升所有勞工的生產力和價值。當我們把技術當乘數時，我們的經濟每年會以相同的投入（包括勞動力），得到更多的產出。在這個基本模型中，技術會對所有勞工產生均等的影響，換句話說，我們化下去的每個工時都會比過去產生更多價值。

在稍微複雜一點的模型中，技術對所有投入的影響或許並非一致，而是可能「偏向」某些投入。尤其是近年來，許多例行性工作都改採薪資處理軟體、工廠自動化、電腦控制的機器、自動庫存控制和文字處理之類的技術，來分擔機械性的資訊處理作業，取代了原本的職員和生產線工人。

相反的，由於大數據和各種分析工具、高速通訊和快速製作原型等技術的發展，較抽象並以數據為基礎的推理能力開始產生更大的貢獻，具備適當工程專業、創造力和設計能

圖9.2　1963-2008年，美國男性全職工作者全年薪資

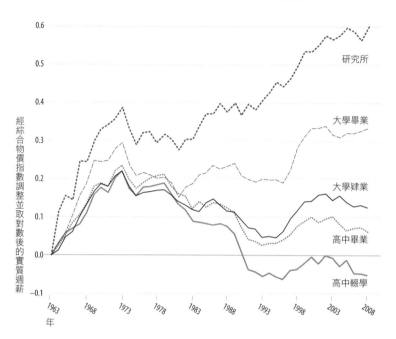

力的人才也變得愈來愈重要。產生的淨效應是，技術勞工的
需求大增，對非技術勞工的需求卻減少了。大衛・奧托爾
（David Autor）、勞倫斯・凱茲（Lawrence Katz）、艾倫・克
魯格（Alan Krueger）、李維、莫爾南，以及戴倫・艾塞默魯
（Daron Acemoglu）和其他許多經濟學家在數十項研究中，都
記錄了這個趨勢[17]。他們稱之為「偏向技術人力的科技變動」
（skilled-biased technical change，或稱「技能型技術進步」）。

就定義而言,「偏向技術人力的科技變動」對擁有更多人力資本的工作者有利。

圖9.2乃是根據MIT經濟學家艾塞默魯和奧托爾的論文資料而繪製,從圖中可以清楚看到上述效應[18]。幾條不同的曲線描繪出近數十年來幾個世代的美國工作者不同的境遇。在1973年之前,所有美國工作人口的工資都快速成長。隨著生產力不斷上升,不論教育程度如何,所有工作者的收入也都水漲船高。接著是1970年代的石油危機和不景氣,所有人的收入都大受影響。不過,之後又出現所得差距擴大的現象。到了1980年代初期,擁有大學文憑的人力薪資再度上漲。研究所畢業的工作者薪資尤其亮眼。同時,沒有讀過大學的人開始面對較無吸引力的勞動市場,不是薪資凍結,就是工資下滑(如果他們在高中輟學,根本沒拿到高中文憑的話)。所以,個人電腦革命同樣在1980年代初期啟動,並非巧合;事實上,1982年,個人電腦還被《時代雜誌》選為「年度風雲機器」。

當我們考量到,大學畢業生的數目在這段期間大幅增加時,這個故事所反映的經濟分析就更加令人矚目了。從1960年到1980年,美國的大學就讀人數從75萬8千人上升為158萬9千人,增加了一倍多[19]。換句話說,受過高等教育的人力供給量大增。在正常情況下,供給量增加會導致價格下滑。就這個例子而言,從大學和研究所湧出的大量畢業生照理應該會導致工資下跌,結果卻沒有。

　　雖然供給增加、薪資仍同步上漲的現象，唯一可能的解釋是，當時對技術勞工的需求殷切，需求成長的速度甚至超越了供給增加的速度。同時高中輟學生即可完成的工作快速減少，這類勞工大量過剩。市場上對非技術性勞工的需求不振，表示仍努力尋找低技能工作的人拿到的工資會愈來愈低。由於大多數沒受過什麼教育的人，原本領的就是最低的工資，上述變化進一步擴大了整體所得不均的現象。

組織同步改造

　　雖然有時候確實會發生機器一對一取代人力的情況，不過對「偏向技術人力的科技變動」而言，可能更重要的是改造企業文化。艾瑞克與史丹佛大學的提姆・布瑞斯納漢（Tim Bresnahan）、華頓商學院的希特和MIT的楊辛奎（音譯，Shinkyu Yang）合作的研究發現，許多公司運用數位科技來改造決策流程、獎勵制度、資訊流動方式、聘僱制度和其他管理及組織流程[20]。組織與技術同步創新的做法大幅提升生產力，但因此也需要更多的高教育人力，減少對低技能勞工的需求。直接使用電腦來工作的員工，固然會受到生產流程重組的影響，另一方面，乍看之下屬於非技術人力的員工也會受到影響。舉例來說，如果公司在遠方的工廠設備能夠因應新的時尚風格，快速彈性調整，那麼就會需要更多時尚感覺敏銳的設計師;而機場票務人員可能發現,他的工作早已被他從來不知道、也沒用過的網站取代了。

在他們研究的產業中,每投入一塊錢的電腦資本,往往會帶動十塊錢以上在「組織資本」或訓練、聘雇、企業流程改造上的輔助性投資[21]。這類重組或改造通常會砍掉大量例行性工作(例如重複性的訂單輸入),剩餘的工作都需要更多的判斷、技能和訓練。

對資訊科技投入最多資金的公司,通常組織變動也最劇烈,而且往往要延遲五至七年後,才能看到真正的效益[22]。這些公司對技術勞工的需求(相較於非技術勞工)增幅最大[23]。投資效益延遲展現,則顯示經理人與員工需要花時間釐清科技運用方式。前面討論電氣化和工廠設計時可以看到,企業很少會單純因為「因循舊習」而獲得重大績效,必須重新思考如何改造企業,才能充分發揮新科技的效益[24]。創造力和組織改造對於數位科技的投資非常重要*。

換句話說,運用新科技的最佳方式通常都不是直接以機器取代人力,而是重新設計流程。儘管如此,某些工作者(例如比較缺乏技能的勞工)仍然會在生產流程中遭到淘汰,教育程

---

* 這與之前所討論電力對生產力的影響相呼應。除非工廠重新設計,否則難以發揮數位科技最大的利益,而且即使沒有直接運用新機器工作的勞工都受到很大的衝擊。

度較高、更訓練有素的人力則大增，可以預測，薪資結構也因此受到影響。不同於只是將既有工作自動化，組織改造有賴企業家、經理人和員工發揮更大的創造力，因此在引進新科技之後，需要花時間推動變革。不過一旦改造成功，生產力就會大幅提升。

電腦化下的犧牲品

如果進一步檢視企業在改造過程中淘汰的工作，「偏向技術人力的科技變動」這個說法又有些令人困惑，尤其是如果我們誤以為所有「大學程度的工作」都很難自動化，「幼稚園程度的工作」則很容易自動化的話。近年來，受自動化衝擊的並非都是「低技能工作」，反而通常都是「機器比人類做得更好的工作」。當然，這句話好像說了跟沒說一樣，卻是有用的提醒。生產線上的重複性工作比清潔工的工作更容易自動化，發薪水之類的例行文書作業也比處理顧客問題容易自動化。目前，機器還不是很擅於上樓梯、從地板上撿起迴紋針或解讀不滿的顧客臉上流露的情緒。

MIT 的艾塞默魯和奧托爾的研究提議，要區分這些差異，可以把工作劃分為二乘二的矩陣：認知 vs. 手工，例行 vs. 非例行工作[25]。

結果，他們發現，對例行性工作的需求（無論是認知工作或手工作業）下跌幅度最劇烈，導致工作變得兩極化：中等收入工作的需求崩盤，而非例行性的認知型工作（例如金融分析）或非例行性的手工作業（例如做頭髮）都蓬勃發展。

杜克大學經濟學家尼爾‧傑摩維奇（Nir Jaimovich）和不列顛哥倫比亞大學經濟學家邵亨利（音譯，Henry Siu）以艾塞默魯和奧托爾的研究為基礎，發現了工作兩極化與過去三次經濟衰退後的無就業復甦之間的關聯性。就十九世紀和二十世紀的大半時期而言，每次經濟衰退後，就業情況總是會強勁反彈，但自從1990年代以來，不景氣結束後，就業情況不再快速反彈。不景氣後的雇用型態在電腦化推動之後出現轉變，絕非偶然。傑摩維奇和邵亨利比較了1980年代、1990年代和2000年代的情況，他們發現，社會對例行性的認知型工作（例如收銀員、出納、郵件收發員等）和例行性的手工作業（例如機器操作員、泥水匠和裁縫）的需求不但日益減少，而且下滑速度愈來愈快。從1981年到1991年，這類工作減少了5.6%，從1991年到2001年減少6.6%，從2001年到2011年，減少幅度高達11%[26]。相反的，在這三十年間，對非例行性認知工作和非例行性手工作業的需求都持續增長。

教機器思考

與企業高階主管對話，有助於解讀數據中的型態。幾年

前，我們和一位企業執行長有一次非常坦誠的談話。他表示，
他十多年來一直很清楚，許多例行性的資訊處理工作將因為資
訊科技的進步而人力過剩。但企業在營收和利潤都節節上升
時，又很難裁員。於是，當不景氣來襲時，企業顯然面臨生存
困境，這時候比較容易推動組織精簡化，並進行裁員。等到不
景氣結束時，雖然企業重新獲利，需求也回復往常水準，被砍
掉的例行性工作卻很難再恢復。和近年來其他許多公司一樣，
他的公司發現，只要運用科技，他們不必仰賴這類員工，就可
以擴大規模。

　　這正反映了第二章提過的「摩拉維克弔詭」──日常生活
中單純的感覺運動技巧，卻需要大量的計算和極高的細膩熟練
度[27]。經過數百萬年的演化，人類大腦中有數十億神經元，幫
助我們辨認朋友的臉孔、分辨不同類型的聲音、精細地控制我
們的動作等，發揮各種細膩複雜的感覺運動技巧。相形之下，
與「高層次思考」相關的抽象推理能力（例如算術或邏輯思
考）反而是人類較晚才具備的能力，只經過數千年的發展。因
此，如果要模仿或甚至超越人類在這方面的能力，需要的軟體
和電腦計算能力都比較簡單。

　　當然，我們在本書再三提到，機器能做的工作並非固
定不變。機器一直在不斷演變，就像今天代表電腦的英文字
「computer」本身，原本是指人類從事的某種工作，後來才演
變為代表機器設備。

1950年代初期，人類開始教機器下西洋棋，機器很快就打敗業餘棋士中的高手[28]。1956年1月，赫伯特・賽蒙（Herbert Simon）回到大學授課時，告訴學生：「艾爾・紐威爾（Al Newell）和我在聖誕節假期中發明了思考機器。」三年後，他們把設計的電腦程式謙虛地取名為「通用解題器」（General Problem Solver）。基本上，他們之所以設計這個程式，是為了解決能用一套規則描述的任何邏輯問題。碰到像井字遊戲（Tic Tac Toe）這種簡單的遊戲，或稍微難一點的河內塔（Tower of Hanoi）益智遊戲，通用解題器很管用，只是無法進一步升級，用來解決許多真實世界的問題，因為需要考量的各種選擇方案組合早已爆量。

早期的成功，加上受到馬文・明斯基（Marvin Minsky）、約翰・麥卡錫（John McCarthy）、克勞德・夏農（Claude Shannon）等人工智慧先驅的成就所鼓舞，賽蒙和紐威爾對於機器多快能夠精通人類技能，都抱著樂觀的態度，他們在1958年預測，數位電腦將在1968年之前贏得世界西洋棋冠軍寶座[29]。賽蒙甚至在1965年預測，「二十年內，機器將有能力做到任何人類的工作[30]。」

賽蒙在1978年贏得諾貝爾經濟獎，但他有關西洋棋的預測卻錯了，更別提其他有關人類能做的工作的種種預測。不過，他說錯的其實只是發生的時間，而不是最後的結果。在賽蒙提出他的預測後，以正式的Elo西洋棋評分系統來看，電腦下棋程式的棋力每年都進步40點左右。1997年5月11日，在賽蒙提出預測四十年後，IBM超級電腦「深藍」在對弈六局後，終於打敗世界西洋棋王卡斯帕洛夫。今天，即使中階的電腦西洋棋程式，都已經足以打敗所有人類棋士。事實上，電腦軟硬體的進步實在太快了，到了2009年，在一般個人電腦上（甚至手機上）執行的西洋棋程式，棋力已達棋聖等級，在Elo評分制度中的分數為2,898，並多次在棋賽中擊敗人類的頂尖棋士[31]。

勞力與資本

不但擁有不同人力資本的人會因為科技而成為贏家或淪為輸家，同時，擁有實際資本的人和擁有勞動力的人（例如工廠老闆和工人）的所得分配方式，也會因科技而改變（資本和勞力是兩種典型的生產投入）。

富士康創辦人郭台銘為富士康在中國設立的工廠，買了三千個機器人，正是以資本取代勞動力[32]。同樣的，當自動語音回覆系統篡奪了電話中心服務人員的部分功能，這樣的生產流程也用到更多的資本和更少的人力。企業家和經理人經常都要面對這類決策，權衡每種投入的相對成本，以及可能對產出的品質、可靠度及多樣性產生的影響。

布魯克斯估計，我們在第二章見過的Baxter機器人，每工作一小時，如果把所有成本都計算在內，大概要花四美元[33]。我們在本章開頭曾經指出，如果工廠老闆過去都雇用工人做同樣的工作，那麼今天只要工人的時薪超過四美元，工廠老闆就有充分的經濟誘因，改為用資本（機器人）取代勞力。在產出不變的情況下，假定公司沒有雇用任何新的工程、管理或銷售人力，那麼資本投入相對於勞動力投入的比率就會上升*。

Baxter抵達工廠以後，仍留在工廠的員工薪資可能上升，也可能下降。如果他們的工作很容易為機器人取代，就會面臨工資下降的壓力。

如果拜摩爾定律和其他技術進步之賜，未來推出的新版Baxter工作一小時的成本降低為兩美元，再進一步降為一美元，以此類推，同時機器人能夠處理的工作愈來愈多樣，也愈來愈複雜，那麼情況就變得更糟了。不過，經濟理論也不排除另一種可能情況：留住的工人薪資反而上漲。尤其，如果他們的工作能彌補科技的不足，那麼企業就會愈來愈需要他們的服務。此外，隨著科技進步推升勞工生產力，雇主照理應該付得起更高的薪資。在某些情況下，這會直接反映在更高的薪水和更好的福利上。有時候則由於產品和服務的價格都下跌，所以

* 至於對整體經濟產生的效應，取決於其他公司的反應。設計和製造機器人的公司，產出很可能增加，同時由於資本密集程度的不同，整體經濟中淨資本／勞動比率可能會上升、下降、或維持不變。我們將會在第12章有更詳細的討論。

員工的實質薪資相對上升，每一塊錢都可以買到更多東西。生產力改善後，工廠總產出也隨之上升，但人類雇員賺到的錢有升有降，整塊大餅的其他部分都歸於擁有資本的人。

當然，數十年來，甚至百年來，人類經濟系統一直設法用技術取代勞力。十九世紀中葉，自動打穀機取代了三成的農業勞動力。二十世紀，工業化快馬加鞭向前推進。馬克斯（Karl Marx）和李嘉圖（David Ricardo）等十九世紀經濟學家都曾預測：工人的命運將因為機械化的趨勢而惡化，最後賺到的微薄工資只能勉強餬口[34]。

資本和勞動力的相對比例究竟出現什麼樣的實質變化？綜觀歷史，雖然生產技術不斷改進，至少直到不久之前，勞動所得占GDP比例始終維持穩定。因此，薪資和生活水準一直呈戲劇性成長，大致呼應了生產力大幅成長的趨勢。這種現象有部分反映出人力資本的增長，而人力資本的增長又與經濟中較明顯的設備與建築的成長同步。喬根森等人曾經估計，美國經濟中人力資本的總量（如果以其經濟價值來衡量的話）是物質資本的十倍[35]。結果，當物質資本的擁有者透過利潤、股利和資本利得，得到豐厚報酬時，勞工薪資也隨之成長。

圖9.3顯示，過去十年來，勞動資本和物質資本在所得分配中所占的穩定比例即將結束。蘇珊・富雷克（Susan Fleck）、約翰・葛拉瑟（John Glaser）及蕭恩・斯普瑞格（Shawn Sprague）在《每月勞動評論》（*Monthly Labor Review*）

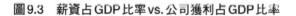

圖9.3　薪資占GDP比率vs.公司獲利占GDP比率

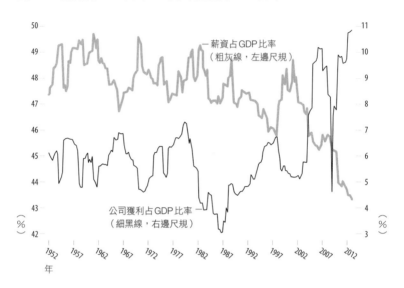

中指出:「從1947年到2000年,勞工所得占比平均為64.3%。但過去十年來,美國勞工所得占GDP比例已經下降,而且在2010年第三季跌到最低點,只有57.8%[36]。」而且這是全球普遍的現象。芝加哥大學經濟學家路卡斯‧卡拉巴波尼斯(Loukas Karabarbounis)及布倫特‧尼曼(Brent Neiman)發現:「從1980年代初以來,在絕大多數的國家和產業中,也發生類似的情況[37]。」他們認為,資訊時代的技術可能是原因。

　　勞動所得占比之所以下降,部分是因為前面提過的兩股趨勢結合後的結果:工作人口減少,而且工資比過去低。結果,雖然過去勞工薪資和生產力都持續上升,近年來,所得差距卻日益擴大。

如果生產力仍持續成長，然而整體勞工卻未蒙其利，那麼究竟誰能從中得利呢？在很大程度上，得利的主要是擁有物質資本的人。雖然美國經濟尚未脫離泥沼，去年企業獲利還是達到歷史高點，不管從絕對數字來看（1.6兆美元），或占GDP比例（2010年為26.2%，比1960-2007年的平均20.5%上升許多），都十分亮眼[38]。同時，凱薩琳・麥迪根（Kathleen Madigan）指出，美國在資本設備和軟體上的實質支出成長了26%，勞工薪資卻原地踏步[39]。

此外，單單勞工所得占比崩跌的情況，事實上還無法充分反映出一般勞工處境惡化的程度。官方在衡量勞工薪酬時，將媒體、金融、運動等各界少數超級明星及企業高官的高薪厚祿都包含在內。而且企業執行長和其他高階主管的薪酬是否能完全算是他們的「勞動所得」，也是值得爭辯的問題。哈佛大學法學教授魯西安・貝楚克（Lucian Bebchuk）等人指出，或許這也反映出他們的議價能力[40]。從這個角度而言，或許可以這樣想，企業執行長的高收入至少有部分來自於他們對資本的掌控，而非來自他們的勞動力。

雖然資本占國民所得的比重愈來愈高，勞動力占比則日益下滑，根據經濟理論的預測，這樣的趨勢不見得能一直持續下去，即使機器人和其他機器取代了愈來愈多的人力也一樣。會威脅到資本比重的不（只）是各類型人類勞工或企業執行長或工會的議價能力，諷刺的是，真正造成威脅的其實是其他資本。在自由市場上，最稀有的生產投入往往獲得最大的報酬。當我們可以用極低廉的成本複製資本時（把它想成電腦晶片或甚至軟體），資本的邊際價值將趨向下跌，即使整體而言投入了更多資本也一樣。當我們能以低成本增加新資本時，也會拉低既有資本的價值。因此，資本家獲得的報酬不見得會自動增長。最後能夠決定資本所得比重的將是生產、配銷系統和治理制度的確切細節。

最重要的是，究竟哪一種生產投入才是最稀少的資源，將決定報酬的多寡。如果數位科技能為勞動力創造出便宜的替代品，那麼現在可不是靠勞力吃飯的好時機。但如果數位科技也日益取代資本，那麼擁有資本的人也不應該預期會一直獲得高報酬。在第二次機器時代，什麼才是最稀少、因此也最重要的資源？這個問題把我們帶入接下來對贏家和輸家的討論：超級巨星 vs. 庸碌平民。

10

贏家全拿的時代

一部機器可以完成五十個普通人的工作。
但沒有任何機器做得到一個人類奇才所做的事情。
　　──艾伯特・胡巴德（Elbert Hubbard）

我們在前面討論到，偏向技術人力的科技變動造成對高等教育人力的需求大增，對低教育程度勞工的需求減少（這類工作通常包含例行性認知工作和手工作業／體力勞動）。除此之外，由於這類科技變動有利於以物質資本取代勞動力，因此擁有資本者獲得的利潤增加，勞工分享到的收入卻減少了。在每一種情況下，都創造出前所未見的龐大財富；但我們也看到，在每一種情況下，與輸家相較之下，贏家的收入增加許多。但是，最大的改變來自贏家與輸家間的第三種差距，也就是每個領域的超級巨星和其他所有人的差距。

贏家全拿

你可稱之為「偏向人才的科技變動」。在許多產業中，第一名和第二名的所得差距已經有如峽谷般巨大。正如耐吉公司（Nike）在某個引起爭議的廣告所說：你不是贏得銀牌，而是失去金牌[1]。當「贏家全拿」的市場變得愈來愈重要時，就會產生所得分配不均的現象，金字塔頂端的富人所得遙遙領先中間階層的收入[2]。

雖然大學畢業生和沒受過大學教育的人，以及資本擁有者和一般工作者之間的薪資差距日益擴大，但和金字塔頂端的變化相比，仍然只是小巫見大巫。我們在前面提過，2002年和2007年間，位居金字塔頂端1%的高所得者拿走了美國經濟成長三分之二的利潤。但躋身前1%的究竟是哪些人呢？其實他們並非全都在華爾街上班。芝加哥大學經濟學家史蒂夫‧卡普蘭（Steve Kaplan）發現，其中大多數人都從事其他行業，如媒體與娛樂、體育、法律，或身為創業家和高階主管。

假如在頂端1%的高所得者算是某種型態的明星，那麼這群明星還得抬頭仰望收入更高的超級巨星。前1%美國人的所得占了全國所得總額的19%，而從1995年到2007年，這1%中的1%（即前0.01%）在美國國民所得中的占比倍增，從3%增加為6%，幾乎是從二次大戰到1970年代末期同一層級所得的六倍。換句話說，最頂端的0.01%在前1%的所得占比大於前1%在整體經濟所占比例。由於在列舉一小群人的相關數據時，很難保持匿名，所以到了0.01%的層次，如果要進一步縮小分析範圍，就很難獲得可靠數據。美國位居前1%的高所得家庭超過135萬戶，平均所得為112萬美元；前0.01%的家庭則只有14,588戶，平均所得超過$11,477,000[3]*。不過數據顯示，到了高所得階層，仍然出現碎形般的所得差距：每個超級巨星的子集，前方都有為數更小的超超級巨星，狠狠把他們拋在後頭**。

---

* 2011年，所得超過$367,000的家庭在美國已可排到前1%，當然平均所得反映的是其中許多家庭的收入遠超過這個數字。請參見：http://elsa.berkeley.edu/~saez/saez-US-topincomes-2011.PDF

** 這是冪次分布的特性，我們在本章後面會討論到。

超級巨星經濟學

我們在上一章看到，Intuit開發的軟體TurboTax將報稅員的工作自動化，讓機器執行數十萬名報稅員的工作，這是個好例子，顯示例行性資訊處理工作如何透過科技而自動化，以及資本如何取代勞動力。但最重要的是，這也是超級巨星經濟的運作實例。Intuit執行長去年的收入高達四百萬美元，創辦人史考特・庫克（Scott Cook）則是億萬富翁[4]。同樣的，當初創辦Instagram的十五人並不需要雇用一大堆缺乏技能的人類幫手，他們也充分利用了一些重要的物質資本。但最重要的是，他們的成功乃受益於本身的才華、好的時機和對的人脈。

其他行業的佼佼者，財富也不斷上升。《哈利波特》（*Harry Potter*）作者羅琳（J. K. Rowling）是全世界第一位億萬富翁作家，而出版這一行，從來不以打造超級富豪而聞名。喬治梅森大學的艾力克斯・塔巴洛克（Alex Tabarrok）對羅琳成功的看法是：

> 荷馬、莎士比亞和托爾金都沒有賺那麼多錢。原因何在？想想荷馬吧，他很會說故事，但是他一個晚上的收入頂多是五十個聽眾願意為一晚的娛樂付出的費用。莎士比亞的情況稍微好一些。環球劇院可以容納三千名觀眾，而且和荷馬不同的是，莎士比亞並不是非得待在劇院，才賺

得到錢。莎士比亞的文字發揮了很大的效益[5]。

《魔戒》作者托爾金（J. R. R. Tolkien）的文字發揮的效益更大。托爾金透過出版書籍，將作品賣給數十萬讀者，甚至每年銷售數百萬冊，比四百年來觀賞過莎士比亞戲劇的總人數還要多。生產書籍遠比塑造演員的成本低，也就是說，托爾金分享到的利潤遠比莎士比亞多。

科技讓羅琳之類的作者力量大增，得以透過數位化和全球化，充分發揮自己的才華，達到最大效益。羅琳的故事除了化為文字，還可拍成電影，設計成電玩，但每一種形式，包括最初的書籍形式，都能以低廉的成本，傳送到世界各地。她和其他說故事高手今天能透過各種管道和形式，接觸到數十億名顧客，成為超級巨星。

隨著數位科技的進步，各種數位化內容變得愈來愈有吸引力，市場上的超級巨星，收入也節節上升，而屈居第二的同行則愈來愈難與他們競爭。1980 年代以來，音樂界、體育界和其他領域的頂尖高手接觸到的群眾日益擴大，收入也水漲船高[6]。

同時，內容和娛樂產業的其他從業人員收入卻沒有大幅增加。在新興的 app 經濟中，只有 4% 的應用程式開發人員賺到超過百萬美元的財富[7]。四分之三的人收入不到三萬美元。雖然有少數作家、演員或職棒球員成為百萬富翁，他們的眾多同行卻只能勉強餬口。即便在奧運會的運動場上，只不過是一陣強風或一記幸運彈跳球造成不到一秒鐘的差距,但金牌選手可以賺到數百萬美元的代言費,銀牌選手卻很快就會被人遺忘,遑論名列第十名或第十三名的選手。

甚至連企業高階主管都開始享受如搖滾巨星般的待遇。企業執行長和一般員工的薪酬比早已從 1990 年的 70 倍增長為 2005 年的 300 倍。根據艾瑞克和學生金熙永(音譯,HeeKyung Kim)共同完成的研究,企業執行長薪酬增長主要和擴大應用資訊科技有關[8],其中一項理論根據是,科技擴大了決策者的影響範圍和監督能力。如果企業執行長能運用科技來觀察世界各地的工廠營運狀況,下達修改流程的明確指令,並確認部屬切實執行指令,那麼這些決策者顯然比過去有價值多了。當優秀的經理人能透過數位科技直接管理時,他的重要性也大大提升,不像以往只能採取分散式控制方式,只能在組織長鏈中透過部屬層層傳達,或只影響小規模的組織活動。

有了數位化的直接監督方式,網羅最優秀的人才,而非次優的人才,就變得更重要了。因此企業願意用豐厚的薪酬網羅心目中最優秀的主管,理由是在品質上造成的微小差異可能為公司股東帶來巨大報酬。公司的市值愈大,網羅頂尖管理人才的論點就愈有說服力[9],因為對身價百億美元的公司而言,任何決策只要能為公司增加 1% 的價值,就值一億美元。

在競爭激烈的市場上,企業考慮的執行長人選只要條件有些微差異,薪酬可能就天差地遠。經濟學家羅伯特‧法蘭克

（Robert Frank）和菲利浦・庫科（Philip Cook）在著作《贏家全拿的社會》（*The Winner-Take-All Society*）中指出：「士官犯錯時，只有一排士兵受苦；將軍犯錯時，整個部隊都遭殃[10]。」

當相對優勢造成絕對掌控

經濟學家謝爾溫・羅森（Sherwin Rosen）在 1981 年率先分析這種超級巨星經濟學[11]。在許多市場上，擁有選擇的買家通常都偏好品質最佳的商品或服務。但如果碰到產能限制或運輸成本居高不下時，最好的賣家只能滿足全球市場一小部分的需求（比方在十九世紀，即使最優秀的歌手和演員，每年頂多只能表演給幾千人看）。其他較差的賣家提供的產品也有自己的市場。但如果新科技興起，容許所有賣家輕易複製原本的服務，幾乎不費分文，就可為全球市場提供服務呢？突然之間，品質最佳的賣家得以掌控整個市場。次佳的業者雖然服務品質幾乎和第一名差不多，卻已變得無關緊要。所以，每當市場變得更加數位化，贏家全拿的經濟效應也會隨之擴大。

法蘭克與庫科在 1990 年代撰寫這部很有先見之明的傑作時，贏家全拿的市場才剛開始引起注意。他們在書中比較分析贏家全拿的市場（薪酬主要根據相對績效來決定）和傳統市場（收入與絕對績效密切相關）。要了解兩者的差別，不妨假定某個工作勤奮的頂尖建築工人每天可以砌一千塊磚頭，而排名第十的優秀工人每天可以砌九百塊磚頭。在運作良好的市場上，他們拿到的工資應該等比例地反映出箇中差異，不管是更高的效率和技能，或只是花更多工時，都會反映在工資上。在傳統市場上，某人如果有90%的技巧熟練度或90%的工作勤奮度，那麼就應該領90%的錢。這就是絕對績效。

相反的，某個程式設計師撰寫的地圖程式即使只比其他產品稍微好一點，如下載速度稍微快一點、資料稍微完整些或圖示漂亮一點，可能就會獨霸整個市場。而品質排第十名的地圖程式很可能乏人問津，即使程式的功能幾乎和第一名不相上下也無濟於事。這是相對績效。當顧客可以獲得最好的產品時，他們不會再花時間或心力在第十名的產品上。這時候你沒辦法靠數量來彌補質的不足：即使你有十個平庸的地圖程式，也無法取代一個好用的地圖程式。當消費者在意的是相對績效，即使只是技能或努力程度或運氣上的微小差異，都可能在收入上造成千倍或百萬倍的差異。2013年，市場上有許多交通應用程式，但谷歌公司評估值得花十億美元買下的只有Waze[12]。

為何贏家可以全拿？

為什麼贏家全拿的市場今天變得更加普遍？原因是生產和物流技術的轉變，尤其是以下三大變化：

1. 愈來愈多資訊、商品和服務自動化；
2. 電訊和運輸技術的大幅改進（雖然運輸技術的改善幅度較小）；
3. 網路與標準變得愈來愈重要。

愛因斯坦曾說，「黑洞就是上帝除以零的所在。」黑洞的概念開創了某些奇特的物理學。數位商品的邊際成本不完全趨於零，但已經非常接近零，足以開創一些奇特的經濟思考。我們在第三章討論過，生產數位商品的邊際成本比生產實質商品低很多，位元比原子便宜多了，更別提人力了。

數位化之所以會創造贏家全拿的市場，是因為對數位商品而言，產能限制愈來愈不成問題。架設了網站的單一生產者原則上可以滿足數百萬、甚至數十億顧客的需求。舉個超級成功的例子，珍娜・馬爾博（Jenna Marbles）在 2010 年 7 月把自製影片「怎麼樣讓別人誤以為你是正妹」（How to trick people to think you're good looking）放上 YouTube 之後，一周內累積了 530 萬觀看次數[13]。如今她的自製影片在全世界吸引了超過十億人次觀看，她也因此賺了幾百萬美元。每個數位應用程式開發人員無論辦公室多麼簡陋或員工少得可憐，都自然而然成為微型跨國企業，以第一次機器時代難以想像的速度，接觸到全球消費者。

相形之下，關於個人服務（例如照護）或體力勞動（例如園藝）的經濟分析就截然不同了，提供服務的人無論技巧多麼熟練或工作多麼勤奮，都只能滿足小部分市場需求。當某項活動就像報稅一樣，從第二類轉型為第一類時，就會轉變為贏家全拿的市場。更重要的是，過去次級產品往往靠降價來求生，但今天如果產品沒有達到或至少接近世界一流水準，就算使出降價的招數，也沒什麼用。

數位商品的經濟規模十分龐大，市場領導者享有巨大的成本優勢，可以游刃有餘地在價格戰中擊敗任何競爭對手，而且仍然獲利豐厚[14]。他們在支付了固定開銷後，每多生產一個邊際單位，幾乎不會再增加什麼運送成本[15]。

電訊技術的進步

第二，電訊和運輸技術的改進擴大了個人和企業進軍的市場，也促進贏家全拿的市場。當世界各地還有許多小型本地市場時，每個市場上都有自己的最佳供應商，這些本土英雄通常都收入豐厚。不過一旦這些市場逐漸整併為單一的全球市場，頂尖企業有機會爭取到更多顧客，而次佳的廠商就得面對來自四面八方的激烈競爭。當 Google 或甚至亞馬遜的推薦引擎降低搜尋成本時，也是類似的情況。突然之間，二流廠商不能再仰賴消費者的無知或地理上的障礙來保護自己的獲利了。

數位科技有助於推動贏家全拿的市場，即使在我們眼中，有些產品根本不算超級明星產品也一樣。舉例來說，傳統的照相器材店通常不會把各種相機從第一名排到第十名。但線上零售商很容易就可以根據顧客對產品的評價來排名，或篩選出兼具各種顧客最愛性能的產品。排名較低的產品，或在顧客最愛的十種性能中只具備其中九項的產品，即使品質、便利性或價格和暢銷產品之間只不過出現些微差異，銷售量仍然低得不成比例[16]。

在勞動市場上，即使只是一般上班族，而不是超級巨星，仍然可能因為數位排名和篩選機制導致不成比例的薪酬差距。許多公司把聘僱流程數位化，透過電腦自動篩選機制，先將蜂擁而至的求職者去蕪存菁。比方說，即使公司開放的職缺其實不需要大學學歷也能勝任，企業可能因為貪方便，先快速淘汰所有不具大學文憑的求職者[17]。結果，偏向技術人力的科技變動帶來的影響原本只是涓涓細流，如今卻被放大成造福少數明星的巨大洪流。同樣的，求職者的履歷如果遺漏了某些電腦搜尋的關鍵字，就可能慘遭淘汰，即使這名九成條件都合格的求職者日後或許能成為公司的明星幹才。

網路與標準：規模的價值

第三，網路（例如網際網路或信用卡網路）和能互通的產品（例如電腦零件）變得愈來愈重要，也有助於造就贏家全拿的巿場。正如同低邊際成本能促進生產面的經濟規模，網路興起也有助於「需求面的經濟規模」，有些經濟學家稱之為「網路效應」。當消費者偏好其他人一窩蜂採用的商品或服務時，就是網路效應發威的時候。假如你的朋友都透過臉書來保持聯絡，那麼臉書對你而言，就比較有吸引力。而等到你加入臉書之後，臉書對你的朋友又變得更有價值了。

有時候，網路只發揮間接效應。不管你用iPhone或Android手機打電話給朋友，其實都沒有什麼差別。但手機平台使用者數目多寡，確會影響到應用程式開發：使用者愈多，就能吸引到更多軟體工程師來開發app，或鼓勵他們投入更多心力在這個平台上。而手機可用的應用程式愈多，對使用者的吸引力就愈強。因此，這款手機的使用者多寡，會影響你選購手機後能得到多大的好處。當蘋果手機的app生態系統很強大時，消費者會偏好蘋果的平台，因此吸引更多人投入，為蘋果手機開發應用程式。但反之亦然，原本領導市場的標準也可能潰散瓦解，例如1990年代中期，蘋果麥金塔平台就是如此。網路效應和低邊際成本一樣，一方面創造贏家全拿的市場，另一方面也帶來巨大亂流[18]。

超級巨星經濟 vs. 長尾經濟

除了製造出超級明星商品和超級明星公司的數位、電訊、

網路科技變動外，今天許多人之所以享受到超級巨星般的豐厚
薪酬，背後還有其他因素。就某些情況而言，今天的社會較能
接受非常高的薪酬，不再有這方面的文化障礙。企業執行長、
財務主管、演員和職業運動員更敢要求七位數或甚至八位數的
待遇。當愈來愈多人達成薪資協議時，就出現良性循環：其他
人更容易提出類似要求。

　　事實上，財富集中的趨勢本身可能也促進了法蘭克和庫科
所謂「深口袋」的贏家全拿市場。傑出經濟學家阿佛瑞德‧
馬歇爾（Alfred Marshall）指出：「當關係到自己的名聲和財富
時，有錢的客戶為了獲得最優秀的人才提供的最佳服務，幾乎
完全不計較價錢[19]。」如果在大眾媒體喧騰下，像辛普森（O.
J. Simpson）之類的運動員可以坐擁數百萬美元的高收入，那
麼他當然請得起亞倫‧德修維茲（Alan Dershowitz）這樣的名
律師在法庭上為他辯護，不惜付出數百萬美元的高額律師費，
雖然德修維茲的服務無法像辛普森一樣，完美複製後提供數
百萬人使用。從某個角度而言，德修維茲乃是受委託的超級巨
星：他受益於超級巨星客戶的才華，而客戶辛普森所做的工作
則能更直接地透過數位化和網路擴大效應[*]。

---

[*]　至少當他扮演法庭訴訟律師的角色時是如此。但是當德修維茲的角色變為
　　作家和電視名流時，他就更直接獲益於前面所說的製造超級巨星的種種科
　　技。

　　法律和體制的改變也會推波助瀾，提高超級巨星的收入。
在艾森豪當政時期，美國最高邊際稅率高達90%；在雷根總統
上任初期，仍超過50%；但是在2002年降至35%之後，直到
2012年都沒有改變。高收入者的稅後所得顯然因稅率改變而
大大提升，同時研究顯示，稅率下修也會影響報稅時列舉的稅
前所得，原因是新的稅率會激勵人們更努力工作（因為賺到的
每一塊錢，自己都可以保留更多），報稅時列舉更高的實質所
得，而不是拚命設法避稅（因為誠實報稅需付出的代價比過去
低）。

　　貿易限制也日益減少，因此就像電訊和運輸成本降低一
樣，能促使市場更加全球化，國際超級巨星因此更容易和本土
廠商同台較勁，或將本土廠商淘汰出局。韓國的起亞汽車公
司（Kia）在2006年偷偷從奧迪汽車（Audi）將彼得・史瑞爾
（Peter Schreyer）挖角過來，這件事顯示，對才華洋溢的汽車
設計師而言，他們面對的市場愈來愈全球化，競爭對象不再只
是本地人才。

　　雖然前1%和0.01%的富人所得增幅屢創新高，超級巨星
經濟仍然面臨幾波逆向衝擊。或許其中最重要的趨勢是「長
尾」日益增長，消費者愈來愈容易取得利基產品和服務。新科
技不只降低了邊際成本，在許多情況下，還降低固定成本、庫
存成本及搜尋成本。每一種改變都提高了誘因，促使廠商提供
更多樣的產品和服務，滿足過去無法滿足的利基市場。

　　與其和超級巨星正面交鋒，許多個人和企業寧可設法強化產品與眾不同的特色，在利基市場上成為世界頂尖。羅琳是身價上億的知名作家，但世界上另外還有幾百萬名作者，如今他們有機會為幾千位或甚至幾百位小眾讀者，出版題材獨特的書籍。亞馬遜網路書店會存放他們的書，讓世界各地的讀者都買得到書。就算因為讀者太少，任何實體書店進這些書都注定賠錢，亞馬遜仍然有利可圖。因此，即使技術優勢摧毀了地理屏障（過去許多作家都靠地理位置的屏障，免於直接面對全球競爭），但科技發展也為專精帶動的差異化，開拓了新機會。

　　與其在全球童書作家排行榜上排第一千名，不如在「給生態創業家的科學忠告」或「足球賽時間運用策略」等特殊類別書籍中，成為第一名的作家[20]。依照這個原則，軟體開發人員已經為 iPhone 和 Android 手機設計了七十多萬種應用程式，亞馬遜網站上提供選擇的歌曲也高達二千五百多萬首。還有不計其數的部落格文章、臉書貼文、YouTube 影片，在共享式經濟中，為眾多創作者創造龐大的經濟價值（即使不是直接收入）。不過在我們看來，即使創造新產品的機會增多，卻不見得一定會帶來豐厚的報酬。無論超級巨星經濟或門檻極低的長尾經濟，仍都呈現嚴重的所得不均現象。

冪次分布的時代

以贏家全拿為主的經濟型態和我們熟悉的產業經濟動態截然不同。我們在本章開頭曾討論到，和應用程式開發業贏家全拿的收入型態比起來，砌磚工人之間比較沒有那麼大的收入差距。但這並非兩者間唯一的差異。在贏家全拿的市場上，競爭變得十分不穩定而不對稱，不像在傳統經濟中，市場占有率往往保持穩定，大家各憑本事，並依不同的努力程度，得到相應的報酬。偉大的經濟學家熊彼得曾提出「創造性破壞」的觀念，每一種創新都不只為消費者創造價值，同時也將過去的創新淘汰出局。贏家日益壯大，稱霸市場，但也要面對新一代創新者的挑戰。熊彼得的觀察比較適合描述軟體、媒體和網路業的情況，甚於傳統製造業和服務業。但是隨著愈來愈多產業日益數位化，並透過網路相連結，可以預期，熊彼得預測的產業動態將愈來愈普遍[21]。

在超級巨星經濟裡，所得分配不只擴大延展，而且呈現出很不一樣的形狀。不只是頂端的一小群人所得大增，而且也改變了所得分配的基本結構。當收入大致等比例反映了絕對績效，就像砌磚工人的例子，所得分配可能大致符合才能與努力程度的分布。人類的許多特質都呈現「常態分布」，也稱「高斯分布」（Gaussian distribution）或「鐘形曲線」。我們的身高、力氣、速度、智商和其他許多特性，例如情緒商數、管理

圖10.1 兩種統計分布

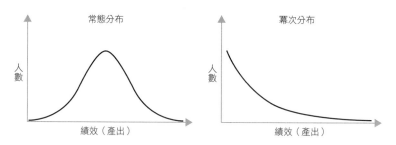

才能，甚至勤奮程度，大致都呈現這樣的分布型態。

常態分布十分常見（也因此得名），這頗符合一般直覺觀察到的形態。愈接近曲線兩端的尾巴，參與人數就劇減，而且其平均數（mean）、中位數（median）和眾數（mode）都是同一個數字。符合「平均數」者也位居分布曲線的正中央，同時也是最常見的類型或是最典型的那個人。如果美國的所得分配也符合常態分布狀況，那麼中位數所得應該和平均所得同步成長 ── 不過當然，事實並非如此。常態分布的另外一個特性是，當你偏離平均數時，找到具有極端特性者的機率會快速下降，而且降幅愈來愈大。身高七呎與身高六呎半的人數比率會小於身高六呎半對身高六呎的人數比率。因此，到了曲線尾端時，人數已經變得非常少。

相反的，超級巨星（和長尾）的市場通常可以用冪次或柏瑞圖曲線（Pareto curve）來描繪，其中一小群人會分到不成比例的銷售成果。經常有人用80／20法則來形容這種特性，也就是20%的參與者拿走80%的利益，但實際情況可能更加極端[22]。比方說，艾瑞克與其他學者發現，亞馬遜網路書店的書籍銷量乃是呈冪次分布型態[23]。冪次分布曲線有個「胖尾巴」，換句話說，極端情況發生的可能性會比較大，遠超過常態分布的情況[24]。這種分布型態也屬於「尺度不變性」（scale invariant）分布，也就是說，排名第一的暢銷書銷量在前十名暢銷書銷量的占比，和前十名暢銷書銷量在前一百名銷量的占比大致差不多。我們可以用冪次分布來描繪許多現象，例如地震頻率或大多數語言中單字出現的頻率，冪次分布還能描繪書籍、DVD、應用程式和其他資訊產品的銷售量。

其他市場則是不同分布型態的綜合體。美國總體經濟則融合了「對數常態分布」和冪次分布，而冪次分布尤其符合金字塔頂端的所得分配狀況[25]。我們目前在MIT的研究正是想進一步探究，這種混合型態的原因和後果，以及它會如何隨時間而演變。

所得分配轉變為冪次分布型態，具有重要涵義。比方說，史迪威爾科技政策高等研究中心（Stilwell Center for Advanced Studies in Science and Technology Policy）創辦人金姆・泰帕爾（Kim Taipale）認為：「支撐龐大社會中產階級的鐘形曲線時代已經結束，我們正邁向經濟機會呈冪次分布的時代。單憑教育本身無法彌補差距[26]。」

　　這樣的轉變破壞了我們理解世界的心智模式。大多數人在推論時都習慣引用某種典型作為參考依據。例如，政客喜歡談論「一般選民」，行銷經理人喜歡提及「典型消費者」。這種做法在常態分布的情況下，倒是行得通，因為最普遍的數值往往接近平均值，或套用比較正式的說法，常態分布中的眾數就等於平均數，或至少兩者幾乎相同。不過一般而言，冪次分布中的平均數遠高於中位數或眾數[27]。舉例來說，2009 年，美國職棒大聯盟的球員平均薪資為 $3,240,206，幾乎是中位數 $1,150,000 的三倍[28]。

　　就實際狀況而言，這表示當所得分配呈冪次分布時，大多數人的所得都低於平均，而且長期下來，儘管平均所得持續攀升，中位數所得卻絲毫不見增長。換句話說，大多數人的所得都沒有增加。因此冪次分布不只擴大了所得不均的現象，而且也攪亂了我們原本的直覺。

11
豐酬與不均

檢驗我們是否進步的標準,
不在於我們能否讓富足者增添更多,
而在於我們能否為匱乏者提供足夠的保障。
—— 法蘭克林 · 羅斯福 (Franklin D. Roosevelt)

我們在過去四章看到了第二次機器時代隱含的弔詭。GDP
達到前所未有的高峰，創新的速度也前所未見，然而人
們對孩子未來生活水準的預期，卻愈來愈悲觀。美國《富比
士》雜誌富豪榜上的億萬富翁，身家總和達到2000年的五倍
多，然而同一段時間，美國中位數家庭所得卻走下坡[1]。

　　這類經濟統計數字正凸顯了第二次機器時代「報酬豐盛」
與「分配不均」的二元特性。經濟學家兼預算與政策優先研究
中心資深研究員賈德·伯恩斯坦（Jared Bernstein）讓我們注
意到生產力和就業狀況脫鉤的現象，請參見圖11.1。雖然在二
次大戰後的大多數時期，這兩個重要經濟統計數字一直相互呼
應，到了1990年代末期，卻開始分道揚鑣。美國的生產力持
續向上攀升，就業情況卻日益低迷。今天，美國的就業人口率
跌到谷底，至少是二十年來最低，中位數實質所得也低於1990
年代的水準。但同時，美國的GDP、企業投資及稅後盈餘卻和
生產力同時衝上歷史新高。

　　在矽谷這樣的地方或在MIT這類研究型大學裡，快速創新
已是常態。新創公司蓬勃發展，不斷打造出新的百萬富翁和億
萬富翁，研究實驗室也辛苦開發出更多驚人的新科技，我們在
前面幾章已經看到許多例子。但同時，愈來愈多美國人面臨財
務困境：學生辛苦揹負龐大學貸，社會新鮮人找不到工作，數
百萬人民為了維持生活水準，不得不舉債度日。

　　我們將在本章討論三個有關豐酬和不均的重要問題。第

圖11.1　勞動生產力與民間就業

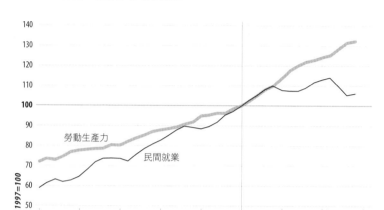

一，科技帶來的豐酬力量將壓倒性地勝過分配不均嗎？第二，科技發展是否不但強化了不均的情況，也帶來結構性失業？第三，那麼，全球化這股改變經濟的重要力量呢？有沒有可能全球化才是近來工資下滑、就業情況惡化的主因？

豐酬與不均的拉鋸

多虧了科技發展，我們正在開創無比豐饒的世界。

我們可以用更少的原料、資本和勞動力的投入，得到愈來愈多產出。未來，我們仍將持續獲益於諸如生產力上升之類較容易衡量的好處，或享受到免費數位商品帶來的諸多較不易衡量的改進。

前文以枯燥的經濟詞彙描述目前科技帶來的豐酬，實在乏味。如此美好而重要的現象應該有更好的形容方式。我們所謂的「豐酬」並非只意味著買到更多便宜的消費性商品和空虛的熱量。我們在第七章提過，「豐酬」也意味著，我們在生活的各個層面，都能同時擁有更多選擇，享受更豐富的多樣性和更高的品質；我們不需要敲碎胸骨，打開胸腔，就可以動心臟手術；而且能持續受教於全世界最好的老師，以個人化的自我評量方式，幫助學生了解自己的學習成果；此外，家家戶戶購買雜貨、汽車、衣物和水電的開支都可以大大減少；聾人能恢復聽力，盲人終究也能恢復視力；它更意味著，我們愈來愈不需要做單調沉悶的重複性工作，而更有機會從事創造性、互動性的工作。

種種進步至少有部分要歸功於數位科技的發展。當科技進步結合了能提供更多選擇、而非帶來更多限制的政經制度時，就成為促進美好與豐饒的重要驅動力；但科技進步也會造成不均，導致人們在財富、收入、生活水準和進步機會的差距日益擴大。我們在其他國家也觀察到類似的趨勢（尤其是貧富不均愈來愈嚴重）。我們希望數位科技的進步是一股高漲的浪潮，能公平地讓所有船隻都跟著水漲船高，但卻事與願違。

科技當然不是導致不均的唯一因素，卻是主要力量。今天的資訊科技偏好高技能人力，甚於低技能人力；增加資本擁有者的報酬，甚於勞工的報酬；讓超級巨星所擁有的優勢勝過其他所有人。以上種種趨勢都擴大了差距 —— 就業者與失業者之間的差距，高技能、高教育程度的工作者與低技能勞工之間的差距，超級巨星和凡夫俗子之間的差距。根據我們近年來所見所聞，在其他條件不變的情況下，顯然未來的科技在提升豐酬的同時，也會擴大差距。

科技帶來豐厚的封賞，但也會導致不均，而且長期下來，兩者都與日俱增，因此就引發一個重要問題：既然已經創造豐饒，還需要擔心不均嗎？換句話說，如果拜科技之賜，底層人民的生活也大幅改善，那麼或許貧富不均也就不是那麼嚴重的問題了。

所得不均和其他方面的貧富差距愈來愈嚴重，但不是每個人都把它當問題看待。有些觀察家提倡強調豐酬的論點，他們基本上主張，一味把焦點放在不均並不恰當，容易誤導大眾，因為兩者相較之下，科技創造的正面效益更重要。今天即使在貧富差距最大的底層，人民生活仍然受益於科技帶來的豐酬。他們承認高技能人力和其他人的差距日益擴大，而超級巨星的所得水準更是遙不可及，但他們接著會問：「那又如何呢？只要所有人的經濟狀況都日漸好轉，我們又何必擔心某些人的經濟情況特別好呢？」哈佛經濟學家葛瑞格・曼昆（Greg Mankiw）就主張，如果頂端「百分之一」的超高收入是他們應得的報酬，反映出他們為其他人創造的價值，那麼就不見得是什麼人問題[2]。

資本主義經濟制度之所以行得通，部分原因就在於能提供創新者強烈的誘因：只要你的東西成功打入市場，你就可以得到一些財務回報。如果你的創新一砲而紅，瘋狂熱銷，你更可能獲得驚人的報酬。當這些誘因運作良好（而且不能讓金融體系裡承擔了不當風險的人毫無風險地得到高報酬），可能帶來豐厚而廣大的效益：創新者改善了許多人的生活，而這些人的集體購買行為又讓創新者致富。大家都從中得利，雖然每個人得到的好處不盡相同。

高科技業中，有很多像這樣的圓滿故事。創業家創造各種新發明、網站、應用程式和其他重要商品及服務。消費者大量購買和使用這些產品和服務，創業家成為巨富。這是好事，不是資本主義制度失調的現象。正如經濟學家賴瑞・桑默斯（Larry Summers）所說：「假定美國再多三十個像賈伯斯這樣的人 ——……我們必須承認，成功創業的另一面是貧富不均；不過我們絕對需要鼓勵創業精神[3]。」

我們特別應該鼓勵創業精神，因為正如第六章的討論，即使全世界最窮困的人民，都能因科技進步而受益。研究顯示，行動電話之類的創新產品正逐漸改善人們的收入、健康和其他生活福祉。隨著摩爾定律持續降低科技產品的成本並提高效能，新科技帶來的效益將持續增長。

如果強調豐酬的論點正確，那麼在我們一步步跨入第二

次機器時代之時，就沒什麼好擔心了，但真是如此嗎？可惜不
是。在第九章和第十章可以看到，數據明確顯示，無論在美國
或其他國家，許多人民的景況都愈來愈糟，而且他們不是處於
相對劣勢，而是居於絕對劣勢。美國中位數勞工所得如果以實
質美元計算，已經低於1999年的數字。當我們檢視美國家庭
所得而非個人所得，或檢視整體財富而非年所得時，也一再看
到相同的情形。當科技快速向前奔馳時，許多人卻被遠遠拋在
後面。

有些強調豐酬的人認為，即使確實出現這些現象，和價
格下跌、品質改善及其他我們正體驗到的種種無法衡量的好
處比起來，都不是那麼重要。經濟學家唐納‧波若（Donald
Boudreaux）和馬克‧佩瑞（Mark Perry）寫道：

> 美國家庭花在許多現代生活「基本需求」的開支，如
> 家裡的食物、汽車、家具和設備、房子和水電等，占可支
> 配所得的比例從1950年的53%，降為1970年的44%，再
> 降到今天的32%……今天一般美國人消費的質與量都比幾
> 十年前更接近富人的消費水準。想想看，現在每個中產階
> 級青少年都買得起的電子產品，如iPhone、iPad、iPod和
> 筆電等，和美國收入最高的前1%富人使用的電子產品相
> 較之下，也不見得遜色多少，而且很多時候，他們使用的
> 根本是完全相同的產品[4]。

佩端還說：「多虧了創新與科技……今天所有美國人（尤其是中低收入族群）生活過得比過去任何時候都好[5]。」布魯金斯研究院的史考特・溫士普（Scott Winship）也曾提出類似的主張[6]。

這些觀點都很吸引人。我們尤其欣賞他們的洞見：由於創新和科技帶來的酬賞，今天一般勞工在許多重要層面上，日子都過得比過去幾個世代好很多。因為資訊、媒體、通訊和電腦運算的相關技術進步幅度之大，回想起來還真是不可思議，也令人難以預料。但這一切豐饒不會就此停止：科技進步也在其他領域（例如食品業和公用事業）帶動成本和品質改善，這些行業表面上似乎不屬於高科技業，但骨子裡其實是。

這些觀點都有它的道理，但卻無法說服我們：在目前的貧富差距下，低所得者的狀況真的還過得去。不說別的，首先他們想買的某些東西變得愈來愈貴。伯恩斯坦的研究把1990年到2008年中位數家庭所得增加的情況拿來和住屋、醫療保健和大學教育的成本變動相比較，結果發現，在這段期間，雖然家庭所得增加20%左右，房價和大學學費卻成長50%左右，醫療保健支出更大幅躍升了150%[7]。由於美國的中位數實質所得近年來持續下滑，如果將2008年之後的數字拿來比較，情況一定更糟糕。

不管美國家庭如何支付種種開銷，總之許多家庭後來落得毫無財務緩衝。經濟學家安娜瑪麗亞・盧薩迪（Annamaria

Lusardi）、丹尼爾・史奈德（Daniel J. Schneider）和彼得・圖法諾（Peter Tufano）2011 年進行了一項研究，問人們「能不能在三十天內拿出二千美元？」結果，他們的發現頗令人不安，「將近四分之一的美國人表示，他們一定拿不出這筆錢，另外有 19% 雖然拿得出這筆錢，但至少有部分需靠典當或變賣財物或預支薪水才拿得出來……〔換句話說，我們〕發現，將近半數美國人的財務狀況非常脆弱……看似『中產階級』的美國人有很大部分……自認財務狀況脆弱[8]。」

有關貧窮率、醫療資源取得、尋求全職工作卻只能找到兼職工作的人數等其他統計數據，都證實這樣的印象：雖然科技發展確實促進經濟豐饒，卻不足以彌補日益擴大的貧富差距。而且貧富差距擴大不純然是經濟大衰退的後遺症，也不是近來才出現的短暫現象。

社會流動陷入停滯

有這麼多美國人面對收入停滯、甚至下降的情況，已經夠糟了，雪上加霜的是，社會流動性也出現下降趨勢，出生於底層家庭的孩子，一生中能脫離困境、向上爬升的機會比從前低得多。近來的研究明確指出，對過去世世代代的美國人而言，窮人真的有機會向上爬，實現美國夢，但今天這樣的機會已經大量消逝。舉例來說，2013 年，經濟學家傑森・德貝克

（Jason DeBacker）、布萊德利‧海姆（Bradley Heim）等人針對美國1987年到2009年美國報稅資料所作的研究顯示，如果把他們研究的三萬五千個家庭從富到貧依序排名，結果發現，這些家庭年復一年幾乎都維持相同的排名順序，沒有什麼變動，雖然家庭所得的差距會隨時間而擴大[9]。社會學家羅伯‧普特南（Robert Putnam）近來也指出，對在俄亥俄州柯林頓港（Port Clinton，普特南的家鄉）這類城市居住的美國人而言，如果父母只有高中教育程度，那麼他們生下的孩子過去數十年來無論經濟狀況或展望都每況愈下，但如果父母受過大學教育，那麼情況就會有所改善。這正是我們預期偏向技術人力的科技變動會帶來的現象[10]。

許多美國人以為他們仍生活在機會之鄉，美國為想要白手起家向上爬的人提供了最好的機會。然而早就不是如此了。《經濟學人》週刊指出，「在霍瑞修‧艾爾傑（Horatio Alger）的年代[*]，美國的社會流動比歐洲更順暢，如今卻和過去不同。如果用一個世代的社會流動指標來衡量，也就是看父親的所得水準對成年兒子的所得有多大的影響，美國的表現只及北歐國家的一半，和歐洲社會流動性最差的英國及義大利差不多

---

[*] 譯註：霍瑞修‧艾爾傑（1832-1899）為十九世紀一位多產的美國作家，他最著名的作品是一系列青少年小說，描繪具備勤奮、毅力、勇氣、誠實等美德的窮人家小孩，透過辛苦奮鬥，不斷克服逆境，終於晉身中產階級的故事。

11。」所以,美國不但貧富差距很大,而且還會自我延續。中低階層的人們往往終其職業生涯,都一直停留在中低階層,而且歷經數代仍不變。對任何經濟體或社會而言,這都是不健康的現象。

如果貧富差距還會進一步損及科技帶來的豐酬,發展將更加不健全。此時,貧富不均的後果開始阻礙科技進步,令我們無法享受到第二次機器時代的潛在效益。雖然經常聽到的說法是,高度不均反而會激勵人們加倍努力,因此促進整體經濟成長,但貧富不均確實也可能阻礙成長。經濟學家艾塞默魯和政治學家詹姆斯・羅賓森(James Robinson)在2012年出版的著作《國家為什麼會失敗》(*Why Nations Fail*)中,綜觀數百年歷史,希望能如書名副標所示,揭開「權力、富裕與貧窮的根源」。根據艾塞默魯和羅賓森的說法,真正的根源不在於地理位置、自然資源或文化,而是像民主制度、財產權和法治之類的體制;如果能建立廣納性的制度,則國家欣欣向榮;反之,實施榨取式制度的國家,不惜扭曲經濟制度和遊戲規則,以服務少數菁英階級,則會陷入窮困。作者提出極具說服力的論據,而當他們談到美國的現況時,提出重要的洞見和警醒:

　　繁榮有賴創新。如果我們不能為所有人提供公平的競賽場,就浪費了我們的創新潛能:我們不知道下一個微軟、谷歌或臉書在哪裡,如果有能力打造創新事業的人進入很差的學校，或沒辦法上好的大學，就會大大降低他實現抱負的機會。

過去兩百年來，美國之所以創新鼎盛，經濟成長，大體上是因為美國獎勵創新與投資。這一切並非憑空誕生，而是受到特殊政治體制的支持，也就是一套廣納性的政治制度，防止菁英階級或一小撮人寡占政治權力，不惜犧牲社會利益，謀求私利。

所以我們擔心的是：經濟上的不平等會帶來更嚴重的政治不平等，而掌握了政治權力的人會運用政治權力來獲得更大的經濟優勢，暗中布局謀求私利，進一步擴大經濟上的不平等，步上典型的惡性循環。如今我們可能正走上這條路[12]。

他們的分析正點出了貧富差距擴大為何值得重視的最後一個原因：可能帶來榨取式的制度，以至於拖慢我們邁向第二次機器時代的進程。我們認為，這樣不僅糟糕透頂，簡直是一場悲劇。我們也相信，根據艾塞默魯、羅賓森和其他學者的研究，這是未來很可能出現的情境。與其信心滿滿地認為科技創造的豐酬將彌補它所造成的貧富差距，不如多關注幾乎相反的情況：在未來，貧富差距可能會減少我們能享受到的豐饒。

技術性失業

我們看到整體經濟的大餅不斷成長，但有些人（甚至其中大多數人）的生活，可能因為科技進步而過得更糟。由於人力需求下降，尤其對非技術性勞工的需求下降，薪資也隨之下滑。但科技發展真的會帶來失業嗎？

我們不是最先提出這個問題的人。事實上，兩百年來，大家一直激烈爭辯這個問題。1811 年至 1817 年間，由於第一次工業革命發明的紡織機威脅到紡織工人的工作，一群英國紡織工人在某個羅賓漢般的神秘人物內德・盧德（Ned Ludd）率領下，大肆破壞，搗毀工廠和機器，引得英國政府出手鎮壓。

經濟學家和其他學者在盧德運動中看到一個廣泛而重要的新模式：大規模的自動化進入職場，影響人們的薪資和就業前景。學者很快分裂成兩個陣營。人數眾多的一派辯稱，雖然科技進步和其他因素絕對會導致某些工人丟掉飯碗，但資本主義的創造性本質將會為他們開創更好的機會。因此失業只是暫時的現象，不是什麼嚴重問題。約翰・貝茲・克拉克（John Bates Clark，頒給四十歲以下傑出經濟學家的獎項就是以他為名）在 1915 年寫道：「在高度動態的實質（經濟）中，總是會出現失業勞工。想讓失業完全消失，是不可能的事情，也不是正常狀況。經濟必須持續跨步向前，才能保障員工福祉，而這樣做的時候，難免會引起暫時性的勞工失業[13]。」

接下來那年，政治學家威廉‧萊瑟森（William Leiserson）進一步延伸這個論點，將失業形容得有如幻象：「失業大軍並不是真的失業，他們就好像在消防隊等待警鈴響起的救火員，或蓄勢待發、等待召喚的儲備警力[14]。」簡言之，資本主義的創造力需要仰賴準備就緒的充裕勞力，而勞工來源正是因前一波科技進步而失業的員工。

凱因斯對於勞工的情況是否會真的好轉，就不是那麼有信心了。他在1930年發表的文章〈我們孫輩的經濟前景〉（Economic Possibilities for our Grandchildren），雖然抱持大致樂觀的看法，卻明確表達出第二派的立場，即自動化可能導致永久性失業，尤其是如果愈來愈多的工作不斷自動化的話。他的文章超越當時經濟大蕭條的困境，提出預測：「我們正飽受一種新疾病所苦，有些讀者可能還沒聽過它的名字，但未來幾年將會一再聽到，那就是『技術性失業』。也就是我們發現如何節省人力的速度，快過為勞動力找到新用途的速度，因而導致的失業[15]。」經濟大蕭條時期失業延長的現象，似乎證實了他的想法，但後來失業情況終於舒緩。接著第二次世界大戰爆發，不管在戰場上或大後方，都出現大量的勞力需求，技術性失業的威脅從而消退。

大戰結束後，美國社會又開始辯論科技發展帶給勞動力的衝擊，而且在電腦誕生後再度出現新的論辯。1964年，一群美國科學家和社會理論家組成的委員會寄了一封公開信給詹森總統（Lyndon Johnson），他們主張：

> 新的生產時代已經來臨，其組織原則與工業時代大
> 不相同，正如同工業時代的組織方式也與農業時代大不相
> 同。電腦與能自我調節的自動機器結合後，帶動了電腦控
> 制革命，因此造就出幾乎擁有無限產能的生產系統，大大
> 減少了人力需求[16]。

諾貝爾經濟獎得主瓦西利・里昂提耶夫（Wassily
Leontief）也同意這種看法，他在1983年明確表示：「人類身
為最重要生產要素的角色注定要減弱，就好像在農業時代，馬
所扮演的角色起先日益弱化，等到引進曳引機後，更完全遭到
淘汰[17]。」

然而，只不過四年後，由美國國家科學院召集的經濟學家
小組卻不同意里昂提耶夫的觀點，他們在報告《科技與就業》
（*Techonology and Employment*）中，提出清晰、完整而樂觀的
宣言：

> 透過減少生產成本，並因此得以在競爭激烈的市場
> 上，降低某個產品的價格，科技變動往往導致產出的需求
> 大增：更大的產出需求導致工廠增產，因此需要更多的
> 勞動力，結果雖然科技進步降低了每單位產出所需的勞

動力，造成的負面就業效應卻因此被抵消了……綜觀歷史，而我們也相信，在可預見的將來，因為整體產出增長所導致的正面就業效應，仍將持續超越由於科技變動而導致單位產出所需勞動力減少的負面效應[18]。

認為自動化和其他科技進步的形式加起來所創造的工作，多於摧毀的工作，已經成為經濟學領域的主要觀點；若有人主張其他看法，則被視為屈從於「盧德謬論」。因此近年來，主張科技會摧毀工作的人大都不是主流經濟學家。

主張科技不可能造成持續性的結構性失業的兩大依據為：（一）經濟理論及（二）兩百年來的歷史證據。但兩者都不是那麼扎實。

先談理論。有三種經濟機制或許可以解釋技術性失業的原因：無彈性的需求、快速變動和嚴重不均。

假如科技能促使我們更有效率地運用勞動力，那麼正如美國國家科學院的經濟學家小組所說，對勞動力的需求不見得會自動降低。低成本可能促使商品價格下降，反過來，低價也會刺激商品需求上升，最後也提升勞動力的需求。究竟會不會真的發生這樣的情況，完全要看需求彈性而定，也就是價格每下降一個百分點，需求量會增加多少百分點。

對某些商品和服務而言，例如汽車輪胎或家用燈具，需求比較固定，對價格下跌的敏感度較低[19]。即使將燈具價格減

半，消費者和企業對燈具的需求量也不會因此倍增，所以當燈
具效率提高時，會導致照明產業的整體營收降低。經濟學家威
廉‧諾豪斯（William Nordhaus）在一篇出色的歷史研究論文
中，描述從蠟燭和油燈的時代起，科技如何將照明器具的價格
降低了一千倍，大大減少了我們取得燈光時耗費的勞動力[20]。
整體經濟的各個部門（而不僅是某些產品類別）也都面臨這種
較缺乏彈性的需求狀況。多年來，隨著美國農業和製造業的效
率愈來愈高，雇用人數也日益下滑。但更低的價格和更好的品
質卻無法增加足夠的需求量，來抵銷生產力提高的效應。

　　另一方面，當需求很有彈性時，生產力提高會創造充足
的需求，讓更多勞動力得到工作機會。對某些類型的能源而
言，發生這種情形的可能性，被稱為「傑文思弔詭」（Jevons
paradox）：更高的能源使用效率有時候可能反而會提高整體能
源消耗量。但對經濟學家而言，這不是什麼弔詭，只不過是彈
性需求難免會造成的後果罷了，在資訊科技之類的新產業，
更是常見的現象[21]。假如彈性等於1（換句話說，降價1%會導
致需求量提升1%），那麼總營收（價格乘以數量）會維持不
變。換句話說，需求增加的幅度會完全配合生產力提升的幅
度，因此每個人仍像從前一樣忙碌。

　　彈性不多不少，正好等於1，這種情形看似特例，不過我
們可以振振有詞地說（雖然這個論點並非無懈可擊），長期而
言，整體經濟的實際狀況正是如此。比方說，一旦糧食價格下

跌，農業勞動力的需求可能也隨之減少，但許多人可以把省下來的錢拿去其他地方消費，因此整體就業人數依然會維持不變[22]。這些錢不只花在購買既有商品，也會花在新的商品和服務。而這種經濟論點的核心主張就是：根本不可能發生技術性失業的現象。

造成永久性失業？

　　凱因斯卻不同意這樣的觀點。他認為長期而言，需求不會完全無彈性。也就是說，雖然（依品質調整後的）價格愈來愈低，我們卻不見得會消費更多商品和服務，反而會因為已充分滿足了需求，而選擇減少消費。他預測，如此一來，將導致工作時間大幅減少，甚至每週只工作十五小時，而且只需愈來愈少的勞動力，就能生產人們需要的所有商品和服務[23]。不過，我們很難把這類技術性失業視為經濟問題。畢竟在這樣的情境中，人們花愈來愈少的時間工作，是因為需求已獲得充分滿足。大家擔心的不再是關乎稀少性的「經濟問題」，取而代之的是更吸引人的問題：我們該拿大筆財富和大把的閒暇時間怎麼辦。據說亞瑟‧克拉克（Arthur C. Clarke）曾表示：「未來的目標是充分失業，如此一來，我們才能好好玩樂[24]。」

　　凱因斯更關心短期「失調」的現象，因此我們接著就要談談有關技術性失業的第二個較嚴肅的論點：我們的技能、組織和制度跟不上科技改變的步伐。每當科技剷除了某種類型的工作，或甚至整類技能的需求都消失不見時，勞工就需要培養新技能，找到新工作。當然，這些都需要時間，而在這期間，勞工就失業了。樂觀派仍然認為這是暫時的現象。隨著創業家開創新事業，勞動力也漸漸調整完成，經濟終究會找到新的平衡點，恢復充分就業。

但假如整個過程要耗費十年的時間呢[25]？萬一到時候，科技又再度轉變了呢？這正是里昂提耶夫在 1983 年寫下那篇文章時心中的憂慮，他推測，許多工人最後可能面臨永久性失業，落入曳引機發明之後馬匹的命運[26]。我們一旦承認，勞工和組織都需要花時間適應科技轉變，情況就很明顯了，科技進步的速度加快，可能導致差距擴大，提高技術性失業的可能性。科技快速進步固然能創造龐大財富，延長人類壽命，但也要求人與制度都更快適應變化。所以，在此要對凱因斯說聲抱歉了，長遠來看，我們可能還沒死，但我們仍將需要工作。

關於技術性失業的第三個論點可能最令人感到不安，因為它不只是暫時性的「失調」。我們在第八章和第九章都曾詳細討論過，由於近來的科技大躍進，透過偏向技術人力的科技變動、偏向資本的科技變動，以及贏家全拿的市場上眾多超級巨星，出現了許多贏家和輸家。社會上對某些類型的工作和技能，不再有那麼多的需求。在自由市場上，價格會調整到足以恢復供需平衡的地步，的確，美國已有數百萬勞工的實質薪資下跌。

基本上，對某些勞工而言，達到供需平衡點的工資可能是每小時一美元，即使其他勞工可以拿到數千倍的薪資。大多數先進國家的人民都不會認為每小時一美元的工資足以維持生活，也不預期我們的社會會讓人民在飢餓的威脅下接受這麼低的工資。更何況，在極端的贏家全拿的市場上，平衡的工資可能是零：甚至即使我們願意免費唱「Satisfaction」這首歌，大家仍然寧可花錢聆聽滾石樂團主唱米克‧傑格（Mick Jagger）的版本。在音樂的市場上，米克‧傑格現在可以把他的歌聲複製許多數位版本，來和我們競爭。幾近零的工資根本沒辦法餬口。如果我們夠理性的話，就會設法尋找其他演出機會，而且不斷尋找、尋找、尋找，而不是一味仰賴幾近於零的工資來維持生活。

因此，人類靠勞動力獲得的薪資有其下限，而這樣的下限可能導致失業：有工作意願的人沒辦法找到工作。假如勞工和企業家都想不出任何有利可圖的工作，需要用到這名勞工的技能，那麼這名勞工就會永遠失業。歷史上，其他許多曾經非常重要的生產投入，從鯨魚油到馬力，都曾經出現這樣的情況 —— 即使價格為零，在今天的經濟活動中仍然看不到任何需求。換句話說，正如同科技能創造不均，科技也能帶來失業。理論上，即使整體經濟的大餅依然不斷擴大，這種情況仍可能影響許多人，甚至對大多數人帶來衝擊。

以上都是理論，至於數據呢？

從盧德運動發生後，兩百多年來，大半時候，科技進步都促使生產力大幅提升。數據顯示，直到二十世紀末，就業率一直隨著生產力提高而持續上升，顯示生產力提高不盡然會摧毀工作。我們甚至因此忍不住推測，或許正如鼓吹科技發展的人所言，生產力或多或少帶動了新工作增加的趨勢。不過，從圖11.1可以看到，從1990年代末期起，工作增長的趨勢開始與生產力脫鉤。伯恩斯坦表示，反盧德派稱之為「令人頭痛的問題」。不過，我們究竟應該從哪一段歷史得到殷鑑呢？1990年代末之前的那兩百年，還是在那之後的十五年呢？我們不是那麼確定，但科技的演變告訴我們，指數式、數位化和重組式的力量，以及機器智能和網路智能的興起，都預示未來還會出現更大的崩裂與破壞。

仿真機器人的實驗

假設明天有一家公司推出仿真機器人（android），所有人類能做的工作，仿真機器人幾乎都能做，包括打造更多仿真機器人。仿真機器人的供應源源不絕，他們價格便宜，超時加班也不必額外付費，還可以天天都全天候工作不休息。

顯然，這樣的先進科技在經濟上具有深遠的含義。首先，生產力和產出都一飛沖天。仿真機器人可以經營農場和工廠。

糧食和商品的生產成本都會便宜許多。事實上,在競爭激烈的市場上,糧食和商品的價格將跌到接近原料成本的地步。我們在世界各地都看到各種產品無論在數量、種類和消費者可以負擔的程度上,都出現驚人的增長。簡單地說,仿真機器人會帶來巨大的豐酬。

不過,仿真機器人也會令勞動力嚴重錯置。所有具經濟理性的雇主都寧可雇用仿真機器人,因為相較於現況,機器人能以較低的成本提供相同的能力,所以很快就會取代大部分人力。創業家會持續開發新產品,開創新市場,並創立新公司,但他們在任用員工時,會捨棄人力,改用仿真機器人。擁有仿真機器人及其他資本資產或自然資源的人將掌握所有經濟價值,並進行一切消費。沒有資產的人只能出賣勞力,而且他們的勞力沒什麼價值。

像這樣的思考實驗反映的現實是:沒有任何「鐵律」顯示,科技進步一定會廣泛創造工作機會。

這項思考實驗有個稍稍不一樣的版本:假設除了烹飪之外,仿真機器人能做所有人類能做的工作。如此一來,雖然經濟成果依然不變,社會上仍然看得到人類廚師,不過,由於太多人競爭廚師的工作,雇主即使壓低薪水,仍然僱得到人。整個經濟體系花在烹飪的總時數維持不變(至少只要大家仍然會去餐廳用餐,就是如此),但付給廚師的總薪資將會下滑。唯一的例外或許就是那些明星主廚了,他們兼具才能和名聲,其他人難以輕易仿效。這些超級明星仍然有辦法要求高薪；其他廚師卻不行。所以仿真機器人除了帶來大量豐饒的產出之外，也擴大所得差距。

這些聽起來有如科幻小說而不像現況的思考實驗，究竟有什麼用處？今天，我們在美國企業中還看不到功能完全發揮的人形仿真機器人。事實上，這類機器人目前並不存在，直到最近，在型態辨識、複雜溝通、感覺、行動各方面有能力取代人類員工的機器人，還進步得很慢，但近年來速度已加快許多。

機器愈能取代人類，就愈可能拉低有類似技能的人類員工的薪資。我們從經濟和商業策略得到的教訓是，你不想和與人類近似的替代品競爭，尤其是如果他們還享有成本優勢的話。

但基本上，機器的長短處與人類截然不同。當工程師努力擴大機器與人類的差異時，他們會強化機器之長，試圖彌補人類之短，因此機器並非取代人類，而是彌補人類的不足。高效能的生產可能需要同時投入人力與機器，而且隨著機器的威力日益強大，人力的價值只會增加，不會縮減。我們從經濟學和商業策略學到的第二個教訓是，能夠和某種日益充裕而大量的事物互補，是很棒的事情。而且如此一來，和人類能力尚未因機器而擴增，或機器還無法模仿人類的時候比起來，未來會更有機會創造出前所未見的新商品和服務了。這類新商品和服務的生產力增長，主要乃是靠增加產出，而不是靠減少投入。

因此只要世界上還有尚未滿足的需求和欲望，失業現象等於在大聲警告我們，我們對於究竟需要採取什麼行動，思考得還不夠深入，不夠用心。對於被自動化奪走工作的這群人，我們究竟應該怎麼樣利用他們多出來的時間和精力，我們還沒有好好發揮創意，找出解決方案。我們可以發明更多新科技和新的商業模式，以擴增人類的獨特能力，創造新的價值來源，而不是一味將既有的流程自動化。

我們在下一章將會討論到，這才是決策者、企業家和包括你我在內的每個人真正面對的挑戰。

全球化

科技不是改變經濟的唯一因素。我們的時代還有另外一股巨大的力量 —— 全球化。美國和其他先進經濟體的中位數薪資之所以停滯不前，有沒有可能是因為全球化的趨勢呢？許多思慮周密的經濟學家都抱持這樣的主張。這是「要素價格均等化」（factor price equalization）的現象，也就是說，在任何單一市場上，由於競爭的緣故，生產要素（例如勞動力或資本）的價格會趨向單一的共同價格＊。過去幾十年來，通訊成本降低，有助於許多產品和服務開創龐大的全球市場。

＊　我們在比較假設具有相同能力的人類工作者和機器人的薪資時，所引用的
　　觀念也大致相同。

　　企業可以在世界各地找到擁有企業所需技能的勞工，並雇用他們。如果美國工人做的工作，中國工人也能做，那麼根據經濟學家口中的「單一價格法則」（the law of one price），他們基本上會拿到相同的工資，因為勞工也像其他商品，市場會利用價差來套利。無論對中國工人或整體經濟效率而言，這都是好消息，但對於要面臨廉價勞工競爭的美國工人來說，可就大事不妙了。許多經濟學家就抱持這樣的觀點。麥可・史賓賽（Michael Spencer）在他的名作《經濟大逆流》（*The Next Convergence*）中，說明全球市場整合如何造成大崩裂，尤其是勞動市場的動盪[27]。

　　「要素價格均等化」的例子帶來一個言之成理的預測：美國製造業會將生產作業轉移到成本較低的海外。過去二十年來，美國製造業雇用人數的確下滑；奧托爾、大衛・多恩（David Dorn）、高登・韓森（Gordon Hansen）等經濟學家估計，美國製造業雇用人數減少幅度中，有四分之一來自於中國工人的競爭[28]。不過，當我們更深入檢視數據時，全球化的說法就不是那麼令人信服了。自1996年起，中國的製造業雇用人數也下降了，而且下降幅度正好是25%[29]，這意味著即使產出飆升了70%，從事製造業的中國勞工卻減少了三千萬人，所以並不是中國工人取代了美國工人，而是拜自動化之賜，中美兩國的工人都變得更有效率了。結果，兩個國家都以較少的人力得到更多產出。

　　長期而言，受到自動化最大衝擊的可能不是美國和其他
已開發國家，而是開發中國家，因為他們目前還以廉價勞工為
主要競爭優勢。如果你們因為安裝機器人和其他類型的自動化
設備，而減掉大部分的勞工成本，那麼低工資帶來的競爭優勢
就大半消失不見了。這種情形即將發生。富士康的郭台銘已經
積極引進數十萬機器人，以取代相同數目的勞工。他說他計畫
在未來幾年，繼續購買幾百萬機器人。機器人帶來的第一波衝
擊將影響中國和台灣的工廠，不過一旦某個產業大舉自動化之
後，在低工資國家設廠就不再那麼有吸引力。如果一地的企業
生態系統很強，比較容易找到各種零件供應來源，那麼仍然具
有運籌管理的優勢。但經過一段時間以後，由於成品轉運次數
減少、更接近顧客、工程師、設計師和高素質人力，甚至法治
嚴明等而來的種種好處，終究會戰勝慣性。正如布魯克斯等創
業家一再強調的，如此一來，製造業將重新回到美國。

　　類似的論點也適用於非製造業。舉例來說，引進互動式語
音回覆系統後，電話客服中心的許多工作都自動化了，美國聯
合航空公司就轉型得非常成功。然而這樣的轉變可能對印度和
菲律賓的廉價勞工產生巨大的影響。同樣的，許多醫生過去習
慣口述看診資料後，再傳送到海外謄寫成病歷。但現在愈來愈
多人樂於使用電腦病歷謄錄系統。在許多領域裡，聰明靈活的
機器取代了外國廉價勞工，成為最符合成本效益的「勞動力」
來源。

　　如果檢視過去二十年來移到海外的工作類型，會發現大
都是架構清楚的制式工作。如果你能對別人發出明確的指令，
告訴他需要做哪些工作，那麼應該也有辦法撰寫精確的電腦程
式，來完成同樣的工作。換句話說，將工作移到海外往往只是
通往自動化的中繼站。

　　長期而言，低工資完全抵擋不住摩爾定律的威力。試圖
壓低工資，以抗拒科技進步，只有短暫的功效，就像美國傳奇
英雄約翰・亨利（John Henry）為了與蒸汽動力打樁機一較高
下，拚命練舉重，結果仍然撐不了多久。

12
人機合作共贏

但是他們毫無用處，只能給你答案。
—— 畢卡索（Pablo Picasso）對電腦的評語[1]

我們曾經對企業主管、廣播節目聽眾等不同群眾,談我們的研究發現和結論。幾乎都會很快聽到這樣的問題:「我的孩子還在學校念書。我應該怎麼協助他們為你所描述的未來做好準備?」他們的孩子有的已經是大學生,有的還在讀幼稚園,但他們提出的問題都一樣。而且在第二次機器時代,不只為人父母者關心職涯機會,包括學生自己和可能雇用他們的組織領導人、教育工作者、制定政策者和民選官員,以及其他許許多多的人也都很想知道,在科技日新月異的時代,未來人類還有哪些技巧和能力仍然具有重要價值?

近代史告訴我們,這是很難回答的問題。李維和莫爾南在2004年出版的傑作《新分工方式》是目前這方面最出色的研究和思考,他們主張,型態辨識和複雜的溝通能力是人類能持續超越數位勞工的兩大領域。不過,我們卻認為不盡然如此。那麼,隨著科技快速發展,人類會不會整個世代在所有領域(或至少大多數領域)都被拋在後頭呢?

答案是不會。即使在數位機器遙遙領先的某些領域,人類仍然扮演重要角色。聽起來似乎有點矛盾,我們不妨藉用西洋棋遊戲來說明。

即使無路可逃,比賽仍未結束

世界棋王卡斯帕洛夫在1997年敗給IBM深藍電腦之後,

人類與電腦對弈似乎就光芒不再，很明顯，未來的競賽會愈來愈呈現一面倒的局面。荷蘭西洋棋大師楊・海恩・多納爾（Jan Hein Donner）的話充分反映了目前人類西洋棋高手的態度。當有人問多納爾，和電腦對弈之前，他會做什麼準備時，多納爾回答：「我會帶一把鐵槌[2]。」

看來人類似乎已經無法再對西洋棋遊戲有什麼貢獻了。但「自由式」西洋棋賽的發明顯示，這樣的想法真是錯得離譜。在自由式棋賽中，每一隊都能包含人類棋手和數位棋手，採取任何人機組合方式。卡斯帕洛夫談到 2005 年自由式棋賽的成績時表示：

> 人與機器組成的隊伍，即使碰上最厲害的電腦，仍掌握絕對優勢。西洋棋機器 Hydra 是類似「深藍」的超級電腦，但碰到使用一般筆電的人類西洋棋高手時，卻毫無招架之力。人類擬訂策略方針，再加上電腦的靈敏戰術，簡直氣勢如虹。

> 比賽結果大爆冷門。最後勝出的不是擁有最先進電腦的西洋棋大師，而是同時操作三部電腦的美國業餘棋手。他們能操控和「指導」電腦深入檢視當前局勢，發揮高效能來迎戰棋藝高超的大師級對手，以及其他對手龐大的電腦運算能力。【實力較弱的人類棋手＋機器＋較佳的電腦操控方式（資訊處理流程）】，將勝過超級電腦，以及

【實力高強的人類棋手＋機器＋較差的電腦操控方式】[3]。

自由式西洋棋賽蘊含的洞見是，人類與電腦不會以同一種方式，處理相同的工作，否則在深藍電腦擊敗卡斯帕洛夫之後，人類早已無計可施，因為機器已經懂得模仿人類棋藝，接下來只需依循摩爾定律的成長速度，電腦棋力就會快速增強。但結果並非如此，我們看到，只要競賽規則容許人類棋手和機器合作，而不是與機器對抗，那麼在西洋棋比賽中，人類仍然有很大的發揮空間。

那麼，人類依然深具價值的獨特能力究竟是什麼呢？卡斯帕洛夫提到在西洋棋賽中人類「策略方針」與電腦「靈敏戰術」的對比。但兩者之間的差別往往不太明顯，尤其無法預先察覺。同樣的，我們在前面曾經說過，科技對例行性工作的掌握度，甚於非例行性工作。

兩者之間的分別非常重要：把一串數字加起來完全屬於例行性工作，而且也早已自動化，但這兩類工作卻並非涇渭分明。比方說，半個世紀以前，大概沒有幾個人會認為下西洋棋是「例行性」工作。事實上，棋藝被視為人類才能最高層次的表現形式之一。前世界棋王安納托里‧卡波夫（Anatoly Karpov）談到年輕時期的偶像時，曾寫道：「我在一個世界，大師們的世界則是截然不同的另一個世界。像他們那樣的人根本不是凡人，簡直就像上帝或神話中的英雄[4]。」這樣的英雄卻被懂得處理例行數字運算的電腦所擊敗。不過，一旦人類懂得和機器合作，而不是與機器對抗，就能重振人類的價值。那麼，該怎麼做呢？

電腦辦不到的事

　　卡斯帕洛夫在描述與保加利亞特級大師瓦賽林・托帕羅夫（Vaselin Topalov）對弈的情形時，提供了一條重要線索，在那場比賽中，兩人都可以自由借助電腦的力量。卡斯帕洛夫寫道，他當時曉得「由於我倆能接觸到同樣的資料庫，所以誰能在棋局中某個時刻產生新的想法，就能取得優勢[5]。」我們檢視電腦尚未能做到的各種事情時，不斷浮現他提到的這種「新想法」的概念。

　　我們從來不曾看過真正具有創造力的機器，或具有創業精神的機器，或懂得創新的機器。我們看過能以英文創作一行行韻文的軟體，但是沒見過真正懂得寫詩的電腦（華茲華斯形容詩作乃是在平靜回憶中重拾「強烈情感的自然流露」）。懂得寫文章的電腦程式是驚人的成就，但迄今尚未有任何電腦程式曉得自己接下來要創作什麼主題。我們也從未見過能創造軟體的軟體；到目前為止，在這方面的嘗試全都一敗塗地。

　　這些活動都有一個共通點，它們都和產生新構想或新概念相關。更精準一點的說法或許應該是，和產生「好」的新構想及新概念相關,因為今天的電腦已經有能力利用既有元素(例如單字),產生各種新的組合。不過從任何角度來看,這都不算重組式創新。這就好比有個房間裡,許多猴子在那兒恣意敲擊打字機鍵盤,但牠們即使敲打一百萬年,也無法產生莎士比亞的劇作。今天電腦的情形就有如這個故事的數位版。

今天面對機器的威脅時,人類的比較優勢就在於各式各樣的構思能力。科學家提出新的假設,新聞記者敏銳嗅出值得報導的好題材,廚師在菜單中加入新的菜色,生產線上的工程師找出機器故障的原因,賈伯斯和蘋果公司的同事弄清楚消費者真正需要的是哪一種平板電腦。在上述許多活動中,電腦都發揮支援或加速的功能,但卻非主導者。

我們在本章開頭所引用的畢卡索名言,其實只說對了一半。電腦不是毫無用處,只不過電腦只是產生解答的機器,無法提出有趣的新問題。唯獨人類有能力提出有趣的新問題,而且這項能力仍然十分寶貴。我們預測,在不久的將來,相對於數位勞工,善於提出新創意、新概念的人仍然掌握優勢,而且炙手可熱。換句話說,我們認為,在挖掘人才時,應該聽從啟蒙時代哲人伏爾泰的忠告:「評斷一個人,應該要看他問什麼問題,而不是提出什麼答案[6]。」

我們常會把構思力、創造力、創新力形容為「跳脫框架的思維」,這個特點正是人類之所以勝過數位勞工的一大長遠優勢。今天,如果我們要電腦或機器人跳脫電腦程式的框架來完成任何工作，那麼它們的表現仍然很糟糕。比方說，在益智節目「危險境地」中，華生電腦是解題高手，但是如果你要華生參加「幸運之輪」（Wheel of Fortune）、「估價高手」（The Price is Right）或其他電視益智節目，除非幫它重新設計程式，否則大概隨便一個小孩子都可以擊敗華生。華生沒辦法憑一己之力，達到目標。

不過，IBM 的華生團隊並沒有把目標對準其他益智節目，他們的注意力轉向其他領域，例如醫療領域。這時，華生的能力會再度受到框架的限制。千萬不要誤會：我們相信華生終究會成為卓越的醫生。目前人類診斷專家仍然具有絕對優勢，但就像過去華生很快迎頭趕上，擊敗詹寧斯、拉特和其他「危險境地」參賽者一樣，我們預測，假以時日，華生的醫術將超越威爾比醫生、豪斯醫生和真正的人類醫生。

雖然我們從許多案例中，都看到電腦能夠依既定規則及既有範例來推理，但由於醫療行為的特質和必然會碰到的許多特殊狀況，即使在華生醫生受過醫學訓練之後，人類診斷專家仍然非常重要。這就好像要打造出百分之百自動駕駛的汽車，要比打造只能在正常路況下行駛的無人駕駛汽車困難多了。因此要打造出能應付所有醫療狀況的機器，也比打造只能因應大多數常見疾病的機器困難多了。就像西洋棋賽一樣，當人類醫生和華生醫生聯手出擊時，絕對比他們單憑一己之力時力量更大，也更有創意。未來學家凱文‧凱利（Kevin Kelly）說得好:「在未來,你的收入多寡,要看你有多懂得和機器人合作而定[7]。」

體認人類的優勢

所以,電腦非常擅於在既定框架下辨識型態,一旦跳脫框架,表現就變差。對人類而言,這是好消息,因為多虧我們的各種感官,我們的框架比數位科技寬廣多了。今天,電腦的視力、聽力,甚至觸覺都以指數速度飛快進步,但我們的眼睛、耳朵和皮膚(更不用說我們的鼻子和舌頭了)在許多工作上的表現仍然超越我們的數位對手。就目前而言,以及在不久的將來,由於我們的五官和大腦的型態辨識系統緊密連結,人類仍然擁有比機器更寬廣的發揮空間。

西班牙服裝公司Zara充分利用這項優勢,讓員工(而不是電腦)來決定應該生產哪些款式的服裝。大多數服裝零售商都根據統計數字作市場預測和銷售規劃,而且必須在新款式上市幾個月前,就預作決策。Zara的做法則大不相同。Zara精於「快速時尚」(fast fashion),推出平價、時髦的衣服,目標顧客主要是青少年和年輕人。由於這類服裝往往在短期內流行起來,也很快退流行,因此Zara在工廠與倉庫的設計上,就特別著重於服裝款式熱銷時快速生產和交貨的能力。為了回答「我們應該生產和運送什麼樣的服裝到每一家分店?」這個關鍵問題，Zara在世界各地每家分店的店長，必須精確估計未來幾天自家分店可能熱銷的商品，向總公司下訂單[8]。

店長並非靠電腦演算法估算需求，而是在店裡四處走動，觀察顧客的穿著（尤其是看起來很酷的顧客），和他們聊天，問他們喜歡什麼款式，想找什麼樣的衣服，基本上都是人類特別擅長做的事情。Zara店長頻繁地利用視覺進行型態辨識工作，他和顧客進行複雜的溝通，並利用這些資訊來達到兩個目的：利用蒐集到的廣泛資訊，針對既有款式下訂單，同時也運用概念化的能力，告訴總公司哪些新款式會在他們那裡熱銷。Zara並不打算在近期改為由機器下訂單，我們認為他們的決定非常明智。

所以，構思發想、大框架的型態辨識以及複雜的溝通形式，都是目前人們似乎仍超越機器的認知領域，而且在不久的將來，應該還是如此。不幸的是，今天大部分的教育環境都不強調這類能力，反而把重心放在死背和讀寫算的能力上；英國保守派國會議員威廉・克蒂斯爵士（Sir William Curtis）曾在1825年左右稱之為「3R」（順帶一提，換作是機器，就不可能替讀寫算能力取個這麼好記的暱稱）[9]。

改換技能，改革學校

致力於教育研究的蘇加塔・密特拉（Sugata Mitra）曾經

指出，開發中國家的窮人家小孩如果能掌握適當的科技工具，就能靠自修學到很多東西。他對於死背式的學習曾經有發人深省的探討。

2013年，密特拉的研究贏得一百萬美元的TED大獎，他在TED大會演講時，說明這些技能為何在過去這麼受到重視。

> 我想弄清楚我們在學校的這套學習方式，究竟是從哪裡來的？……是來自……地球上最大及最後一個帝國：〔大英帝國〕。
>
> 他們做的事情很驚人。他們創造了一個由人組成的全球電腦，這電腦今天依然存在，叫作官僚行政機器。為了讓這部機器持續運作，需要很多很多人。於是他們又建造了另外一部機器：學校，來生產這些人。學校生產出來的人接著就成為官僚行政機器裡的小零件……他們必須懂得三件事：能寫得一手好字，因為資料都是手寫的；必須懂得閱讀；還能心算加減乘除。他們必須符合一致的標準，所以你可以從紐西蘭挑人，然後把他們運到加拿大，他們可以立刻上工[10]。

當然，我們喜歡他的解釋，因為它把整個系統描述為電腦和機器，也因為他指出，為了對當時全世界最先進的經濟有所貢獻，讀寫算曾經是必需的工作技能。密特拉指出，對維多利

亞時期的英國來說，英格蘭的教育制度設計得很好，但如今時
空環境都改變了。密特拉接著說：

> 維多利亞時期的英國人是卓越的工程師。他們建立的
> 體制非常穩固，直到今天仍歷久不衰，繼續為已經不存在
> 的機器，塑造出一模一樣的人……（今天）電腦就是辦公
> 室中的職員，每個辦公室裡都有上千部電腦，在人類指導
> 下，完成文書工作。這些人不需要寫得一手好字，不需要
> 懂得乘法心算。但他們必須懂得閱讀，事實上，他們具備
> 敏銳的閱讀力[11]。

密特拉的研究顯示，即使沒受過教育的窮孩子都能經由
學習，培養敏銳的閱讀力。他研究的孩子組成不同的小組，運
用科技來廣泛蒐尋相關資訊，互相討論學到的東西，最後產生
的新概念（對他們而言很新）往往證明是正確的概念。換句話
說，他們能從中培養並展現構思能力、寬廣的型態辨識能力，
以及複雜的溝通能力。所以，密特拉觀察到，孩子從「自我
組織的學習環境」（SOLE, self-organizing learning environment）
獲得的技能，能幫助他們擁有數位勞工所沒有的優勢。

或許我們不應太感訝異，這種「自我組織的學習環境」早
已存在一段時間了，而且也產出許多很懂得和機器合作共贏的
傑出人才。二十世紀初期，義大利醫師兼研究員瑪麗亞・蒙

特梭利（Maria Montessori）開發出以她為名的小學教學法。蒙特梭利教室強調自主式學習、運用各式各樣的材料（包括動植物）動手實做及結構鬆散的學校生活。近年來，受過蒙特梭利教育的名人還包括谷歌公司的兩位創辦人賴瑞・佩吉（Larry Page）和賽吉・布林（Sergey Brin），亞馬遜網路書店創辦人傑夫・貝佐斯（Jeff Bezos）及維基百科的吉姆・威爾斯（Jim Wales）。

這些例子似乎反映了更廣大的趨勢。企管學者傑佛瑞・戴爾（Jeffrey Dyer）和郝爾・葛瑞格森（Hal Gregersen）訪問了五百位傑出創新者之後，發現上過蒙特梭利學校的人比例相對而言還滿高的，他們在那裡「學會聽從自己的好奇心」。彼得・席姆（Peter Sim）在《華爾街日報》部落格為文寫道：「想要躋身創意菁英，蒙特梭利教學法或許是最可靠的途徑，已經有太多傑出創意人才出自蒙特梭利學校，令人懷疑是不是有個蒙特梭利幫。」無論安迪是否算蒙特梭利幫，他篤信「自主學習環境」能產生巨大力量。安迪剛上小學時，也是個蒙特梭利孩子，他完全同意佩吉的說法：「那樣的訓練有一部分（是教我們）不要只知道守規矩，要懂得自我激勵，對世界發生的事情抱持懷疑態度，用和別人稍微不同的方法做事[12]。」

那麼，在新的機器時代，究竟怎麼樣才能當個有價值的知識工作者，我們的建議很簡單：不要只懂得基本的讀寫算，要努力提升自己的構思能力，建立廣泛的型態辨識能力和複雜的溝通能力。盡量好好利用自主學習環境，過去的紀錄在在都證明，這是開發這類能力的好方法。

失敗的大學教育

當然，很多事情都是知易行難，但顯然教育體系在這方面表現不佳。社會學家理查·亞倫（Richard Arum）和卓西帕·羅克薩（Josipa Roksa）在著作《學海漂泊》（*Academically Adrift: Limited Learning on College Campuses*）和後續研究中，提出強而有力的證據指出，美國學生沒有從大學教育中獲得適切的技能[13]。亞倫和羅克薩採用的是美國大學學力評量（CLA, Collegiate Learning Assessment）的資料，CLA 是近年來開發的測驗，評估大學生批判性思考、寫作溝通、解決問題及分析推理的能力。雖然 CLA 採取電腦測驗方式，但試題卻是申論題，而非選擇題。其中一個叫「實作任務」的單元，會給學生一連串背景資料，要求學生從中擷取資訊，發展出自己的觀點或建議，學生可以有 90 分鐘的寫作時間。簡言之，實作任務單元是檢驗學生構思能力、型態辨識能力和複雜溝通能力的好方法。

亞倫、羅克薩等人追蹤 2300 名美國四年制大學的全職學生，他們的發現值得警惕：受了兩年大學教育後，有 45% 的學生 CLA 成績並沒有大幅改善；36% 的學生甚至在讀完四年大學後,成績仍毫無起色。整體而言,學生經過四年大學教育洗禮後,平均只微幅進步。假定某個大學生大一剛入學時的CLA成績是第50百分位數,而他在大學就讀的四年間,進步情況正如一般學生的平均幅度,那麼他畢業後回去和新一批大學新鮮人一起再作一次測驗,他的分數只會排在第68百分位數。由於CLA是很新的測驗,我們不知道在以往的測驗中,進步幅度會不會比較大。不過,過去採用其他測驗成績所作的研究顯示確實如此,一般而言,幾十年前的大學生從大一讀到大四,都有很大的收穫。

為何今天大學生的學習成果這麼令人失望?亞倫和羅克薩等人指出,今天的美國大學生只花9%的時間學習(花在「社交、休閒及其他活動」的時間則高達51%),比以往的大學生少得多,而且只有42%的學生過去一個學期修的課要求他們每週閱讀四十頁以上的教材和寫作超過二十頁的內容。亞倫等人寫道:「(這項研究)所呈現的高等教育面貌是,教育體制強調社交經驗甚於學術經驗。學生花在念書的時間少得可憐,教授幾乎不太要求他們讀書寫作。」

不過他們也發現,在他們研究的每一所大學中,都有一些學生的CLA成績大幅躍進。這些學生大體上都花更多時間念書(而且是獨自用功),選修的課程要求更多閱讀和寫作,而且教授對學生的要求也比較嚴格。這個發現正好呼應了教育學者厄尼斯特·帕斯卡瑞拉(Ernest Pascarella)和派翠克·特倫齊尼（Patrick Terenzini）的結論，他們在著作《大學如何影響學生》（*How College Affects Students*）中總結二十多年來的研究時，寫道：「大學的影響力主要取決於個人如何努力，並積極參與校園提供的學術活動、人際交流和課外活動[14]。」

因此，我們對學生和家長的基本建議是：用功讀書，運用科技和其他可得資源來「充實你的工具箱」，努力培養第二次機器時代需要的技巧和能力。

讓自己脫穎而出

當技術不斷進步時，如果不想被拋在後頭，最好的方法就是設法接受卓越的教育。但令人沮喪的是，今天許多學生似乎或多或少浪費了寶貴的教育機會。好消息是，今天科技能提供我們更多前所未有的教育機會。

有強烈學習動機的學生如果善用現代科技，就能發揮驚人效益。懂得利用今天最佳線上教育資源的人，能創造出自行規劃並自訂節奏的學習環境，也就是依自己的情況，決定需要花多少時間研讀教材；並透過測驗來了解自己能否充分掌握學習內容。可汗學院（Khan Academy）就是其中一個著名的線上教育資源。創辦人薩爾曼・可汗（Salman Khan）原本是避險基金經理人，他為了幫親戚小孩補習數學而使用線上工具，並錄製教學影片放在YouTube上。由於影片大受歡迎，他在

2009年辭去工作，全心投入製作線上教育教材，並開放給所有人使用。截至2013年5月，可汗學院已經擁有超過4100部影片，大多數影片的長度都只有幾分鐘，教學科目從算術、微積分、物理到藝術史都涵蓋在內。這些影片累積的觀看次數超過二億五千萬次，解答了超過十億個自動產生的問題[15]。

可汗學院最初乃是以小學生為目標，但如今高等教育也採用類似的工具和技術，也就是所謂的「大型線上開放課程」（MOOC, massive open online course）。其中一項最有趣的實驗是，2011年，頂尖人工智慧專家（也是谷歌無人駕駛汽車背後的靈魂人物之一）賽巴斯汀・史倫（Sebastian Thrun）以一封電子郵件宣布，未來他不只在史丹佛大學課堂上教授研究所程度的人工智慧課程，這門課也將以MOOC的形式在網路上免費開放所有人選修。結果，有超過16萬名學生登記，其中數萬名學生完成所有的作業，也通過考試和其他課程要求，而且有些人表現非常出色。事實上，在史丹佛正規課堂上成績最優異的學生，和所有網路選修生的成績相較之下，只能排在第411名。史倫表示：「我們發現有四百多人的表現超越了頂尖的史丹佛學生[16]。」

我們在第九章曾經描述，大學畢業生和沒有大學文憑的人在收入上的差距日益擴大。我們在MIT的同事奧托爾在總結研究發現時寫道：「你是否完成四年大學學業或拿到研究所文憑，愈來愈關係到你能否因學校教育而獲得高報酬……。

沒有念完大學及高中以下教育程度的工作者，收入都集中在
某個區塊，教育程度最高的群體則遙遙領先[17]。」大學畢業
生也比較不容易失業。財經記者凱薩琳・蘭培爾（Catherine
Rampell）指出，從 2007 年開始經濟大衰退以來，美國唯一還
出現就業成長的群體是大學畢業生。2011 年 10 月，美國擁有
大學文憑者的失業率為 5.8%，差不多是擁有專科學位者失業
率（10.6%）的一半，更是只有高中學歷者失業率（16.2%）的
三分之一[18]。

　　大學教育的部分優勢在於，今天各種型態的原始資料成本
遽降，當資料變得愈來愈便宜時，解讀和運用資料的能力愈來
愈成為重要關鍵。正如谷歌公司首席經濟學家韋瑞安經常提出
的忠告：當有些東西變得愈來愈便宜，愈來愈豐富而大量時，
你必須有能力彌補其不足，設法成為不可或缺的人才。這方面
的例子包括數據科學家、手機應用程式撰寫者，以及遺傳諮詢
師，當愈來愈多人開始作基因篩檢時，就需要遺傳諮詢師的
服務。比爾・蓋茲曾說，當他看到電腦變得如此便宜和普及
時，就決定踏入軟體業。貝佐斯在創立亞馬遜網路書店前，曾
系統化分析低成本電子商務的瓶頸和機會，尤其是為大量產品
編列索引的能力。今天大學畢業生的認知能力，除了科學、技
術、工程和數學等所謂的 STEM 學門，也包括人文藝術和社會
科學等科系的畢業生，往往能彌補低成本資料和廉價電腦威力
的不足，他們因此能拿到較高的薪水。

學歷通膨

不過，大學文憑的另一種價值就不是那麼令人鼓舞了。今天，愈來愈多雇主要求求職者擁有大學文憑，即使初階職位也一樣。蘭培爾寫道：「大學學歷變成新的高中文憑：成為即使最低階工作都必須具備的新基本條件，儘管成本高昂……不分行業，也不管在任何地方，過去許多不需要大學學歷的工作，例如潔牙師、貨運代理、一般職員、理賠人員等，如今愈來愈要求大學文憑[19]。」這種「學歷通膨」的現象帶來很多困擾，因為大學教育所費不貲，許多人因此開始負債。事實上，截至2011年底為止，美國學貸總額已高於汽車貸款總餘額或卡債總額[20]。我們希望MOOC和其他創新教育方式能超越傳統教育，提供其他低成本的選擇，而且也能得到企業雇主的認同，但在此之前，對大多數人的職涯發展而言，擁有大學學歷仍然是重要的踏腳石。

未來，愈來愈多職業不會是純粹的資訊處理工作，換言之，可以在辦公桌完成的工作；而必須在實體世界四處走動，與環境互動。因為與人類相較之下，電腦在這方面的能力仍然很弱（即使電腦處理認知工作的能力愈來愈強）。

像自動駕駛汽車、無人機、Baxter機器人，以及能描繪房間圖像的Kinect裝置等先進科技，顯示今天的機器已經有很大的進步，逐漸具備在真實世界運作的各種能力。但是，當我們

見到機器人摺毛巾時就明白，人類想要破解摩拉維克弔詭，還
早得很呢！柏克萊加州大學的研究小組為人形機器人配置了四
部立體攝影機和演算法，讓機器人能「看見」毛巾（不管是單
獨一條毛巾或成堆的毛巾）。他們設計的演算法確實管用；機
器人成功地拿起毛巾並摺疊毛巾，雖然有時候機器人得多試幾
次，才能正確拿起毛巾。不過，機器人平均要花1,478秒或超
過24分鐘，才能摺好一條毛巾，其中大多數時間都花在找到
毛巾，並研究如何把毛巾拿起來[21]。

像這樣的研究結果顯示，廚師、園丁、修理工、木匠、牙
醫和居家照護人員在短期內都不會被機器取代。這些職業都包
含大量的感覺運動類型的工作，需要構思能力、廣泛的型態辨
識能力和複雜溝通的能力。這些工作並非都待遇優渥，但卻不
會直接面對機器的競爭。

不過，在這些行業中，人與人之間的競爭可能愈來愈激
烈。當勞動市場愈來愈兩極化，有些人過去原本從事中等技能
的知識工作，如今也開始尋求低技能、低薪資的工作。比方
說，醫療理賠專員的工作自動化之後，他們可能開始找居家照
護員的工作。由於求職者眾，低技能工作也面臨薪資下跌的壓
力，而且也更難找到工作。簡單地說，即使居家照護員的工作
大致還未受到自動化的衝擊，卻不見得能完全對數位化的效應
免疫。

模糊的未來

我們必須強調，千萬不要把我們的預測和建議當成真理。我們並非預測電腦和機器人很快就會具備構思能力、廣泛的型態辨識能力和複雜溝通的能力，我們也不認為人類能完全破解摩拉維克弔詭。但我們從數位科技的大躍進中學到一件事：絕不說「絕不」。和其他觀察家一樣，看到數位科技不斷令科幻小說的場景成真，我們一次次為此目瞪口呆，驚訝不已。

事實上，人類的獨特創造力與機器能力之間的界線不斷改變。回頭來看西洋棋賽，1956年，年僅13歲的西洋棋神童鮑比‧費雪（Bobby Fischer）與西洋棋大師唐納‧拜恩（Donald Byrne）對弈時，下了兩步極具創意的好棋。首先，費雪莫名其妙地犧牲了自己的騎士，置皇后於險境。表面上，這幾步棋下得很蠢，但費雪後來卻是靠著這幾步棋，才贏得最後勝利。當時大家都為他的創意喝采，認為他簡直是天才。然而今天，如果你用最普通無奇的西洋棋程式來下相同的棋局，電腦程式會立刻建議你採取和費雪一模一樣的走法。倒不是說，電腦已經把費雪與拜恩對弈的每一步走法全部背起來，而是因為電腦預先推演棋局後面許多步可能的演變，以釐清走哪幾步棋能得到最大的報酬。有時候，機器窮盡極致的分析就能達到個人發揮創意的成果[22]。

我們確信未來還會不斷出現更多驚奇。和頂尖科技專家共事一段時間後，加上看到人類一項項獨特能力在創新科技的殘酷攻擊下兵敗如山倒，我們愈來愈難充滿自信地預測，還有哪一種工作能夠永遠抵擋住自動化的衝擊。換句話說，大家在作生涯規劃時，必須更有彈性，懂得隨機應變，隨時做好準備，從已經自動化的領域轉換跑道，好好把握新機會，跨入機器只能扮演輔助性角色的領域。未來，我們可能會看到電腦程式有辦法審視商業情勢，抓緊商機，擬訂出色的營運企劃書，吸引創投家投資；或許還會看到電腦能針對複雜的議題，撰寫充滿洞見的深度報導；可能看到自動化的醫療診斷器擁有人類醫生的各種知識和洞察力；甚至還可能見到電腦走上樓梯，進入老婦人的公寓中，一邊安撫她（而不是把她嚇壞了），一邊為她量血壓和抽血，問她有沒有按時服藥。

我們不認為這些先進科技很快就會出現，但我們也曉得，我們很容易低估了數位化、指數式、重組式創新的力量。所以，我們絕對不會說「絕對不會」。

13
政策建議

政策是暫時的信條，很容易就會改變，
但在政策還生效時，
必須抱持著使徒般的熱忱努力推行。
—— 甘地（Mahatma Gandhi）

在第二次機器時代，我們應該怎麼做，才能一方面促進豐饒的效益，另一方面縮小差距，或至少減輕其害？我們要怎麼樣，才能在刺激科技快速躍進之時，又盡可能讓大多數人不會被拋在後頭？

目前，每天都有許多新科技走出科幻小說，來到現實世界，似乎到了該採取激烈行動的時候了。但實際上並非如此，至少毋須立刻行動。從現在到不久的將來，標準「經濟學概論」教科書中針對成長與繁榮提出的許多建議，仍然是很好的起步。不過，我們和決策者、技術專家及企業執行長討論時，驚訝地發現大家其實都不太了解這些建議背後的邏輯。因此我們決定撰寫本章。

難得經濟學家都同意……

今天，在標準的經濟學入門教科書仍然可以找到正確的因應策略，因為即使科技日新月異，數位勞動力仍然無法完全取代人類勞工。雖然機器人和電腦愈來愈厲害，卻無法奪走人類所有的工作。谷歌的自動駕駛汽車目前還不是什麼道路都能開，也並非在任何情況下都能行駛。每當半路上遇到看守平交道的信號旗手或看到交通警察在路上指揮交通時，自動駕駛汽車就不知所措（這並不表示車子會繼續往前開，輾過他們；自動駕駛汽車會停下來，等候情況恢復正常）。華生電腦的高超技術如今被應用在許多不同的領域，包括醫療保健、金融、顧客服務等，但就目前而言，華生系統仍然只是很厲害的電視節目「危險境地」答題高手。

短期而言，企業仍需靠人類員工來滿足顧客需求，獲致經濟上的成功（我們會在下一章中討論長期的情況）。沒錯，第二次機器時代的科技很快就會走出實驗室，進入主流市場。但儘管科技快速進步，我們仍然看到許多人類出納員、客服人員、律師、司機、警察、家庭保健助理、經理人等等，雖然電腦化的浪潮排山倒海而來，他們還沒有瀕臨隨時會淘汰出局的窘況。2013 年 3 月，美國有一億四千二百萬工作人口。即使人類使用和改進商業電腦已有長達五十年的經驗，使用 PC 也有三十年的時間，全球資訊網問世也近二十年，但就這類工作而言，企業雇主仍寧可選擇人類，而不是數位科技[1]。雖然未來雇主可能會更頻繁地選擇數位勞工，但這種情形不會立即發生，也不是所有領域都會如此。

就目前而言，要克服勞動力的挑戰，最好的辦法是經濟成長。企業看到成長機會時，絕大多數為了抓緊機會，都會增僱人力，於是就業機會增長，工作前景也將改善。

要是經濟成長真那麼容易就好了。什麼是加速經濟擴張的最佳方式，一直是大家熱烈爭論的話題。尤其是政府應該扮演什麼角色才恰如其分，長期以來一直眾說紛紜。經濟學家、決策者和生意人辯論貨幣政策的問題 —— 聯邦儲備銀行應該增加貨幣供給嗎？它應該跟銀行收多少利息？還有財務政策 —— 政府應該如何花錢？舉債幅度應該多大？應該徵收多少所得稅、營業稅、公司稅和其他稅才恰當？哪一種稅的稅率應該訂得最高？

由於大家在這些問題上的歧見太深，幾乎難以建立共識。但其實大家還是有一些共通點。不管你是研讀暢銷的經濟學入門教科書《經濟學原理》（*Principles of Economics*）〔作者是保守派經濟學家、哈佛大學教授曼昆，曾擔任美國布希總統和總統候選人羅姆尼（Mitt Romney）的顧問〕，還是MIT教授薩孟森的著作《經濟學：入門分析》（*Economics: An Introductory Analysis*）（薩孟森是自由派學者，曾經擔任甘迺迪總統和詹森總統的顧問），你都會學到許多類似的事情。

不管是出色的經濟學入門教科書，或優秀的經濟學家，大家對於政府在推動經濟成長所扮演的角色，其實很有共識，並不像你在媒體上看到的那麼多公開激烈交鋒。我們也同意經濟學入門教科書提出的策略，認為在機器持續向前躍進的未來，這套做法仍然很重要。

這套策略主張政府在幾個關鍵領域應該有所作為。並非所有做法都關係到第二次機器時代的數位工具，因為在智慧科技層出不窮的年代，我們應該做的事情有許多不見得關乎技術本身，而關乎促進經濟成長和廣泛提供更多機會。以下是經濟學入門課程都會提出的基本做法。

好好教育孩子

套用第一位諾貝爾經濟學獎得主楊恩・丁伯根（Jan Tinbergen）的話，不均乃是「教育與科技的競賽」，後來克羅迪亞・高定（Claudia Goldin）和凱茲把這句話拿來當作他們在2010年出版的影響力巨著的書名[2]。二十世紀上半葉，美國因為了解這點，而在基礎教育的發展上領先各國。當技術進步太快，以至於教育跟不上技術進步的腳步時，通常就會出現不均的現象。美國在上個世紀初期就明白這點，因此大舉投資基礎教育。舉例來說，根據高定的數字，1955年，美國有將近八成的15歲到19歲青少年在中學受教育，比例是當時任何歐洲國家的兩倍以上。

過去半世紀以來，美國在基礎教育的強大優勢已然消失，如今沒有比富裕國家中段班的表現好多少，在某些重要學科的表現上，美國甚至還不如其他國家。經濟合作開發組織（OECD）2009年舉行的國際學生評量（PISA, Program for International Student Assessment）顯示，美國15歲中學生的閱讀能力在34個國家中排第14名，科學能力17名，數學能力25名[3]。教育學者馬丁・衛斯特（Martin West）的結論是：「美國一般15歲學生的數學能力落後加拿大、日本及荷蘭等六個國家學生至少一整年。另外還有六個國家（包括澳洲、比利時、愛沙尼亞和德國）的中學生數學能力至少超越美國學生半年[4]。」

　　縮小教育差距可以帶來很大的經濟效益。經濟學家艾瑞克・哈努謝克（Eric Hanushek）及路哲・沃斯曼（Ludger Woessmann）研究了來自五十個國家、長達四十年的數據後，發現測驗分數提高和經濟成長加速有強烈的關聯性。換句話說，如果美國學生的表現能持續進步，直到在國際名列前茅，那麼或許美國的GDP成長率也會持續攀升，尤其是美國的產品和服務都非常仰賴技術性勞工。而且美國教育程度最高的城市，例如德州奧斯汀、波士頓、明尼亞波里斯和舊金山等，失業率都很低。

　　有人說，大眾教育是美國最偉大的創意，今天這個偉大創意仍適用於各級教育，不只是中小學教育和大學教育，而且也包括幼兒教育、職業教育和終身學習。

　　那麼，怎麼樣才能得到更好的教育成果呢？

運用科技，改革教育

　　我們可以利用過去一、二十年開發的數位科技，來改變教育方式。好消息是，和媒體、零售、金融或製造業比起來，教育在科技應用上嚴重落後。我們之所以說這是好消息，是因為如此一來，我們只要迎頭趕上其他行業在科技上的應用，就能得到巨大豐收。未來十年，創新家可以在這個領域帶來很大的改變。

今天大型線上開放課程（MOOC）展開的大型實驗就非常鼓舞人心。我們在前一章談到給個人的建議時，已經詳細討論過這種人人都能選修的免費課程。不過，我們還想說明這些課程帶來的兩個主要經濟效益。

第一個、也是最重要的經濟效益是，MOOC能夠以低成本複製最優秀的老師、最好的教材和教學方式。今天，人人都能聆賞世界頂尖的流行歌手或大提琴家的音樂，同樣的，學生很快都能觀看全世界最有趣的地質演示，聽到對文藝復興時代的藝術最有見地的講解，並以最有效的練習方式來學習統計技巧。在很多情況下，我們可以預期學校將「翻轉教室」，要求學生先回家聽講，第二天回學校上課時，再在同學和老師的協助下，完成傳統的「家庭作業」（解題、練習、作文等）。

教育數位化的第二個好處更重要。數位教育創造出可回饋給老師和學生的龐大資料串流。教育工作者可以進行教學方法的實驗，並持續改善教學方式。比方說，MITx（MIT的線上教育計畫）有一門課程，將修課學生二億三千萬次點擊教材的資料全都記錄下來，並且分析電子布告欄中學生提出的十餘萬條評論[5]。MITx主持人安納特‧阿加沃爾（Anant Agarwal）表示，當資料顯示有一半的學生在觀看教學影片之前，就開始寫作業時，他感到非常訝異。一旦學生了解他們將在這門課中學習克服哪些挑戰，他們會有更強烈的動機，把授課內容好好融曾貫通。

MOOC真正帶來的衝擊是擴大了優秀教師的授課對象，設計出能提升整體教學水準的方法，並加速學生的進步。人類的教學方法幾千年來幾乎都沒什麼改變：講師獨自一人站在學生面前，用粉筆在黑板上說明概念。不過，我們這一代已經可以運用數位化和分析法帶來大幅改善。正如我們的朋友溫卡特‧溫卡特拉曼（Venkat Venkatraman）所說：「我們需要建立學習與教學的數位模式，而不只是把科技套在舊的學習與教學模式上*。」我們無法精準預測未來會發明哪些數位教學方式，以及哪些方式會流行起來，但顯然會看到巨幅的進步。這種熱切和樂觀的情緒具有強烈感染力，今天專家不斷研發各式各樣的新科技，事實上，我們認為其中許多科技將會為目前的學習與教學方式，帶來重大改善。

提高教師的薪資與責任要求

要說教育研究有什麼一致的發現，應該就是好老師非常重要。好老師能發揮莫大影響力。經濟學家拉吉‧切提（Raj Chetty）、約翰‧福瑞曼（John Friedman）和鍾納‧羅克歐夫（Jonah Rockoff）針對250萬美國學童所作的研究發現，好老

---

* 這段話出自他在臉書上的貼文，有時候媒介本身也傳達了某些訊息。

師教過的學生長大成人後，收入比較高，比較可能上大學，而且比較不會在青少年時期就懷孕生子（所謂「好老師」，乃是根據他們過去對學生測驗分數產生的影響來衡量）。他們還發現，比較差的老師與達到平均水準的老師之間的差異，和一般老師與特別優秀的老師之間的差異具有同樣的影響力。他們指出：「就我們樣本中一般教室的情況而論，如果用一般水準的老師來取代〔表現最差的5%的老師〕，學生的終生收入現值將會因此提高25萬美金以上[6]。」

　　既然如此，美國的教育改革計畫應該重新聚焦於吸引優良教師任教，或把他們留在教職上，同時淘汰或重新訓練持續表現不佳的教師。

　　同時還應該增加學生每天在學校的時數和學期日數，提供更多課外活動和接受學前教育的機會。哈佛經濟學家羅蘭・福萊爾（Roland Fryer）和其他學者針對美國成功的特許學校所作的研究發現，他們的成功方程式很簡單，但不容易做到：比較長的上課時數、額外的上學天數，以及對學生及老師是一大考驗的教育改革理念「沒有任何藉口落後」[7]。新加坡和南韓都採用類似的方法，因而在PISA名列前茅（新加坡和韓國的各年級學童都需要考很多試）[8]。拉長學期時間對窮人家小孩尤其有益，因為研究顯示，在學校開課時，窮人家孩子和富家子弟的學習成效差不多，不過等到暑假來臨，不必回學校上課時，窮人家小孩就開始落後[9]。

不過，增加考試的風險在於，可能會鼓勵老師為考試而教學，因此犧牲了其他類型的學習。我們倒不認為考試領導教學一定是壞事，至少就某些可以透過教導和測驗傳授的技能而言，確實如此，包括今天以資訊為基礎的全球經濟中許多必備的基本能力。但重要的是，大家必須明白，當愈來愈多例行性工作都由機器接手時，某些不易衡量的能力（像創造力和解決問題的能力）也變得日益重要。MIT的班特‧何姆斯卓（Bengt Holmstrom）和史丹佛大學的保羅‧米葛羅姆（Paul Milgrom）的一項開創性研究顯示，提供強烈誘因，以鼓勵學生達成可衡量的目標，可能會排擠掉某些難以衡量的目標[10]。他們建議透過工作設計和職務分配來解決這個問題。讓某一組老師專門負責最容易衡量的目標，另外一些老師則專注於較不易衡量的學習，同時為他們保留大量的時間和資源，以免資源遭到排擠。基本上，這個做法可以兼顧兩方面的需求。

為了有效運用新科技，我們的經濟體系需要許多輔助性技能，無庸置疑，透過教育改革，提供這些必需技能，能提高科技進步帶來的報酬。我們也希望，教育改革同樣能縮減差距，尤其是偏向技術人力的科技變動所造成的差距。這個問題主要是供需問題。減少非技術性勞工的供給，能夠紓解薪資下跌的部分壓力，同時增加受過高等教育的人力，又能減輕相關領域的人力短缺現象。我們也認為，適當的教育環境能提升創造力，不只為學生，也為整個社會，帶來更光明的前景。

　　不過，我們對於實際應用教育新科技的方式，卻抱持務實的看法。積極主動、學習動機強烈的人最懂得充分運用目前豐富的線上教育資源。我們認識一些只有十二歲或十四歲大的孩子，已在線上選修大學課程，過去絕不可能有這樣的機會，但他們的同學卻沒有參與這樣的學習活動。結果，他們與同學之間原本只有小小的知識差距，如今差距卻一下子擴大許多。這件事給我們的教訓是，除非我們實際投入心力來擴大科技的影響力，否則教育數位化的趨勢不會自動縮減差距、紓解不均。

重新啟動創業引擎

　　我們鼓吹創業精神，倒不是因為我們認為每個人都可以或應該創辦新公司，而是因為創業是增加工作與機會的良策。當自動化把舊工作和舊技能都淘汰時，就必須發明新的工作，創造新的產業。這正是雄心勃勃的創業家最擅長的事情，遠甚於立意良善的政府領導人或高瞻遠矚的學者。愛迪生、福特、比爾‧蓋茲和其他許多人的發明，不只取代了被淘汰的舊工作（例如農耕），而且開創了新產業。目前的經濟轉型也提供了大量新機會。

　　經濟學家熊彼得在二十世紀中葉，完成了探討資本主義與創新本質的劃時代研究，從此以後，創業精神就一直是經濟學入門教材中非常重要的部分。熊彼得提出了創新的定義（也是我們最欣賞的定義）──「不只是發明，而是能將技術或組織上的新穎發明推到市場上」。而且熊彼得和我們一樣，認為創新基本上是重組的過程，「實行新的組合」[11]。

他也主張，創新比較不可能在既有公司發生，試圖挑戰既有公司的新起之秀反而比較可能創新。熊彼得在《經濟發展理論》（*The Theory of Economic Development*）中寫道：「通常都在非出自老公司的新公司中……體現新的組合……鐵路通常都不是由擁有驛馬車的人建造的[12]。」因此，創業精神是創新的引擎，也是工作增長的主要來源。事實上，在美國，唯有靠創業，才能創造新的工作機會。考夫曼基金會（Kauffman Foundation）的提姆・坎恩（Tim Kane）在2010年發表的研究中，利用人口普查資料，將美國所有公司分為兩類：剛成立的新創公司和既有的公司（已經成立一年以上的公司）。他發現從1977年到2005年這段期間（只有七年除外），整體而言，既有公司是工作殺手，平均每年都流失大約一百萬份工作。反之，新創公司每年平均創造三百萬份工作[13]，恰好呈鮮明的對照。

約翰・霍提萬格（John Haltiwanger）、亨利・海雅特（Henry Hyatt）等人的研究也證實，雖然年輕公司給員工的薪水較低，但整體而言，他們創造了很多工作[14]。他們的研究也指出，新創公司的員工跳槽的比例特別高，聽起來好像是令人不樂見的現象，但其實不然，這個現象主要是企業員工為了尋求更好的機會，而橫向轉換跑道。在健全的經濟體系裡，跳槽是重要活動，但在經濟衰退時期，由於員工比較不願意離開原本的工作崗位，跳槽的人數會遽減。他們發現，在經濟大衰退期間和之後，年輕公司跳槽人數在整體跳槽人數的占比都會上升，意味著在困難時期，新創公司能為上班族提供他們迫切需要的工作轉換機會。

今天，美國的創業環境仍然令其他國家艷羨不已，但有一些令人不安的證據顯示，美國的創業土壤已不如過去肥沃。經濟學家羅伯特·菲爾萊（Robert Fairlie）為考夫曼基金會進行的研究發現，從1996年到2011年，雖然新事業形成的速度加快，但大多數新創公司都只有一名員工：創辦人自己[15]。事實上，在經濟大衰退期間，這種類型的創業有增無減，顯示有些創業家或許是在丟掉飯碗後，開始自己做點生意。同時，從1996年到2011年，「雇用機構」（創立時雇用的員工不止一名）的新增率下跌20%以上。

我們不清楚下跌的原因為何，但移民環境的變化可能是因素之一。2012年，創業家維衛克·瓦德華（Vivek Wadhwa）、政治學家安娜李·薩克斯尼安（AnnaLee Saxenian）及法蘭西斯·西西里安諾（Francis Siciliano）重新檢視早期有關移民創業的研究，結果發現「數十年來，移民創辦的公司成長率首度出現停滯，即使尚未下滑。和過去數十年移民領導的創業風潮持續升高的情況相較之下，過去七年來，這個趨勢出現水平發展[16]。」矽谷的改變尤其顯著,從1995年到2005年,在矽谷創辦的公司中,超過半數公司至少有一位創辦人是移民。從2006年到2012年,這項百分比下跌了將近十個百分點,變為43.9%。

另外一個經常被提到的罪魁禍首是過度管制。研究創新的學者麥可‧曼德爾(Michael Mandel)曾指出,單單一條法規或許不足以阻礙任何新事業成立,但每增加一條法規,就好像河裡多了一顆小石頭,當避開障礙、繞道而行的機會愈來愈少時,累積的效應就產生愈來愈大的破壞力。許多證據顯示,這種「法規叢林」事實上會阻礙新事業成立。舉例來說,經濟學家里歐拉‧克拉普(Leora Klapper)、路克‧雷文(Luc Laeven)和拉胡蘭‧拉贊(Raghuram Rajan)發現,高度管制會減少新創事業的活動[17]。他們的研究乃是採用歐洲的資料,不過,得到的結論看來至少有部分適用於美國。

我們贊成削減多餘累贅、太過繁複的法令規章,但也知道可能不容易做到,而且要花很多時間。首先,管制單位一旦大權在握,都不太願意放棄權力。其次,受既定規則保護的公司和產業一定會拚命游說,以保住特權。第三,美國各級政府各有不同的法規,所以不可能由單獨一方推動完善的改革。美國憲法說得很清楚:與商務相關的事務主要由各州掌控大權,所以未來的創業家可能還是要持續在各個領域面對拼拼湊湊的法令規章。不過,我們相信仍然應該盡量減少管制,讓經營環境對創業家更有吸引力。

我們不期待有人能複製矽谷，不過我們確實認為政府、企業與個人都可以做得更多，以激勵高成長的創業活動。史提夫・凱斯（Steve Case）和考夫曼基金會與「美國創業夥伴」（Starup America Partnership）的合作，就是有趣的例子。他們大力支持三十多個由創業家領導的新創事業區域，並推出「約會網站」，讓新創事業更容易與財星五百大企業建立夥伴關係，為他們的創新提供各種行銷、製造或配銷網路的資源。

提升工作媒合方式

雖然透過Monster.com和Aftercollege.com之類的求職網站及LinkedIn之類的社群網站，雇主和求職者已經比較容易相互配對，但每年大多數畢業生主要仍靠親友和教授的引介來找工作。摩擦成本和搜尋成本往往為求職增添不必要的困難，我們應該設法降低這類成本。

LinkedIn正在開發的即時資料庫能描述企業尋求的技能，並將這類技能與學生及其他求職者配對。有時候，單單用不同的文字來描述履歷上涵蓋的概念，就會有所分別：例如，正在徵求Android手機app開發人員的公司可能不知道學生履歷上列出的軟體開發課程正好使用Android作業系統。

不管地方性、全國性或全球性的求職與求才資料庫都可以受惠良多。雇主求才時，往往只把焦點放在少數幾個學校的畢業生，殊不知另外還有數以千計條件相當或者更優秀的求職者。美國聯邦政府提供獎金鼓勵這類資料庫的開發。我們應該也要鼓勵、支持私人公司開發更好的演算法和技術，以挖掘有用的技能，並為人才與雇主媒合。比方說，艾瑞克在一家叫Knack的公司擔任顧問，Knack開發出一系列的遊戲，每一種遊戲都會產生大量資料。Knack可以運用資料探勘技術，對遊戲玩家的創造力、持久力、外向性格、勤奮度，以及單從大學成績單或甚至面談難以看出的其他特質，有相當準確的評價。其他像HireArt或oDesk之類的求職網站和工作媒合平台，也利用分析工具來改善配對情況，並減少摩擦成本。此外，令人鼓舞的是，愈來愈多人使用TopCoder分數之類的評等資料，以客觀的方式衡量求職者的技能。如此一來，求職者更容易找到適合自己的利基，創業家和雇主也能找到真正需要的人才。

支持科學研究

美國聯邦政府支持基礎學術研究的經費連續上升了二十五年後，在2005年開始下滑[18]。此舉引起頗多疑慮，因為經濟學告訴我們，基礎研究會創造大量有利的外部效應，因此政府在這方面扮演重要角色，而且能獲得驚人的回報。最著名的例子就是網際網路的發展。網際網路乃脫胎自美國國防部的一項研究，最初的目的是為了研究如何打造防彈網路。全球衛星定位系統、觸控式螢幕、蘋果 Siri 之類的語音辨識軟體，以及其他許多數位創新，也都起源於政府補助的基礎研究。事實上，我們可以說，如果不是持續得到美國政府撥款挹注，電腦軟硬體、網路和機器人根本不可能達到今天的數量、種類和形式[19]。美國政府必須設法扭轉近年來基礎研究經費持續下降的趨勢，繼續支持科學研究。

美國也應該改革智慧財產權制度，尤其是與軟體專利和著作權保護期限相關的制度。無論在任何時代，但尤其在第二次機器時代，智慧財產都非常重要，因為智慧財產既獎勵創新（如果有人發明了更好的捕鼠器，他可以申請專利），也是創新的投入要素（大多數的新構想都是把既有構想重新組合）。因此政府必須在中間維持巧妙的平衡；一方面必須提供充分的智慧財產權保護，以鼓勵創新，但又不要保護過度，以免抑制創新。至少對某些著作權而言，情形也很類似；不過，保障迪士尼公司 1928 年發行的《汽船威利號》（*Steamboat Willie*，米老鼠系列的前身），以「生日快樂歌」仍受著作權法保護的法令，究竟符合哪些公共利益，就不得而知了[20]。

設置獎項，鼓勵創新

我們當然無法預先描述創新（因此才叫創新），但也有一些情形是，我們很清楚想找什麼，只希望有人真的把它發明出來。在這類情況下，獎項的功效可能特別大[*]。谷歌的自動駕駛汽車就直接脫胎於DARPA舉辦的無人駕駛車競賽，獎金高達一百萬美元。白宮科技政策辦公室的政策副主任湯姆・凱利爾（Tom Kalil）樹立了經營獎項的典範[21]：

1. 突顯問題或機會；
2. 只針對成果頒發獎金；
3. 目標要高遠，但不要預測哪支隊伍或哪一種方法最可能成功；
4. 跨出平常的範圍，開發頂尖人才；
5. 刺激私部門投資，投入數倍於獎金的資金；
6. 跨越不同的學門領域；
7. 提供公平的競賽環境，激發冒險精神；
8. 建立明確的目標衡量標準和驗證機制。

---

* 以獎項鼓勵創新的做法，歷史悠久，可回溯到英國國會在1714年通過法案設立「經度獎」（Longtitude Prize）。緯度比較容易計算，經度則是比較大的問題，尤其是在漫長的海上航程中計算經度。十八世紀，透過一系列經度獎的頒獎，獎金總額達數十萬英鎊，激勵經度計算上出現許多重大進展。1919年，獎金高達二萬五千美元、獎勵不落地飛越大西洋的「歐泰格獎」（Orteig Prize），激勵了許多飛航上的創新，最後查爾斯・林白（Charles Lindbergh）終於在1927年成功完成飛越大西洋的壯舉。

　　過去十年來，美國公私部門投入大型獎項的經費已經成長三倍多，達三億七千五百萬美元[22]。這樣做很棒，不過就整體政府研究經費而言，這只是一小部分，在提高創新競賽的數量和種類上，還有很大的努力空間。

基礎建設的升級

　　經濟學家幾乎都同意，政府應該參與建造、維護基礎設施，包括街道和公路、橋梁、港口、水壩、機場、航管系統等等。因為基礎建設和教育及研究一樣，能帶來正面外部效應。

　　一個國家如果有卓越的基礎建設，人民就能享受到宜人的居住環境，工商業活動的生產力也會更高。但美國目前基礎建設的情況不佳。2013年美國土木工程師學會（ASCE）給美國整體基礎建設的評等只有D+，並估計美國多年積壓未投入的基礎建設投資金額高達3.6兆美元[23]，而已編入預算、將在2020年之前投入的金額只有兩兆多美元，仍然落後一大截。

　　你或許認為，ASCE對基礎建設支出的問題心存偏見，但數據會說話。從2009年到2013年，美國在基礎建設的公共投資金額減少一千二百多億美元，實質投入資金是2001年以來的最低水準[24]。

　　提升美國基礎建設的水準，將是美國對未來的最佳投資。我們在2013年曾經指出，就某個程度而言，多虧了美國的頁岩油熱潮，能源價格正在下跌，而中國之類的國家工資日漸上漲。由於這種種因素，我們常常在企業領導人的言談中，聽到諸如美國西門子執行長艾瑞克・史畢格（Eric Spiegel）接受訪談時的言論：「美國現在是製造產品的好地方。我們目前在美國生產，然後運到中國……我們只需確定……基礎設施能趕快就定位，讓我們有辦法處理日益增多的工作量[25]。」

在討論基礎建設投資時，不妨先說個有趣的歷史故事。

傳奇經濟學家凱因斯（他的名字總是和提倡以公共支出刺激經濟的學派連在一起），曾在1936年建議，不景氣時期，政府應該把錢放進瓶子裡，把瓶子埋在舊煤礦的深處，然後把挖掘瓶子的權利賣掉[26]。凱因斯不是純粹在開玩笑，他主張，政府這樣做，「總比什麼都不做好」，因為經濟不景氣時，勞動力和資本都閒置，這樣做卻可創造需求。

經濟學家激辯這個方法是否真的行得通，但他們幾乎從不爭論是否應建設良好的道路橋梁，或是政府該不該為了創造正面外部效應而投入建設。我們主張美國應加強基礎建設投資，也是因為這些外部效應，無關乎任何凱因斯學派的刺激性支出理論，而且目前這樣的主張屬於經濟學主流。

網羅全球優秀人才

在美國，如果自由派的卡托研究院（Cato Institute）和更激進的美國進步中心（Center for American Progress）都鼓吹某個政策修正案，那麼這個法案真的稱得上得到各方支持[27]。移民改革法案就是如此，他們提議修改的內容著眼於提高美國境內在外國出生的合法勞工及公民的數目。經濟學入門教科書的確也建議採行寬大的移民政策；經濟學家普遍認為，此舉不但能造福移民，也會為移入國的經濟帶來莫大好處。

有些研究發現，有些勞工（尤其是低技能勞工）移民後由於工資降低，生活反而變糟，但其他研究又得到不同的結論。比方說，經濟學家大衛・卡德（David Card）評估1980年古巴馬列爾偷渡事件（大批古巴人在卡斯楚默許下偷渡到美國）對邁阿密勞動市場的衝擊。當時，在不到一年的時間內，有十餘萬古巴人抵達邁阿密，讓邁阿密的勞動力驟增7%，但卡德發現，偷渡事件「幾乎對低技能勞工的工資或失業率毫無影響，甚至沒有影響到更早移民至美國的古巴人[28]。」經濟學家雷秋・佛瑞堡（Rachel Friedberg）在研究從俄羅斯和其他前蘇聯國家大量移至以色列的移民時，也得到相同的結論[29]。雖然從1990年到1994年，以色列人口增加了12%，卻看不出移民對以色列勞工有任何負面影響。

雖然有這些證據，許多美國人仍擔心低技能勞工大舉移民到美國，尤其是從墨西哥和其它拉丁美洲國家非法移民到美國，會傷害到土生土長美國勞工的經濟前途。從2007年起，美國非法移民的淨流入數字幾乎是零，或實際上是負數[30]。布

魯金斯研究院的一項研究發現，目前在美國，受過高等教育的
移民人數已經超過教育程度較低的移民。2010年，有三成的移
民至少受過大學教育，只有28%連高中文憑都沒有[31]。

　　移民帶動了美國的創業風潮，影響之大簡直不可思議，
在技術密集產業尤其如此。近年來，在外國出生的美國人總數
還不到美國總人口的13%，但是根據瓦德華、薩克斯尼安和西
西里安諾等人的研究，在1995年到2005年間，所有美國新創
的工程與科技公司中，超過四分之一的公司至少有一位創辦
人為移民[32]。這些公司2005年的銷售額總計超過520億美元，
雇用將近45萬名員工。提倡移民改革的團體新美國經濟夥伴
（Partnership for New American Economy）指出，從1990年到
2005年，美國成長率最高的公司中有25%是由在外國出生的
創業家所創辦[33]。經濟學家麥可・克瑞姆（Michael Kremer）
在一篇經典論文中指出，從外國移民到美國的工程師人數增加
以後，土生土長的美國工程師薪水不但沒有下滑，反而上升，
因為移民促使創新產業的生態系統蓬勃發展[34]。難怪在矽谷工
作的優秀軟體工程師薪水比較高，因為他們周遭盡是擁有類似
技能的工程師，而且彼此的專長可以互補，和其他地方隔絕而
封閉的環境大不相同。

　　今天，移民之所以為美國帶來巨大的正面效應，不是因
為美國的移民政策和流程使然，情形恰好相反。大家往往形容
移民到美國的流程複雜、費時、缺乏效率、而且非常官僚。布

魯金斯研究院副總裁戴瑞爾‧魏斯特（Darrell West）在 2011
年寫了一本書，書名是《人才流入：重新思考美國移民政策》
（*Brain Gains: Rethinking U.S. Immigration Policy*）。但即使他
已經做過研究，在他娶了一名尋求美國公民權的德國女子後，
複雜的移民手續仍然令他備感煎熬。他寫道：「對許多移民而
言，他們幾乎負擔不起這筆費用，處理一大堆文書，和應付複
雜的官僚程序。即使擁有政治學博士的學位，這些複雜的申請
表格、費用、文件、面談以及親赴移民局辦公室，仍然令我
感到不堪負荷……美國的移民手續是把十九世紀的流程用在
二十一世紀的世界[35]。」

除了糟糕的流程外，美國的移民政策也適得其反。最明顯
的例子或許是美國每年發出的 H1-B 簽證有一定的限額。這種
簽證容許某些特定行業，尤其是科技業的美國雇主雇用外國員
工，雇用時間最多可長達六年。在二十一世紀最初幾年，每年
大約發出 195,000 份 H1-B 簽證，然而在 2004 年，美國將這種
簽證的名額減少為只剩 65,000 個名額（2006 年又將名額增加，
擴大容納二萬名美國大學畢業生）。

我們應該進一步擴充 H1-B 簽證。我們樂於想像美國能頒
發綠卡給每一位擁有高等學位的移民。我們也支持獨立的「創
業簽證計畫」，讓創業家更容易在美國創業，尤其是已經籌募
到資金的創業家。這個構想主要是由美國創投家和工商團體提
出來的，但其他國家早已走在美國前面。澳洲、英國和智利都

已經推出種種方案，吸引初期創業家移民，2013年1月，加拿大也率先推出完整的創業簽證計畫[36]。同年夏天，完整的移民改革法案卻還躺在美國國會中毫無進度。

既然必須課稅，就要聰明課稅

一般而言，一旦我們對某個東西課稅，往往就會阻礙其生產。我們通常都把課稅當作壞事，但其實不盡然如此，因為我們也可以對我們不太想要的東西課稅。也有一些商品和服務是特例，課稅不見得會減少其數量。經濟學家說，無論稅制如何，這些商品和服務的供應都不會受影響。

皮古稅

工廠可能認為把所有廢棄物都倒進附近的河裡，是既便宜又方便的方法。但是造成河水汙染、魚群死亡和難聞的臭味，顯然又是大家所不樂見。經濟學家稱這類大家不想要的效應為「負面的外部性」。因此，許多類型的污染都遭到明文禁止，但是我們不可能、也沒有聰明到能禁止所有的汙染。比方說，電力公司在發電時，會造成某些汙染，還有，儘管今天的汽車已經不像過去製造那麼多汙染，但仍然會產生溫室氣體。某些類型的生產活動在產生效益的同時，總是會帶來壞處，這是人類生活中非常令人遺憾的事實。

在這類情況中，大多數經濟學家都主張應該針對汙染課稅，這類的稅稱為「皮古稅」（Pigovian tax），乃是以二十世紀初的英國經濟學家皮古（Arthur Pigou）為名，他是最先倡議這種稅的經濟學家之一。皮古稅會帶來兩個重要的效益。第一，能減少我們不樂見的活動；如果我們會根據電廠排放的二氧化硫而加以課稅，那麼他們就會有強烈誘因投資於潔淨技術，讓空氣變得更乾淨。其次，皮古稅能增加政府的收入，政府可以把這筆錢用來彌補汙染造成的傷害。這是雙贏的做法。不管抱持什麼政治立場或從事什麼行業，都有很多人支持開徵這類型的稅，經濟學家曼昆口中倡議皮古稅的「皮古俱樂部」會員，包括葛林斯潘（Alan Greenspan，美國前聯準會主席）和雷夫‧奈德（Ralph Nader，美國消費者保護運動始祖）[37]。

在第二次機器時代，透過改善衡量指標和計量方式，課徵皮古稅將變得更加可行。想想平常塞車的情況好了。當我們把汽車開上已經過度壅塞的公路，並進一步拖慢行車速度時，我們其實都為其他汽車駕駛增加了成本。在尖峰時間，洛杉磯405號州際公路的交通慢如牛步，每小時車速只有14英里，平常只需要8分鐘的路程，如今要花四倍多的時間。透過電子通行證或數位攝影機的輔助來徵收「交通壅塞費」，可以大幅調整道路使用成本，所以汽車駕駛可以選擇在交通總成本（包括額外的壅塞費）低於這趟旅程的價值時，才開車上路。

許多減少塞車的做法，例如共乘、選擇在非尖峰時間通勤、改騎單車、遠距上班和搭乘大眾交通工具，都會隨著擁塞費開徵，而有愈來愈多人採用。皮古稅的原則其實已經應用在某些基礎設施的部門，例如收費公路和倫敦的交通擁塞區，都對尖峰時間開車進入市中心的駕駛人收費，以減輕交通負荷，並增加收入。同時，新加坡也已實施電子化的道路收費系統，並有效消除交通阻塞。

美國人集體耗費了一千億小時塞在路上，顯示美國尚未廣泛採用道路收費制度。有些人估計，在最理想的情況下，擁塞費制帶來的收入可能足以取代加州所有的州稅。在過去，想要以符合成本效益的方式，測量道路使用狀況，幾乎是不可能的事，所以大家只好接受不收費的做法，並忍受因此帶來的惡果：這種大排長龍和癡癡等待的情形，除了在前蘇聯國家之外，還真很少看到。數位化的道路收費系統將幫助我們找回失去的時光，同時也增加收入來源。

經濟租

有些商品的供給毫無彈性可言，例如土地，無論你課多重的稅，土地的數量都還是相同。換句話說，針對這類商品的營收來課稅，並不會減少供給。結果，這類的稅相對較有效率，不會扭曲誘因或經濟活動。十九世紀經濟學家亨利・喬治

（Henry George）根據這個洞見而主張，我們應該只有一種稅，也就是土地稅。這個想法聽起來十分誘人，但實際上，土地租稅的收入還不足以支付政府的所有服務，不過仍然比目前的情況好一點。我們的經濟體系中還有其他租稅，包括來自自然資源的租稅，例如國營石油和天然氣設施的租稅，可能未來會大幅增加。

還有人主張，許多「超級巨星」擁有的超高收入，其中大部分也屬於租稅的範圍。這要看大多數職業運動員、企業執行長、媒體名人或搖滾明星的真正誘因，究竟是絕對薪酬，或是相對報酬，例如名聲或對工作的熱愛。我們可以透過提升高所得者的邊際稅率，例如對年所得一百萬美元以上和一千萬美元以上的高所得者，制定新的稅率，藉此提高政府稅收。有些反對者認為，將高所得者的稅率提高，將消磨他們的企圖心，有礙經濟成長。

但我們沒有找到充分的證據來支持這個論點。事實上，我們的MIT同事、諾貝爾獎得主彼得・戴蒙（Peter Diamond）和克拉克獎得主伊曼紐・薩茲（Emauel Saez）合作的研究提議，對於金字塔頂端的最高所得者徵收的最適稅率可能高達76%[38]。雖然我們不認為需要徵收這麼高的稅，不過美國最後一次大幅提高所得稅率，是在柯林頓當政時期，隨後幾年經濟快速成長，這個事實讓我們寬心不少。的確，經濟學家孟吉・秦恩（Menzie Chinn）指出，最高稅率和整體經濟成長沒有明顯的關聯性,至少就美國的課稅幅度而言,確是如此[39]。

我們不會誤以為在當前的政治環境下,本書提倡的諸多政策可以輕易就成功推動,或假如真的全部採行,就能立即帶來充分就業,推升平均薪資。我們很清楚,這是個充滿挑戰的時代,許多人在經濟大衰退時期和隨後的緩慢復甦中,眼見自己的財富縮水,在科技進步和全球化的雙重衝擊下,被拋在後頭。貧富不均和其他各種形式的差距正不斷擴大,儘管經濟創造出各式各樣的豐盛報酬,卻不是每個人都分到一杯羹。

我們提出的政策建議有一個簡單而卑微的目標:希望能提升整體經濟成長率。如果真的成功的話,所有勞工和求職者的景況都會有所改善。

14
長期建議

工作能解救人們免於三大惡：
無聊、墮落和欲求。
　　── 伏爾泰

前一章提出的建議有助於提高豐酬或減少不均，但是當我們更深入第二次機器時代和後半個棋盤時，基本經濟學提出的辦法還能維持健全的薪資和工作展望嗎？

當我們遠眺 2020 年之後的未來，我們看到仿真機器人。他們和電影「駭客任務」或「魔鬼終結者」裡的機器不太一樣，有的仿真機器人甚至沒有身軀；他們不會對我們宣戰，也不會在未來幾年取代所有（甚至大部分）的人類工作者。但我們在前面幾章看到，科技會持續侵入人類的技能領域。那麼，面對仿真機器人來襲的事實，我們應該怎麼辦？怎麼做才是正確的政策？

資本主義的惡性循環

保持謙卑的態度是第一步。歷史上屢見不鮮：立意良善的社會經濟政策後來卻出現意想不到、甚至悲劇性的副作用。我們很難預知哪些改變會帶來最大的破壞力，哪些推行起來竟然出乎意料之外的順利，以及在從來未被觀察過的環境裡，人們會如何反應。

撇開這些警告不談，我們對於該做什麼和不該做什麼，確實有一些想法。我們不認為試圖阻止科技進步，或防止指數式、數位化、重組式的創新，是對的政策。這樣一來，不啻等於關閉所有的學校，或放火燒了所有的科學期刊，這是很糟的點子。這樣的做法頂多能確保現狀，卻犧牲了改善和進步的機會。科技專家提姆・歐萊利（Tim O'Reilly）表示，這種做法是在保護過去，對抗未來[1]。試圖遏止明天的科技發展，以保護今天的工作，也是如此。我們必須讓第二次機器時代的科技發揮應有的功能，並設法因應隨之而來的挑戰。

我們也很懷疑是否真能找到資本主義的替代方案。我們所謂的「資本主義」，是指有關生產與交易的分散式經濟體系。在資本主義制度下，大多數的生產方式都掌握在私人手中（而不是由政府掌控），大多數的交易都是自願交易（沒有人能逼你簽署合約），大多數的商品和服務的價格乃是依供需而決定，而不是官方決定的固定價格。今天，在全世界大多數經濟體中，都可以看到這些特色，甚至今天的中國都一樣，即使中國的官方說法宣稱，中國是共產主義國家。

這些資本主義的特質由於成效良好，因此廣為施行。資本主義分配資源，激發創新，獎勵努力，以高效率創造財富，這些事情對社會非常重要。資本主義不是完美的制度，卻比其他替代方案好得多。邱吉爾曾說：「除了人類曾經嘗試過的其他制度之外，民主制度是最糟糕的政府形式[2]。」我們對資本主義的看法也是如此。

到目前為止，我們還沒有討論最可能改變和形成挑戰的要素：在今天的資本主義經濟中，大多數人都提供勞力以換取買東西的金錢。我們大都是勞工，而不是擁有資本的人。如果我們的仿真機器人思考實驗沒錯的話，那麼，這種長期的交換方式未來將愈來愈行不通。當數位勞動力變得愈來愈普遍，能力也愈來愈強時，企業將愈來愈不願意付出勞工能接受的工資，讓勞工得以維持一貫的生活水準。當這樣的情況發生時，勞工就失業了。這對經濟發展而言，是個壞消息。因為失業者對商品不會有太大的需求，如此一來，會拖慢了整體經濟成長的腳步。需求不振可能令低薪資和失業的情況更加惡化，在人力資源和設備上的投資也減少，於是啟動惡性循環。

重新思考基本所得

許多經濟學家一直很關注這個可能失敗的資本主義模式。許多人提議採取相同的簡單解方：發錢給人民。要求政府每年都發錢給所有國民，每個人領到的錢數目都一樣，不必檢驗或評估誰需要這筆錢，或誰領得多，誰領得少。倡議者主張，這種「基本所得」方案直截了當，容易管理，保留了資本主義的有效要素，同時也能因應有些人無法靠勞力餬口的問題。基本所得確保每個人都能維持最低生活水準。如果人們想要透過工作、投資、創業或從事任何資本主義社會的活動，他們當然可以這麼做，但即使他們沒有這麼做，依然可以扮演消費者的角色，因為他們仍然領到一筆錢。

今天，主流的政策討論沒有納入基本所得議題，但令人訝異的是，基本所得的歷史極其漫長，而且二十世紀時幾乎在美國實現。其中一位早期倡議者是從事政治運動的湯馬斯・潘恩（Thomas Paine），他在1797年出版的小冊子《土地正義》（Agrarian Justice）中主張，每個人都應該在成年時領到一大筆錢，以補償有人生於地主家庭、有人則否這個不公平的事實。後來抱持這種主張的人包括哲學家羅素（Bertrand Russell）和民權運動領袖金恩（Martin Luther King, Jr.），金恩在1967年寫道：「我現在相信，最簡單的方法將證明是最有效的方法，解決貧窮問題的辦法是直接採用大家目前廣泛討論的措施：保證所得[3]。」

無論左派或右派的經濟學家都有許多人贊同金恩的主張。詹姆斯・托賓（James Tobin）、薩孟遜、約翰・高伯瑞（John Kenneth Galbraith）等自由派學者，和傅利曼及佛瑞德里區・海耶克（Friedrich Hayek）等保守派學者都提倡某種形式的保證所得。1968年，一千兩百多位經濟學家簽署了一封致美國國會的公開信，支持保證所得[4]。

那年共和黨籍的美國總統尼克森（Richard Nixon）剛上任，他在第一個任期中努力推動這項法案。尼克森在1969年的演講中提議的「家庭扶助計畫」（Family Assistence Plan），裡面就有基本所得的影子。這個計畫跨越不同意識形態，得到跨黨派的支持，但也面臨各種團體的反對[5]。社工人員和現有社福計畫的執行人員深恐在新政權之下，他們會工作不保；有些勞工領袖則認為這個計畫會降低大家對最低工資法案的支持；許多美國上班族則不樂見，他們繳納的稅金，最後落到明明可以工作卻選擇不工作的人手上。等到尼克森總統在1972年展開連任競選活動時，已經放棄家庭扶助計畫，從那時候起，美國聯邦民選官員和決策者不曾再認真討論過所得保證方案*。

避免三大惡

未來數十年，我們需要重新思考基本所得的概念嗎？也許吧，但這並非我們的首要選擇。伏爾泰在本章開頭的引言說明他的觀察時，還巧妙解釋了原因：「工作解救人們免於三大惡：無聊、墮落和欲求[0]。」保證所得解決了需求問題，卻照顧不到其他兩大惡。我們檢視過的所有研究和證據幾乎都告訴我們，伏爾泰說得對。很重要的是，我們工作不只是為了賺錢，也為了獲得其他許多重要的東西：例如自我價值、參與感、健康的價值觀、結構、尊嚴等。

無論我們把焦點放在個人或社區，結果都一樣：工作是有

---

* 不過，阿拉斯加州在1980年通過法案，從永久性基金中提撥年息，為州民建立一種保證收入的形式。這筆基金乃是在1976年為了管理阿拉斯加州在豐富石油資產所占的股份而設立。四年後，阿拉斯加州決定每年應該將一部份的財富以股利支票的形式，發放給人民。

益的活動。就個人而言，許多研究都在探討哪些事情能讓人們感到充實、滿足和快樂。丹尼爾・品克（Daniel Pink）在《動機，單純的力量》（*Drive*）這本書中歸納了過去文獻提過的三個工作動機：追求自主、專精和目的感[7]。2013 年 1 月的一篇報導在分析網購巨人亞馬遜在英國創造許多倉儲工作的利與弊時，引用一名老工人的話：「這份工作讓你重拾自尊心，這就是它帶給你的東西，讓你重新感到自豪[8]。」就充分說明最後一點。經濟學家安德魯・奧斯華（Andrew Oswald）強烈支持這樣的觀點，他發現失業一旦超過六個月以上，幸福感及其他精神健康指標會大幅降低，和配偶過世受到的衝擊差不多，而原因不在於喪失收入，而是失去自我價值[9]。

蓋洛普在許多國家做的民調都證實了這種基本的工作動機。蓋洛普執行長吉姆・克里夫頓（Jim Clifton）在《即將來臨的工作戰爭》（*The Coming Job War*）中指出：「全世界不再致志於追求和平或自由，或甚至民主；沒有人在意是否擁有一個家；沒有人尋求上帝，沒有人在意是否擁有房子或土地。最要緊的是找一份好工作，其他一切都是次要[10]。」看起來全世界的人都巴不得趕緊逃離無聊、墮落和欲求三大惡，而能透過工作，尋求自主、專精和目的感。

缺乏工作不只傷害個人，也傷害整個社區。社會學家威廉・朱里亞斯・威爾森（William Julius Wilson）在 1996 年出版的著作《當工作消失時》（*When Work Disappears*），總結長期的研究發現，提出明確的結論：

　　鄰里之間，高失業率造成的後果比高貧窮率還嚴重。
鄰居雖然很窮，但是都有工作，和許多鄰居都很窮，而且
沒有工作，情形截然不同。今天都市貧民窟的種種問題，
如犯罪、家庭瓦解、福利、社會組織鬆散等，基本上都肇
因於工作消失[11]。

　　社會學家查爾斯‧莫瑞（Charles Murray）在2012年出版
的著作《分崩離析》（*Coming Apart*）中，為威爾森描述的問題
提供了數據支持，而且證明這個問題並非只發生在市區貧民窟
或少數族群聚居的社區，也會出現在美國主流白人社會。莫瑞
挑選了兩個群體做為研究對象。第一個群體是至少受過大學教
育，從事專業或管理工作的美國人，莫瑞為他們取了個假名：
「貝爾蒙鎮」居民〔貝爾蒙（Belmont）原本是波士頓郊區的繁
華小鎮〕。第二個群體只有高中以下學歷，大都從事藍領或文
書工作；他們的虛擬代號是「漁鎮」居民〔漁鎮（Fishtown）
原本是費城郊區的藍領階級社區〕。2010年的美國工作人口大
約有30%住在貝爾蒙鎮，20%住在漁鎮[12]。

　　莫瑞採用各種不同的資料來源，追蹤從1960年到2010年
兩個虛擬城鎮貝爾蒙鎮和漁鎮的情況。剛開始時，從追蹤社區
健康狀況的多項指標來看，包括結婚、離婚、犯罪等等，兩個

小鎮沒有太大的差別，而且許多人都有工作可做。1960年，
貝爾蒙鎮九成的家庭至少有一名成人每週工作四十小時以上，
81%的漁鎮家庭也是如此。到了2010年，其中一個群體的情
況出現劇烈變化。雖然仍有87%的貝爾蒙鎮家庭至少有一名成
人每週工作這麼多小時，漁鎮卻只有53%的家庭如此。

　　漁鎮還出現什麼變化呢？出現很多變化，但都是不好的
變化。漁鎮居民的婚姻變得比較不幸福，踏入婚姻的人也減少
了。1960年，30歲到49歲的漁鎮居民只有5%離婚或分居；到
了2010年，比重高達三分之一。幾十年下來，漁鎮在雙親家
庭中成長的孩子比過去少了許多，到2004年已經跌到30%以
下。同時，漁鎮居民入獄的比例則一飛沖天；1974年，每十萬
個漁鎮居民中，有213人在坐牢。三十年後，數字已經成長為
957人，是原本的四倍多。貝爾蒙在某些方面也出現一些負面
的改變，但相較之下，變化幅度都很小。比方說，2004年，貝
爾蒙鎮還有九成的孩童仍然和親生父母住在一起。

　　讓貝爾蒙鎮和漁鎮之所以出現不同的發展，工作消失不是
唯一的原因（莫瑞自己就把重心放在其他因素）[13]，但我們相
信工作仍然是非常重要的因素。證據顯示，在其他條件都相同
的情況下，居民大多在工作的社區會比較健康，居民都找不到
工作的社區則情況較糟。因此即使第二次機器時代快步向前，
我們仍然十分支持鼓勵工作的政策。

　　我們注意到兩個好消息。第一是經濟學家已經找到鼓勵

工作的辦法，能達到單靠基本所得保證方案所達不到的效果。第二，創新者和創業家攜手開發的新科技，不只能取代人類勞動力，也能彌補人類勞動力的不足之處。換句話說，數位工具並非只消滅工作，還會創造新的工作機會。當科技持續向前躍進時，最好的策略是結合上述兩個好消息，維持健康的工作經濟。如此一來，我們不但能解決伏爾泰所指稱的三大惡，也更能夠維護豐饒的經濟與健全的社會。

負所得稅

諾貝爾獎得主、保守派經濟學家傅利曼並不主張政府干預太多，但他贊成推行所謂的「負所得稅」，以幫助窮人。他曾於1968年在電視上解釋：

在目前的法律下，我們採用的是大家都很熟悉的正所得稅……課徵正所得稅時，比方說，如果你剛好是四口之家的一家之主，而你的年所得是3,000美元，那麼你既不必繳稅，也得不到什麼好處，剛好損益平衡。假定你的年所得為4,000美元，那麼你就有1,000美元的應納稅所得，照目前的稅率（14%），你應該繳140美元的稅。假設今天你的所得為2,000美元，而你的合法免稅額和扣除額為3,000美元，那麼你的負……應納稅額就是1,000美元。然而在目前的法律規範下，即使你的扣除額沒有用完，也得不到什麼好處。負所得稅的概念是，當你的所得低於損益平衡點時，政府會把差額的一小部分還給你，因此你不但不必繳稅，還會收到一筆錢[14]。

進一步說明，假如負所得稅的稅率為50%，那麼年收入$2,000的人將從政府手上拿回$500，也就是$1,000乘以0.5（50%的負所得稅），因此他當年的總收入為$2,500。沒有任何收入的人則會從政府手中領到$1,500，因為他們有$3,000的負應納所得。

負所得稅包含了保證最低所得的概念，又加入工作誘因。在上述例子中，當所得低於分界點（在1968年為$3,000，約為2013年的$20,000）時，你賺到的每一塊錢，會為你的總所得增加$1.50。因此，即使辛苦工作後領到的工資很低，人們仍會受到鼓勵，開始工作，並且設法找更多的工作來做，同時這個辦法也會鼓勵他們報稅，成為顯性工作人口。除此之外，這個辦法直截了當，容易管理，利用既有的報稅基本架構來發放退給人民的金額。

也因為這些原因，我們很喜歡負所得稅的概念。目前，美國聯邦稅制中包含了一種相關的概念，叫「薪資所得租稅抵減制」（Earned Income Tax Credit，或EITC）。不過和傅利曼四十年前的提議相較之下，EITC額度很小。2012年，有三、四個孩子的家庭最多只能抵減 $6,000，只有一個孩子的家庭更是不到 $500。除此之外，沒有收入的人就不適用於這個稅制。不過即使 EITC 的抵減額度很小，仍然有莫大的威力：哈佛大學經濟學家切提和內森尼爾・韓德仁（Nathaniel Hendren），以及加州大學柏克萊校區的派屈克・克萊恩（Patrick Kline）和薩茲指出，有的州推出較慷慨的 EITC 政策，也出現較大的跨世代流動[15]。

我們贊成擴大和普及 EITC，讓它變為成熟的負所得稅。我們也認為應該讓納稅人更容易申請 EITC 抵減。美國有將近 20% 的合格納稅人沒有利用到這項優惠措施，他們或許根本不知道有這個制度，或是覺得它太複雜，而遲遲沒有利用[16]。

EITC 其實是對勞動力的補貼，是勞動所得的紅利，實踐了最古老的經濟忠告：你希望什麼少一點，就課它稅，你希望什麼多一點，就補貼它。比方說，我們會對香菸及耗油的汽車課稅，但安裝太陽能面板可以獲得補貼[17]。背後的想法是，課稅能讓我們不樂見的活動（例如抽菸，開特別耗油的汽車）成本上升，因此有助於減少這類活動發生的頻率；補貼則恰好相反。我們同意 MIT 的同事湯姆・科辰（Tom Kochan）的說法，他把失業看成某種「市場失靈」，也就是外部性。換句話說，增加就業將帶來降低犯罪、增加投資、更健全的社區等諸多效益，而且將影響到整個社會，而不只是影響簽署雇用契約的雇主或員工。如果失業會創造負面的外部效應，那麼我們應該獎勵就業，而不是加以課稅。

　　但我們不見得都能聽從這樣的忠告。美國政府之所以針對勞動所得課稅，不是因為他們希望人民無所事事，而是因為他們必須設法籌措資金，而自古以來，政府都偏好這個籌資方法。美國的所得稅乃是在南北戰爭時期首度開徵，並在1913年透過美國第十六條憲法修正案，變成永久制度[18]。到2010年，美國聯邦政府已有八成的收入來自個人所得稅和薪資稅。薪資稅可分為兩類：第一類是雇主從員工薪資中預扣的薪資稅；第二種是雇主本身需為每名員工繳納的稅款。薪資稅在1950年代初期占聯邦稅收10%，美國的醫療保險、社會安全福利和失業保險的經費都來自於此，但如今占比已達40%，幾乎相當於來自個人所得稅的稅收[19]。

　　雖然課徵所得稅的本意不是要打擊工作和就業，仍然會達到這樣的效果。薪資稅可能導致類似的轉變，而且主要影響到中低收入族群[20]。薪資稅可能促使組織不再增雇本國員工，而把工作外包，或利用兼職的約聘人員。隨著數位科技的技能不斷增長，這些組織將擁有更多選擇：可以採用數位勞工來取代人力。當人工變得愈來愈昂貴時，雇主愈來愈傾向轉而利用機器。由於薪資稅會增加人工成本，因此很可能加速了這樣的轉變。雇主需為員工支付健保費之類的規定也有相同的效應；這類規定簡直好像在對採用人力的雇主課稅，因此在其他條件都相等的情況下，也會阻礙企業雇用更多人力[21]。

　　我們提出這些論點，不是因為我們不喜歡社會安全福利措施或健康保險制度，我們很喜歡這些制度，也希望它們繼續維持。我們只不過要指出，這些制度和其他極受歡迎的計畫，經費或多或少都來自於對勞動力課徵的稅收。當大多數的工作都需使用人力，而沒有可行的替代方案時，這或許是恰當的想法，但今後情況改變了。當任何稅制或法令規章會為雇用人力帶來愈大的負面效應時，機器就愈有可能取代人力。

　　所以除了透過負所得稅補貼工作所得以外，我們也贊成不要對工作所得課那麼重的稅，並設法減輕雇主的負擔。當然說來容易，真要實行卻難如登天。如果不對勞動所得課稅的話，那麼像社會安全福利計畫或醫療保險這類昂貴、受歡迎且重要的計畫，又能從哪裡找到經費來源呢？如果員工的健康保險不是由雇主支付，那麼該由誰支付呢？

　　我們不會聲稱對這些關鍵問題，早已有腹案，但我們確實知道，經濟學家的工具箱裡還有其他尚未端出來的稅制。例如我們在上一章討論過，針對汙染和其他負面外部效應課徵皮古稅，還有消費稅，以及增值稅（VAT）——公司根據成本（勞動力、原物料等等）與顧客購買價格之間的差異而繳納的稅。增值稅有好幾個吸引人的特性，課徵方式簡單明瞭，容易調整，而且金額高，但目前美國沒有實施增值稅。事實上，美國是34個OECD國家中唯一沒有實施增值稅的國家。經濟學家布魯斯・巴列特（Bruce Bartlett）、法學家麥可・葛瑞茲

（Michael Graetz），以及其他學者已經為美國當前稅制擬定高度仰賴增值稅的替代方案[22]。我們認為他們的方案對於美國政府在第二次機器時代如何取得更佳財源，有重要貢獻，值得認真思考。

共享式經濟

改變補貼勞工與課稅的方式或許聽起來像短期解決方案。畢竟，第二次機器時代的特色，不就是毫不留情的自動化所驅動的後工作經濟嗎？

我們曾表明，在許多方面確實如此。但我們也曾樂觀指出，人類仍擁有許多尚未自動化的技能。也許到了某個時候，這些技能終將自動化，但到目前為止，從許多方面看來，自動化的流程尚未認真開展，人類資料科學家、會議籌辦人員、事業部經理、護士、餐館打雜的小弟都仍會存在一段時間。

正如之前的討論，即使在高度自動化的環境中，人們仍然可以有所貢獻。比方說，雖然今天所有人類棋手碰到最厲害的電腦西洋棋程式，都只能甘拜下風，但如果人類與數位勞工搭配得宜的話，卻能輕易就打敗電腦。所以，即使電腦在某個領域超越人類，人類並不會就立刻變得毫無用武之地。

只要人類懂得與機器攜手合作，向前躍進，而不是一味與機器競爭，那麼人類還是可以一展所長。

即使在高度自動化的領域，例如電腦搜尋，依然可以看到這樣的現象。史提夫‧羅爾（Steve Lohr）在2013年3月《紐約時報》的報導中解釋：

> 當羅姆尼去年秋天在總統辯論會上談到要削減政府的公共電視預算時，提到「大鳥」（Big Bird），於是（推特）湧現大量包含這個詞的訊息。人類立刻有辦法判斷，在當時的情況下，「大鳥」主要是用在政治評論上，而不是真的指《芝麻街》這個節目，當某人搜尋「大鳥」時，冒出來的應該是與政治有關的訊息。人類可以比電腦軟體更正確和快速地掌握這類提示，而他們的判斷會立刻被納入推特的搜尋演算法……
>
> 谷歌的搜尋演算法是自動化的發電機，谷歌搜尋引擎每個月接到一千億條查詢，而它也在人類「評估員」或「評分員」的協助下，將系統調整與優化[23]。

所以，即使演算法愈來愈厲害，仍無法單憑一己之力大展身手，於是出現了組織工作和完成工作的新技術方式。

上個世紀中葉，線上零售巨人亞馬遜發現，亞馬遜網站上數百萬頁產品說明中有不少內容重複。但單靠演算法，沒辦法找到所有的重複內容，所以亞馬遜決定由員工彼得‧柯亨（Peter Cohen）率領一組人開發了一套軟體，能夠在網頁上顯示可能重複的內容，再留待人類作最後判斷[24]。柯亨和亞馬遜後來很快明白，這是很有用的創新，能把龐大的問題（在數百萬網頁中找出重複的內容）分解成許多細微的工作（這兩頁是不是一模一樣？），把工作分發給一大群人，蒐集他們的答案，然後利用這些答案來解決最初的問題（消除重複）。

亞馬遜最初只是為了內部使用而設計這個軟體，但是在2005年11月，開放給大眾使用。為了紀念十八世紀著名的「機器人」西洋棋高手（後來發現其實機器裡面躲了個真人），亞馬遜將軟體取名為「Mechanical Turk」[25]。Mechanical Turk軟體和十八世紀機器人相似之處在於，它看似能自動完成工作，但實際上卻運用了人力。這正是亞馬遜執行長貝佐斯所謂「人造的人工智慧」的好例子，也是人類與機器合作的另一種方式，雖然薪水不是特別高[26]。

Mechanical Turk快速風行，是「群眾外包」（crowdsourcing）的早期先驅，根據傳播學者戴倫‧布拉罕（Daren Brabham）的說法，「群眾外包」的定義是：「分散式的線上問題解決和生產模式[27]。」群眾外包模式有趣的地方在於，它不是利用科技來將流程自動化，反而刻意讓工作變得勞力密集。在大多數工業流程中，提供勞務的都是預先找好的一群員工，但採用群眾外包模式時，乃是由沒有預先指定好的一名或多名參與者（往往都有許多人）自動選擇提供勞務。

不到十年，採用群眾外包模式的生產活動蔚為重要現象。

事實上，大量新公司因此崛起，他們往往群集在一起，形成
「分享式的經濟」。舉例來說，你在本書中看到的某些圖表乃
是由我們從未見過的陌生人提供並改良完成。我們是透過在
TaskRabbit上張貼徵求協助的告示，而找到他們。TaskRabbit
是由軟體工程師里亞・布斯克（Leah Busque）在2008年創
辦。有天晚上，布斯克發現家裡沒有狗食了，而最簡單快速的
解決辦法，就是上網看看有沒有人願意為她帶一些狗食過來
（她會付錢）。布斯克因此動了創辦TaskRabbit的念頭[28]。

就在同一年，喬・蓋比亞（Joe Gebbia）、布萊恩・
切斯基（Brian Chesky）和內森・布理查茲克（Nathan
Blecharczyk）也推出網站，運用網際網路和群眾的力量來媒
合供需兩方。在這個例子裡，市場需求不是找到可以完成
工作的幫手，而是找到可以留宿的地方。透過他們的網站
Airbedandbreakfast.com，人們可以把家裡房間提供訪客留宿；
網站的概念來自蓋比亞和切斯特的親身經驗，他們曾提供家裡
空間給2007年舊金山設計大會的與會者留宿，因為當時一般
人負擔得起的旅館房間數量稀少。

他們打造的網路服務在2009年更名為Airbnb.com，很快
就大受歡迎。比方說，2012年的新年前夕，全世界有14萬人
透過Airbnb訂到住宿的地方；比拉斯維加斯大道（Las Vegas
Strip）上所有旅館房間可容納人數還多50%[29]。TaskRabbit也成
長快速；到2013年1月，TaskRabbit「每月交易量成長率已達

兩位數[30]。」

　　TaskRabbit 讓人們掌握到提供勞務的管道，Airbnb 則協助人們分享資產。今天的共享式經濟中還包括許多兼具這兩種類型特色的公司。群眾外包的勞動市場存在於某些特定領域，例如程式撰寫、設計、清潔等，還有其他一般性工作。大家現在會利用網站來出租相機、工具、單車、停車位、狗舍，和任何自己擁有的東西。

　　有的服務融合這兩種模式，人們可以透過這類網路提供勞務和資產。2010 年，安迪需要把他的摩托車運到另一州，他在 uShip 上找到替他做這件事的適當人選：有個人剛好有空，又擁有一輛拖車。2011 年成立的 Lyft 讓人們可以隨時視需要，把自己的座車變成計程車，載別人一程。為了避免遭計程車管理機關的反對，Lyft 沒有訂定乘車費率，只是建議搭車的乘客「樂捐」一些錢給讓他們搭便車的司機。

　　Lyft 的故事凸顯出隨著共享式經濟不斷成長，今天的法令規章還有很多問題需要解決。我們當然明白確保大眾安全的重要性，只希望法令規章不會抑制了新領域的成長。我們很高興看到群眾外包帶來的效率和降價趨勢，以及因而產生的工作機會。許多人因為參與 TaskRabbit 和 Airbnb 之類的服務，而獲得過去得不到的工作機會，並有事可做。這類服務說不定是因應伏爾泰所謂「三大惡」的好方法，我們的政策、法令和 ETIC 之類的誘因都應該鼓勵這類服務。

共享式經濟還很新，不管是相對於GDP而言或從絕對數字來看，規模都還很小。比方說，根據2013年4月的數字，TaskRabbit認可的工作執行者每個月都增加一千名新人[31]。這是令人振奮的消息，但就在同一個月，有450萬美國人已經失業超過27週[32]。這類比較告訴我們，目前群眾外包對降低失業率和增加就業機會的貢獻還不夠大。

倒不是說，我們因此不應該鼓勵和支持共享式經濟，恰好相反，要有效因應未來的勞動力挑戰，最好的辦法（或許也是唯一的辦法）將誕生於市場和資本主義，來自創新者和創業家的新科技、新發明。開創共享式經濟的公司就是很好的例子，他們的創新提升了人力的價值，而非削減人力的價值。由於我們相信工作非常重要，因此我們認為，決策者應該鼓勵共享式經濟的創新。

集思廣益

我們曾經探討未來，邀請各類科技專家和勞工領袖、經濟學家和社會學家、創業家和零售人員，甚至科幻小說家，和我們一起討論如何塑造未來，他們提供的廣泛想法令人印象深刻。像這樣的腦力激盪非常重要，因為我們需要更多新穎激進的想法、打破框架的思考，才能有效因應科技進步帶來的衝擊。以下是我們聽到的一些想法。我們將這些構想列出來，倒不見得是為它們背書，而是希望在機器持續飛躍前進時，刺激大家進一步思考，什麼是有效的因應之道：

- 創設國家共同基金，將資本所有權廣泛分配，或許還提供配息給所有公民，確保資本報酬不會高度集中。
- 使用各種稅制、管制、競賽、大挑戰或其他誘因，努力將科技發展方向，導向能擴增人類能力的機器，而不是取代人力的機器，力圖創造更多新的商品與服務，而不是只圖節省勞動力。
- 透過非營利機構及其他組織，雇用人們從事經由民主程序決定的「有益社會」的工作。
- 鼓勵特殊工作類別只能仰賴人力。舉例來說，照顧嬰幼兒或臨終病患，也許都屬於這類工作。
- 發動「人工製造」標示運動，類似於目前有機食品張貼的標示，或以類似「碳補償」（carbon offset）的做法，提供雇用人力的公司一定的信用額度，做為獎勵。如果某些消費者希望提高對人力的需求，就可以藉由這樣的標示和信用額度來達到目的。
- 針對食衣住等基本需求，發放代金券，以消除極端貧窮的情況，但滿足生活基本需求後，就讓市場來決定個人收入多寡。
- 透過類似美國經濟大蕭條時期公民保育團（Civilian

Conservation Corps）的計畫，雇用人力來清潔環境，建
造基礎設施，及健全其他公共財。或透過「工作福利計
畫」，獎勵雇用及就業。

上述每一種構想都有前景，但也有缺點。我們知道一定還
有許多更有效的辦法＊。

當然，理論有其侷限。或許我們能提供的最佳建議就是鼓
勵政策實驗，並找機會有系統地檢驗各種想法，從成功與失敗
的經驗中學習。事實上，今天無論在個人、產業、甚至國家的
層面，都可以看到第二次機器時代的經濟意涵，其中有很多值
得學習的課題。舉例來說：樂透中獎人對於從此不必再辛苦工
作，究竟有什麼反應？（提示：他們不見得很開心。）我們能
從充斥著高所得超級巨星的行業（例如職業運動界、電影業和
音樂產業），學到什麼教訓？當挪威或阿拉伯聯合大公國等國
家的公民透過主權財富基金，生來就有權取得大筆財富時，他
們會面對什麼樣的挑戰和機會？十七世紀時，有哪些制度或誘
因幫助某些有錢地主的孩子仍能過著快樂的生活，並充分發揮
創造力（當其他孩子都辦不到時）？

＊　我們很有興趣知道你最喜歡哪個構想，以及你有什麼其他建議。請上
　　www.SecondMachineAge.com網站和我們聯絡，並分享你的洞見。

　　未來十年，我們將有幸目睹驚人的科技浪潮席捲而來，我們的經濟體制和直覺都必須有所改變。如果我們的制度和心智模式都能擴大彈性，我們將能站在最佳位置面對未來，釐清需要改革之處，並推動變革。願意從他人的想法中學習，並調整自己的做法，秉持開放的心態，維持開放的制度，都將是成功的關鍵。

15
科技與未來[*]

機器不會令人類隔絕於大自然的重要問題之外，
反而會讓人類更深入探索大自然的問題。
——安東尼・聖修伯里（Antoine de Saint-Exupery）

---

* 與「科技就是未來」截然不同。

這是人類最古老的幻想：有朝一日，我們不需要太辛苦，所有的物質需求就能得到滿足，可以自由地追求自己真正的興趣、娛樂或志向；有朝一日，沒有人需要為了食衣住等基本需求，而辛辛苦苦從事自己不喜歡的工作；有朝一日，完全聽命行事的自動化僕人，可以滿足我們所有的基本生活需求。這是絕佳的故事題材，人類歷史上，也的確有很多這類的故事。古老的傳說和神話中不乏各種幻想出來的自動機器，有的是泥土做的〔例如猶太泥人（the golem）或為了對抗雷神索爾而製造的北歐巨人莫克卡夫（Mokkerkalfe）〕，有的則用黃金打造〔荷馬在史詩《伊里亞德》（*Iliad*）中描述希臘神祇赫菲斯托斯（Hephaestus）以貴重金屬打造了機器僕人和能自行移動的三足機器人〕，或皮革和木材製的自動機械（中國古代典籍《列子》中工匠偃師打造的有肉身和骨骼的假人）。雖然使用的材料不同，大家做的卻是相同的美夢。

人類用矽、金屬和塑膠等各種材料，希望實現以機器勞力換取人類自由的夢想。這些都是第二次機器時代的關鍵物理要素，是今天全球快速發展的數位電腦、電纜和監測器的核心。

人類從此擁有前所未有的能力。在過去的世代中，當人們想像著當代絕頂聰明的人如何運用手邊能取得的材料，打造出機器助手時，他們能做的唯有編故事而已。

到了我們的世代，就大不相同了。

今天，當我們想像著機器如何一一完成人類的工作，我們可以篤定地說，即使這類自動機器尚未誕生，很可能在某個實驗室或車庫中，有個人正敲敲打打，想辦法打造出這類機器人的版本1.0。過去三年來，我們拜訪了多位創新者及他們的工作坊，第二次機器時代的智慧科技令我們驚嘆不已。

在審視大環境後，我們相信人類正來到轉折點，目前只是大轉變的初步階段，而這次大轉變將帶來有如工業革命的深遠影響。新科技會呈指數式、數位化和重組式的發展，而且我們至今還未看到它發揮最大的效益。在未來二十四個月，地球增加的電腦威力將超越所有過往的歷史。在未來二十四年，電腦威力更可能成長一千倍。人類已經將艾位元組的龐大資訊數位化，但今天資料數位化的速度甚至超越摩爾定律。

我們的世代很可能有幸目睹史上最驚人的兩件大事：人類創造出真正的機器智慧，以及所有人都透過共同的數位網路相連結，徹底改變地球上的經濟態勢。創新者、創業家、科學家、發明家以及各式各樣的科技狂都將充分把握這片豐饒的沃土，打造出能令我們驚嘆、歡欣，並為我們賣力工作的新科技。當年克拉克的觀察是：頂尖科技簡直與魔法無異。而這些機器將不斷提醒我們，克拉克說得很對。

必須面對的風險

不過，並非所有的消息都是好消息。本書中間的章節顯示，雖然科技帶來的豐酬有增無減，不均的現象卻也變本加厲，而且在即將來臨的智慧科技時代，貧富不均不是唯一可能出現的後遺症。我們的時代還會面臨其他挑戰，而這些挑戰的根源不在於經濟學。

當我們更深入第二次機器時代，這些危險（無論蓄意或無心）會日益惡化，相對而言，物質需求和欲望可能變得較不重要。我們會愈來愈關心災難性事件、生存風險、自由與暴政的對抗，以及科技帶來的其他意外副作用。

單單數位世界的高密度和複雜度就蘊藏了風險。我們的科技基本設施變得愈來愈複雜，愈來愈緊密相連。舉例來說，今天的網際網路和內部網路不但連結起人與電腦，而且還會連結電視機、自動調溫器、防盜警鈴、工業感測器和控制器、火車頭、汽車和無數的其他裝置。許多機器都會彼此回饋訊息，而且大多數都仰賴少數共通的子系統，例如指揮網際網路交通的路由器。

這麼複雜而又緊密連結的系統都有兩個缺點。第一，最初的小缺陷很容易因為難以預測的連鎖反應，演變為更嚴重的大問題。社會學家查爾斯‧培羅（Charles Perrow）稱之為「系統性意外」或「常態性意外」。典型的例子是1979年美國三哩島核電廠事故，以及2003年8月美國東北部大停電，造成四千五百萬人的生活深受影響[1]。

第二，緊密相依的複雜系統很容易成為間諜、犯罪份子和其他企圖製造災難者相中的目標。最近的例子就是在政府實驗室培養出來的Stuxnet電腦蠕蟲。2010年，Stuxnet藉由入侵西門子工業設備的控制系統，至少癱瘓了一座伊朗核子設施。蠕蟲進入目標範圍後，會無害地從一部PC跳到另一部PC，藉此擴散；只要一逮到機會就入侵西門子的機器，造成損害[2]。

過去，人類尚未具有自我毀滅的能力，今天卻大不相同，而且當科技的威力愈來愈大，價格也愈來愈便宜時，這股自我毀滅的力量將會落到愈來愈多個人手中，變得更加普及。他們並非個個神智健全、心地善良。比爾‧喬伊（Bill Joy）和其他人都曾指出，基因工程與人工智慧能創造出有自我複製能力的物體[3]。也就是說，有朝一日，在地下室實驗室埋首研究的某個人，可能會利用其中一項科技，釋放出毀滅性的力量，影響整個地球。基因定序技術可以用來治療疾病，但相同的科學突破也能用來製造可當武器使用的天花病毒[4]。電腦程式也能自我複製，變成數位病毒，因此原本傳播觀念和創新的網路同樣會散布毀滅性的力量。

個人與小團體能造成的傷害愈來愈不受物理限制的束縛。我們有辦法偵測到毀滅性的科技使用方式並設法對抗嗎？我們進步的速度快到足以維護自己的安全嗎？這些問題都變得愈來愈重要。

著名作家喬治‧歐威爾（George Orwell）、威廉‧吉卜森（William Gibson）等人都曾描述過反烏托邦的情境，包括失去

自由，以及專制統治者利用科技獲得更大的權力，控制資訊流
動。埃里克・史密特（Erik Schmitt）和杰瑞德・科亨（Jared
Cohen）在《新數位時代》（*The New Digital Age*）描述了其中
的一部分科技及可能的對策。能鉅細靡遺監看世界的新工具誕
生後，政府和其敵對陣營就有能力監視人們的一舉一動及通訊
對象。我們獲得更多資訊的能力，和防止他人獲得更多關於我
們的資訊之間，原本就有衝突。當大多數的資訊都是類比式的
本地資訊時，物理定律自動保護了我們的隱私。然而在數位世
界裡，我們需要靠刻意設計的制度、誘因、法律、技術或規範
來保護隱私，明確規定我們容許或禁止、鼓勵或不贊成哪一類
的資訊流通。

科技還能帶來無數的意外副作用，包括：從電玩上癮和容
易分心，到「網路巴爾幹化」（cyberbalkanization）＊，從社會
孤立到環境惡化等[5]。即使看似有益的發明，例如能大幅延年
益壽的新科技，仍然可能為社會帶來強烈的衝擊＊＊。

＊　譯注：指網路分裂為特殊利益團體各自形成的小圈圈。
＊＊　曼昆曾做過一個思考實驗，他假設某種藥物發明後，只要服下這顆藥，人
　　人都能增加一年壽命，但每顆藥的生產成本為 10 萬美元，大多數人根本負
　　擔不起。這時，我們會禁止這種藥物、限額配給或是採取管制？

奇異點迫進？

最後、也最極端的可能性是另一個科幻小說產物：開發出完全有意識的機器。當電腦和機器人發展出「真實的」心智之後，會出現什麼情況呢？關於這點，有兩派不同的思考，一派是反烏托邦的想法，另一派則是烏托邦式的思考。電影《魔鬼終結者》和《駭客任務》，以及其他不計其數的科幻小說，都反映了反烏托邦派的看法。這些小說和電影都娛樂性十足，而且當科技愈來愈進步，逐漸具備人類的各種能力時，電影和小說的情節也變得愈來愈可信。例如，團隊合作是另一項機器逐漸具備的人類獨特能力，那麼，難保未來的華生電腦、谷歌自動汽車、Boston Dynamics 開發的 BigDog 機器人、無人飛航器，和其他無數智慧型機器也決定攜手合作？如果他們真的這樣做，他們會不會很快就領悟到，人類對科技產品其實態度很差，常不加思索就把他們淘汰、報廢，因此這支數位大軍出於自保，是否會群起對抗人類（也許用 Siri 充當口譯員）？

另一方面，在烏托邦版的數位意識裡，我們人類不會與機器正面對抗，而會與機器合流，將我們的腦力上傳雲端，成為「科技奇異點」的一部分。「奇異點」（singularity）一詞乃是科幻小說家凡爾納・文吉（Vernor Vinge）在 1983 年提出的，他預測：「我們很快就會創造出超越人類的智能……當這件事發生的時候，人類歷史將達到某種奇異點，知識將轉變到有如黑洞中央的時空般怪異、難以測知[6]。」

文吉和其他人認為，摩爾定律將驅使科技邁向奇異點，倍增的威力長期累積下來，電腦所具備的資訊處理與儲存能力將超越人類。一旦如此，事情就變得高度不可預測。機器會具備自我意識，人類和電腦將完美融合，還會發生其他根本轉變。科茲威爾曾花費許多心力，向大眾說明指數式改善的驚人威力，它在2005年出版的書《奇異點將臨》（ *The Singularity Is Near* ）中寫道，依照目前的進步速度，這些轉變將在2045年左右發生[7]。奇異點的說法或魔鬼終結者的情節究竟有多可信？老實說，我們不曉得。但就像面對所有的數位化趨勢一樣，最好還是絕不說絕不，但我們仍有一條長路要走。

贏得「危險境地」冠軍的超級電腦和無人駕駛汽車都具備科幻小說般的能力，我們有可能因此受到誤導。由於這些例子中的數位科技都在做人類做的事情，我們可能誤以為科技本身也變得愈來愈像人。但其實不然，至少還不是如此。人們打造機器，讓機器做原本由動物或人類做的工作，但我們打造機器的方法通常和大自然創造人類的方式很不一樣。人工智慧先驅佛德瑞克‧傑林內克（Frederick Jelinek）說得好：「飛機不會拍打翅膀[8]。」

科學家、工程師和其他創新者固然經常從生物學汲取靈感，但不要以為都是如此，或人工智慧近年來之所以出現重大突破，是因為我們愈來愈懂得讓機器模仿人類的思考方式。新聞記者史蒂芬・貝克（Stephen Baker）為了撰寫《我，華生，會思考的電腦？》（*Final Jeopardy!*），花了一年時間，觀察和研究IBM華生小組的工作，他發現：「IBM團隊在為華生設計程式時，並沒有花太多心思在人類大腦上。如果華生電腦與人腦有什麼相似之處，都只是巧合罷了[9]。」

　　我們為本書作研究的時候，聽到許多創新者發表類似的感觸。他們大都只是嘗試解決問題和把握機會，並沒有打算解開人類意識的謎團或探究人類究竟如何思考。在這樣做的時候，他們偶爾發明的一些新科技，可能具備了與人類相似的技巧和能力，但這些工具本身，其實和人類毫無相似之處。簡言之，目前的人工智慧科技看似擁有智慧，但其實只是人造的相似物。不過，未來這一切都可能改變。人類也許會開始打造更真切模仿人類心智的數位工具，甚至利用近來快速進步的科技來掃描和描繪大腦。果真如此的話，數位心智當然會擴增人類大腦的能力，甚至最後與人腦相融合，或開始具備自我知覺。

力量愈大，責任愈大

　　即使面對經濟、基礎建設、生物、社會、存在主義等各層面的種種挑戰，我們依然保持樂觀。正如金恩所說，歷史是一條很長的弧線，但終究會彎向正義的一方[10]。我們認為，數據也會支持這種說法。我們不只看到財富大量增加，整體而言，也看到更多自由和更多的社會正義，暴力減少了，弱勢者的生活也不再那麼艱辛，愈來愈多人擁有更多機會。

在狄更斯（Charles Dickens）的名著《聖誕頌歌》（*A Christmas Carol*）中，當代表未來的聖誕幽靈指著史顧己（Scrooge）的墓碑時，史顧己問道：「未來注定是這樣嗎？或這只是其中一種可能？」就科技及未來世界的問題而言，答案是後者。科技創造各種可能性和潛能，但我們的未來終究要取決於自己的種種選擇。我們可以獲得前所未見的豐饒和自由，也可能遭逢前所未見的災難。

今天我們正在創造的科技擁有更多改變世界的力量，但力量愈大，責任也愈大。這是為什麼我們並不支持科技決定論，也是為何我們在本書中花了三章的篇幅提出建議，希望能促進共享共榮的社會。

但長期而言，真正的問題不在於經濟成長。當愈來愈多工作都由機器代勞時，人們將花更多時間從事其他活動。除了休閒娛樂活動之外，人們還需要從發明和探索、創造和建造，從愛、友情和社群中得到更深層的滿足。我們並沒有針對這類價值，設計正式的衡量指標，或許永遠都不會這樣做，但當我們的基本經濟需求得到滿足以後，其他這些價值會變得愈來愈重要。如果說第一次機器時代將原本困在化學鍵中的能量釋放出來，重新塑造了物理世界；那麼第二次機器時代將有助於釋放人類的創造力。

　　成功與否不只取決於我們選擇哪一種科技，甚至也取決於我們在組織和體制上的變革。當我們能做的事情愈來愈不受限時，不可避免的，價值觀的重要性將超越以往。我們究竟會選擇廣泛散播資訊，還是嚴密控制資訊？經濟的繁榮能為全民所共享嗎？我們會提供創新者什麼樣的獎勵？我們能建立充滿活力的關係和社群嗎？每個人是否都有機會發現、開創和享受最美好的人生？

　　在第二次機器時代，無論個人或社會，都必須更深入思考我們究竟想要什麼，以及我們真正重視的是什麼價值。我們這一代比過往任何世代都承接了更多改變世界的機會，這是值得樂觀的原因，但唯有當我們審慎選擇時，才有樂觀的可能。

　　科技不是宿命，唯有人類自己才能塑造自己的命運。

謝辭

　　本書誕生的過程有個常見的經歷，還有段獨特的歷程。許多人都對其中之一有所貢獻，有的人則對兩者都有貢獻。

　　這個常見經歷和我們的研究有關：了解數位科技的本質，以及對經濟社會帶來的影響。我們在研究過程中，和兩種主要類型的科技狂或「技客」（geek，我們認為這個標籤代表最高的讚美）都深談過：他們是研究經濟學和其他社會科學的學者，以及科技專家。前者包括：Susan Athey、David Autor、Zoe Baird、Nick Bloom、Tyler Cowen、Charles Fadel、Chrystia Freeland、Robert Gordon、Tom Kalil、Larry Katz、Tom Kochan、Frank Levy、James Manyika、Richard Murnane、Robert Putnam、Paul Romer、Scott Stern、Larry Summers、Hal Varian，都對我們的思考提供極大幫助。後者包括：Chris Anderson、Rod Brooks、Peter Diamandis、Ephraim Heller、Reid Hoffman、Jeremy Howard、Kevin Kelly、Ray Kurzweil、John Leonard、Tod Loofbourrow、Hilary Mason、Tim O'Reilly、Sandy Penland、Brad Templeton 和 Vivek Wadhwa。他們都非常慷慨地花時間和我們談話，並容忍我們的問題。我們盡力了解他們所分享的洞見，如果我們在書中傳達這些洞見

時有任何錯誤，我們要為此致歉。

John Leonard、Frank Levy、Daniela Rus 和 Seth Teller 幾位學者在 MIT 安排了一系列的午餐聚會，邀請來自經濟系、史隆管理學院和電腦科學與人工智慧實驗室的學者齊聚一堂，討論我們最感興趣的主題。上述的兩群學者中有部分曾參加這個午餐聚會，大家互相之間展開真正跨領域的對話，純粹出於好奇，而不是為了任何必要的目的，我們迄今仍有強烈的好奇心，足以對抗學術生涯中無數可怕的要求。

正如這些午餐聚會所顯示，MIT 本身也是本書故事的一部分。對我們而言，MIT 是理想的學術生涯發展環境，我們非常感激史隆管理學院，以及院長 David Schmittlein 和副院長 S. P. Kothari 的鼎力支持。MIT 所匯聚的知識智慧令人震撼，而 MIT 的人又讓這裡變得溫暖可愛。

關於本書誕生的獨特歷程，得從我們接到拉斐爾・沙加林（Raphael Sagalyn）的探詢說起，我們很快得知，拉斐爾是出版經紀界的巨人（拉斐爾乃是經由另一位著名經紀人，即為安迪安排演講的 Joan Powell 的介紹而找上門來）。拉斐爾想知道我們有沒有興趣把原本自行出版的電子書《與機器競爭》（Race Against the Machine）變成一本實體書，也就是透過出版商、經過文稿編輯的精裝版書籍。拉斐爾很專業地用「實體書」來形容，我們當然知道他的意思。

我們很感興趣，因為寫完《與機器競爭》之後，我們仍然不斷思考和討論書中的概念。事實上，由於出版了這部電子書，我們對科技進步對經濟產生的影響愈來愈有興趣，也很高興這本書讓我們有機會和世界各地的讀者對話。所以，我們很快就決定和拉斐爾合作，看看主流出版商是否也對這個題材感興趣。

令人訝異的是，他們的確很感興趣，於是我們見到了我們的編輯Brendan Curry，以及他在W. W. Norton出版公司的同事們。在緊迫的截稿時間下，多虧了Brendan及他的同事Mitchell Kohles和Tara Powers的引導，我們的書稿逐漸成形。我們很感謝他們即使在截稿壓力下仍溫文有禮地提出的建議。

還要感謝許多同事、家人和朋友的協助，讓我們能將自己的興趣轉換為具體的書稿。為了讓我們能近距離接觸我們所描述的新科技，Dave Ferrucci和他在IBM的同事將華生電腦帶進MIT校園；Rod Brooks介紹我們認識Baxter人形機器人；Autodesk總公司的Carl Bass讓我們處理3D列印物件；Betsy Masiello和Hal Varian在谷歌公司施展魔法，讓我們有機會搭乘他們的無人駕駛汽車。我們也感謝班上的學生，本書中許多概念（以及更多容納不下的概念）都有他們的共鳴與回響。

特別感謝我們的數位疆界團隊，我們有共同的興趣，大家定期聚會，激盪、分享和琢磨彼此的各種想法，其中許多概念都在本書中出現。謝謝Matt Beane、Greg Gimpel、Shan Hwang、Heekyung Kim、Tod Loofbourrow、Frank MacCrory、

Max Novendstern、JooIIee Oh，Shachar Reichman、Guillaume Saint Jacques、Michael Schrage、Dipak Shetty、Gabriel Unger 和 George Westerman 協助我們探索數位疆界；Matt 和 Dipak 特別幫我們製作本書中的許多圖表；Gabriel、George、Greg、Michael 和 Tod 也對書稿提出詳細建議；Max 在緊迫的時間壓力下，花了無數小時檢查事實。還要感謝 Meghan Hennessey 管理艾瑞克愈來愈滿的行程表，而 Martha Pavlakis 對抗和戰勝癌症時展現的力量、勇氣和優雅，提醒艾瑞克要珍視人生真正重要的是什麼。Esther Simmons 幫安迪把事情安排得井井有條，家人讓安迪保持頭腦清醒，以及 Tatiana Lingos-Webb 讓安迪不時有理由笑一笑（有時候，這不是容易的事情）。

最後，對於我們在 MIT Center for Digital Business and Initiative on the Digital Economy 的同事，我們實在難以透過言詞充分表達出對他們的感謝。Tammy Buzzell 和 Justin Lockenwitz 把中心的事務打理得井然有序，執行總監 David Verrill 總是看似輕而易舉地完成一件件艱難任務，每一次都令我們訝異不已。我們之前已經說過，不過仍然值得再說一次：無論科技未來有多大長進，增加多少技巧和能力，都無法望其項背。

各章注釋

第1章

1. Ian Morris, *Why the West Rules—For Now: The Patterns of History, and What They Reveal About the Future* (New York: Farrar, Straus and Giroux, 2010), p. 73.
2. Ibid., p. 74.
3. Ibid., p. 71.
4. Ibid., p. 112.
5. Karl Jaspers, *The Origin and Goal of History. Translated From the German by Michael Bullock* (London: Routledge K. Paul, 1953), p. 51.
6. "Major Religions of the World Ranked by Number of Adherents," 2007, http://www.adherents.com/Religions_By_Adherents.html/.
7. Anne Rooney, *The History of Mathematics* (New York: The Rosen Publishing Group, 2012), p. 18.
8. Morris, *Why the West Rules—For Now*, p. 142.
9. Louis C. Hunter and Eleutherian Mills-Hagley Foundation, *A History of Industrial Power in the United States, 1780–1930: Steam Power* (Charlottesville, VA: University Press of Virginia, 1979), 601–30.
10. Morris, *Why the West Rules—For Now*, p. 497.
11. Ibid., p. 492.
12. Martin L. Weitzman, "Recombinant Growth," *Quarterly Journal of Economics* 113, no. 2 (1998): 331–60.
13. Bjørn Lomborg, *The Skeptical Environmentalist: Measuring the Real State of the World* (Cambridge, UK: Cambridge University Press, 2001), p. 165.

第2章

1. Frank Levy and Richard J. Murnane, *The New Division of Labor: How Computers Are Creating the Next Job Market* (Princeton, NJ: Princeton University Press, 2004).
2. Michael Polanyi, *The Tacit Dimension* (Chicago, Il: University of Chicago Press, 2009), p. 4.

3. Joseph Hooper, "DARPA's Debacle in the Desert," *Popular Science*, June 4, 2004, http://www.popsci.com/scitech/article/2004-06/darpa-grand-challenge-2004 darpas-debacle-desert.

4. Mary Beth Griggs, "4 Questions About Google's Self-Driving Car Crash," *Popular Mechanics*, August 11, 2011, http://www.popularmechanics.com/cars/news/indus try/4-questions-about-googles-self-driving-car-crash; John Markoff, "Google Cars Drive Themselves, in Traffic," *New York Times*, October 9, 2010, http://www.nytimes.com/2010/10/10/science/10google.html.

5. Ernest Hemingway, *The Sun Also Rises* (New York: HarperCollins, 2012), p. 72.

6. Levy and Murnane, *The New Division of Labor*, p. 29.

7. "Siri Is Actually Incredibly Useful Now," *Gizmodo*, accessed August 4, 2013, http://gizmodo.com/5917461/siri-is-better-now.

8. Ibid.

9. "Minneapolis Street Test: Google Gets a B+, Apple's Siri Gets a D - Apple 2.0 -Fortune Tech," *CNNMoney*, http://tech.fortune.cnn.com/2012/06/29/minneapolis-street-test-google-gets-a-b-apples-siri-gets-a-d/ (accessed June 23, 2013).

10. Ning Xiang and Rendell Torres, "Architectural Acoustics and Signal Processing in Acoustics: Topical Meeting on Spatial and Binaural Evaluation of Performing Arts Spaces I: Measurement Techniques and Binaural and Interaural Modeling," 2004, http://scitation.aip.org/getpdf/servlet/GetPDFServlet?filetype=pdf&id=JASMAN000116000004.

11. As quoted in John Markoff, "Armies of Expensive Lawyers, Replaced by Cheaper Software," *New York Times*, March 4, 2011, http://www.nytimes.com/2011/03/05/science/05legal.html?pagewanted=all&_r=0.

12. "Spring Cleaning for Some of Our APIs," *The Official Google Code Blog*, June 3, 2011, http://googlecode.blogspot.com/2011/05/spring-cleaning-for-some-of-our-apis.html.

13. Douglas Adams, *The Hitchhiker's Guide to the Galaxy* (New York: Random House, 2007), p. 54.

14. Personal communication with Sara Buda, Lionbridge Vice President, Investor Relations and Corporate Development, September 2011.

15. "Top 10 TV Ratings / Top 10 TV Shows / Nielsen," *Evernote*, August 18, 2012, https://www.evernote.com/shard/s13/sh/a448036/-9414-4246-bba4-d588d60e64ce/bb3f380315cd10deef79e33a88e56602 (accessed June 23, 2013).

16. "Meet Watson, the Jeopardy!-Playing Computer," *TV.com*, December 1, 2004, http://www.tv.com/news/meet-watson-the-jeopardy-playing-computer-25144/.

17. "What's The Most Money Won On Jeopardy?," *Celebrity Net Worth*, May 20, 2010, http://www.celebritynetworth.com/articles/entertainment-articles/whats-the-most-money-won-o/.

18. Stephen Baker, *Final Jeopardy: Man Vs. Machine and the Quest to Know Everything* (Houghton Mifflin Harcourt, 2011), p. 19.

19. "IBM and 'Jeopardy!' Relive History With Encore Presentation of 'Jeopardy!'," *Did You Know . . .* , 2013, http://www.jeopardy.com/showguide/abouttheshow/showhistory/.

20. All Watson and human performance statistics from Willy Shih, "Building Watson: Not So Elementary, My Dear!" Harvard Business School Case 612-017, September 2011 (revised July 2012), http://hbr.org/product/building-watson-not-so-elementary-my-dear/an/612017-PDF-ENG.

21. Authors' personal research.

22. Ken Jennings, "My Puny Human Brain," *Slate*, February 16, 2011, http://www.slate.com/articles/arts/culturebox/2011/02/my_puny_human_brain.single.html.

23. Isaac Asimov, "The Vocabulary of Science Fiction," in *Asimov on Science Fiction* (New York, Doubleday, 1981), p. 69.

24. "The Robot Panic of the Great Depression," *Slate*, November 29, 2011, http://www.slate.com/slideshows/technology/the-robot-panic-of-the-great-depression.html (accessed June 23, 2013).

25. "Isaac Asimov Explains His Three Laws of Robots," *Open Culture*, October 31, 2012, http://www.openculture.com/2012/10/isaac_asimov_explains_his_three_laws_of_robotics.html (accessed June 23, 2013).

26. Brian Lam, "Honda ASIMO vs. Slippery Stairs," December 11, 2006, http://gizmodo.com/220771/honda-asimo-vs-slippery-stairs?op=showcustomobject&postld=220771&item=0.

27. Hans Moravec, *Mind Children: The Future of Robot and Human Intelligence* (Cambridge, MA: Harvard University Press, 1988), p. 15.

28. "Moravec's Paradox," *Wikipedia, the Free Encyclopedia*, April 28, 2013, http://en.wikipedia.org/w/index.php?title=Moravecpercent27s_paradox&oldid=540679203.

29. Steven Pinker, *The Language Instinct* (New York: HarperPerennial ModernClassics, 2007), p. 190–91.

30. Christopher Drew, "For iRobot, the Future Is Getting Closer," *New York Times*, March 2, 2012, http://www.nytimes.com/2012/03/03/technology/for-irobot-the-future-is-getting-closer.html.

31. Danielle Kucera, "Amazon Acquires Kiva Systems in Second-Biggest Takeover," *Bloomberg*, March 19, 2012, http://www.bloomberg.com/news/2012-03-19/amazon-acquires-kiva-systems-in-second-biggest-takeover.html (accessed June 23, 2013).

32. Marc DeVidts, "First Production Run of Double Has Sold Out!," August 16, 2012, http://blog.doublerobotics.com/2012/8/16/welcome-double-update.

33. "DARPA Robotics Challenge," n.d., http://www.darpa.mil/Our_Work/TTO/Programs/DARPA_Robotics_Challenge.aspx.

34. DARPA, "Broad Agency Announcement DARPA Robots Challenge Tactical Technology Office," April 10, 2012, http://www.fbo.gov/utils/view?id=74d674ab011d5954c7a46b9c21597f30.

35. For instance, *Philips Vital Signs Camera*, n.d., http://www.vitalsignscamera.com/; Steve Casimiro, "2011 Best Outdoor iPhone Apps—Best Weather Apps," n.d., http://www.adventure-journal.com/2011-best-outdoor-iphone-apps-%E2%80%94-best-weather-apps/; *iSeismometer*, n.d., https://itunes.apple.com/us/app/iseismometer/id304190739?mt=8.

36. "SoLoMo," *Schott's Vocab Blog*, http://schott.blogs.nytimes.com/2011/02/22/sol omo/ (accessed June 23, 2013).

37. "SCIgen – An Automatic CS Paper Generator," accessed September 14, 2013, http://pdos.csail.mit.edu/scigen/.

38 Herbert Schlangemann, "Towards the Simulation of E-commerce," in *Proceedings of the 2008 International Conference on Computer Science and Software Engineering*, vol. 5, CSSE 2008 (Washington, D.C.: IEEE Computer Society, 2008), 1144–47, doi:10.1109/CSSE.2008.1.

39. Narrative Science, "Forbes Earnings Preview: H.J. Heinz," August 24, 2012, http://www.forbes.com/sites/narrativescience/2012/08/24/forbes-earnings-preview-h-j-heinz-3/.

40. "How Stereolithography 3-D Layering Works," *HowStuffWorks*, http://computer.howstuffworks.com/stereolith.htm (accessed August 4, 2013).

41. Claudine Zap, "3D Printer Could Build a House in 20 Hours," August 10, 2012, http://news.yahoo.com/blogs/sideshow/3d-printer-could-build-house-20-hours-224156687.html; see also Samantha Murphy, "Woman Gets Jawbone Made By 3D Printer," February 6, 2012, http://mashable.com/2012/02/06/3d-printer-jawbone/; "Great Ideas Soar Even Higher with 3D Printing," 2013, http://www.stratasys.com/resources/case-studies/aerospace/nasa-mars-rover.

第3章

1. G. E. Moore, "Cramming More Components onto Integrated Circuits," *Electronics* 38, no. 8 (April 19, 1965): 114–17, doi:10.1109/jproc.1998.658762.

2. Ibid.

3. Michael Kanellos, "Moore's Law to Roll on for Another Decade," *CNET*, http://news.cnet.com/2100-1001-984051.html (accessed June 26, 2013).

4. Rick Merritt, "Broadcom: Time to Prepare for the End of Moore's Law," *EE Times*, May 23, 2013, http://www.eetimes.com/document.asp?doc_id=1263256.

5. Adam Sneed, "A Brief History of Warnings About the Demise of Moore's Law," *Future Tense* blog, Slate.com, May 3, 2012, http://www.slate.com/blogs/future_tense/2012/05/03/michio_kako_and_a_brief_history_of_warnings_about_the_end_of_moore_s_law.html (accessed June 26, 2013).

6. "Moore's Law: The Rule That Really Matters in Tech," *CNET*, October 15, 2012, http://news.cnet.com/8301-11386_3-57526581-76/moores-law-the-rule-that-really-matters-in-tech/.

7. H. J. R Murray, *A History of Chess* (Northampton, MA: Benjamin Press, 1985).

8. Ray Kurzweil, *The Age of Spiritual Machines: When Computers Exceed Human Intelligence* (London: Penguin, 2000), p. 36.

9. See http://www.cuug.ab.ca/~branderr/pmc/012_coal.html (accessed September 23, 2013).

10. Ionut Arghire, "The Petaflop Barrier Is Down, Going for the Exaflop?," *Softpedia*, June 10, 2008, http://news.softpedia.com/news/The-Petaflop-Barrier-Is-Down-Going-for-the-Exaflop-87688.shtml.

11. "The Tops in Flops," *Scribd*, http://www.scribd.com/doc/88630700/The-Tops-in-Flops (accessed June 26, 2013).

12. Matt Gemmell, "iPad Multi-Touch," May 9, 2010, http://mattgemmell.com/2010/05/09/ipad-multi-touch/.

13. "Company News; Cray to Introduce A Supercomputer," *New York Times*, February 11, 1988, http://www.nytimes.com/1988/11/02/business/company-news-cray-to-introduce-a-supercomputer.html (accessed June 26, 2013).

14. Thomas Fine, "The Dawn of Commercial Digital Recording," *ARSC Journal* 39 (Spring 2008): 1–17; Jurrien Raif, "Steven Sasson Named to CE Hall of Fame," *Let's Go Digital*, September 18, 2007, http://www.letsgodigital.org/en/16859/ce-hall-of-fame/.

15. "Hendy's Law," Nida Javed, December 7, 2012, http://prezi.com/v-rooknipogx/hendys-law/.

16. Josep Aulinas et al., "The SLAM Problem: A Survey," in *Proceedings of the 2008 Conference on Artificial Intelligence Research and Development: Proceedings of the 11th International Conference of the Catalan Association for Artificial Intelligence* (Amsterdam: IOS Press, 2008), pp. 363–71, http://dl.acm.org/citation.cfm?id=1566899.1566949.

17. Dylan McGrath, "Teardown: Kinect Has Processor after All," *EE Times*, November 15, 2010, http://www.eetimes.com/electronics-news/4210757/Teardown—Kinect-has-processor-after-all.

18. "Microsoft Kinect Sales Top 10 Million, Set New Guinness World Record," *Mashable*, March 9, 2011, http://mashable.com/2011/03/09/kinect-10-million/ (accessed June 26, 2013).

19. "Xbox Kinect's Game Launch Lineup Revealed," *Mashable*, October 18, 2010, http://mashable.com/2010/10/18/kinect-launch-games/ (accessed June 26, 2013).

20. "KinectFusion: The Self-Hack That Could Change Everything," *The Creators Project*, August 18, 2011, http://thecreatorsproject.vice.com/blog/kinectfusion-the-self-hack-that-could-change-everything (accessed June 26, 2013).

21. Sarah Kessler, "KinectFusion HQ – Microsoft Research," http://research.microsoft.com/apps/video/dl.aspx?id=152815 (accessed June 26, 2013).

22. "Microsoft's KinectFusion Research Project Offers Real-time 3D Reconstruction, Wild AR Possibilities," *Engadget*, August 9, 2011, http://www.engadget.com/2011/08/09/microsofts-kinectfusion-research-project-offers-real-time-3d-re/ (accessed June 26, 2013).

23. Thomas Whelan et al., "Kintinuous: Spatially Extended KinectFusion," n.d., http://dspace.mit.edu/bitstream/handle/1721.1/71756/MIT-CSAIL-TR-2012-020.pdf?sequence=1.

24. Brett Solomon, "Velodyne Creating Sensors for China Autonomous Vehicle Market," *Technology Tell*, July 5, 2013, http://www.technologytell.com/in-car-tech/4283/velodyne-creating-sensors-for-china-autonomous-vehicle-market/.

第 4 章

1. Nick Wingfield and Brian X. Chen, "Apple Keeps Loyalty of Mobile App Developers," *New York Times*, June 10, 2012, http://www.nytimes.com/2012/06/11/technology/apple-keeps-loyalty-of-mobile-app-developers.html.

2. "How Was the Idea for Waze Created?," http://www.waze.com/faq/ (accessed June 27, 2013).

3. Daniel Feldman, "Waze Hits 20 Million Users!," July 5, 2012, http://www.waze.com/blog/waze-hits-20-million-users/.

4. Carl Shapiro and Hal R. Varian, *Information Rules: A Strategic Guide to the Network Economy* (Boston, MA: Harvard Business School Press, 1998), p. 3.

5. Jules Verne, *Works of Jules Verne* (New York: V. Parke, 1911), http://archive.org/details/worksofjulesvern01vernuoft.

6. Shapiro and Varian, *Information Rules*, p. 21.

7. "Friendster," *Wikipedia*, http://en.wikipedia.org/w/index.php?title=Friendster&oldid=559301831 (accessed June 27, 2013); "History of Wikipedia," *Wikipedia*, http://en.wikipedia.org/w/index.php?title=History_of_Wikipedia&oldid=561664870 (accessed June 27, 2013); "Blogger (service)," *Wikipedia*, http://en.wikipedia.org/w/index.php?title=Blogger_(service)&oldid=560541931 (accessed June 27, 2013).

8. "Top Sites," *Alexa: The Web Information Company*, http://www.alexa.com/topsites (accessed September 8, 2012).

9. "IBM Watson Vanquishes Human Jeopardy Foes," *PCWorld*, February 16, 2011, http://www.pcworld.com/article/219893/ibm_watson_vanquishes_human_jeopardy_foes.html.

10. "IBM's Watson Memorized the Entire 'Urban Dictionary,' Then His Overlords Had to Delete It," *The Atlantic*, January 10, 2013, http://www.theatlantic.com/technology/archive/2013/01/ibms-watson-memorized-the-entire-urban-dictionary-then-his-overlords-had-to-delete-it/267047/.

11. Kevin J. O'Brien, "Talk to Me, One Machine Said to the Other," *New York Times*, July 29, 2012, http://www.nytimes.com/2012/07/30/technology/talk-to-me-one-machine-said-to-the-other.html.

12. "VNI Forecast Highlights," *Cisco*, http://www.cisco.com/web/solutions/sp/vni/vni_forecast_highlights/index.html (accessed June 28, 2013).

13. "VNI Forecast Highlights," *Cisco*, http://www.cisco.com/web/solutions/sp/vni/vni_forecast_highlights/index.html (accessed June 28, 2013).

14. Infographic, "The Dawn of the Zettabyte Era," *Cisco Blogs*, http://blogs.cisco.com/news/the-dawn-of-the-zettabyte-era-infographic/ (accessed June 28, 2013).

15. Russ Rowlett, "How Many? A Dictionary of Units of Measurement," April 16, 2005, http://www.unc.edu/~rowlett/units/prefixes.html.

16. Rumi Chunara, Jason R. Andrews, and John S. Brownstein, "Social and News Media Enable Estimation of Epidemiological Patterns Early in the 2010 Haitian Cholera Outbreak," *American Journal of Tropical Medicine and Hygiene* 86, no. 1 (2012): 39–45, doi:10.4269/ajtmh.2012.11-0597.

17. Sitaram Asur and Bernardo A. Huberman, *Predicting the Future with Social Media*," arXiv e-print, Cornell University Library, March 29, 2010, http://arxiv.org/abs/1003.5699.
18. Jennifer Howard, "Google Begins to Scale Back Its Scanning of Books From University Libraries," *Chronicle of Higher Education*, March 9, 2012, http://chronicle.com/article/Google-Begins-to-Scale-Back/131109/.
19. "Culturomics," http://www.culturomics.org/ (accessed June 28, 2013).
20. Jean-Baptiste Michel et al., "Quantitative Analysis of Culture Using Millions of Digitized Books," *Science* 331, no. 6014 (2011): 176–82, doi:10.1126/science.1199644.
21. Steve Lohr, "For Today's Graduate, Just One Word: Statistics," *New York Times*, August 6, 2009, http://www.nytimes.com/2009/08/06/technology/06stats.html.
22. Boyan Brodaric, *Field Data Capture and Manipulation Using GSC Fieldlog V3.0*, U.S. Geological Survey Open-File Report 97-269 (Geological Survey of Canada, October 7, 1997), http://pubs.usgs.gov/of/1997/of97-269/brodaric.html.
23. *Selective Availability* (National Coordination Office for Space-Based Positioning, Navigation, and Timing, February 17, 2012), http://www.gps.gov/systems/gps/modernization/sa/.

第 5 章

1. Henry Southgate, *Many Thoughts of Many Minds: Being a Treasury of Reference Consisting of Selections from the Writings of the Most Celebrated Authors . . .* (Griffin, Bohn, and Company, 1862), p. 451.
2. Paul R. Krugman, *The Age of Diminished Expectations: U.S. Economic Policy in the 1990s* (Cambridge, MA: MIT Press, 1997), p. 11.
3. Joseph Alois Schumpeter, *Business Cycles: A Theoretical, Historical, and Statistical Analysis of the Capitalist Process* (Philadelphia, NJ: Porcupine Press, 1982), p. 86.
4. Robert J. Gordon, *Is U.S. Economic Growth Over? Faltering Innovation Confronts the Six Headwinds*, Working Paper (National Bureau of Economic Research, August 2012), http://www.nber.org/papers/w18315.
5. Ibid.
6. Tyler Cowen, *The Great Stagnation: How America Ate All the Low-hanging Fruit of Modern History, Got Sick, and Will (Eventually) Feel Better* (New York: Dutton, 2011).
7. Gavin Wright, "Review of Helpman (1998)," *Journal of Economic Literature* 38 (March 2000): 161–62.
8. Boyan Jovanovic and Peter L. Rousseau, "General Purpose Technologies," in *Handbook of Economic Growth*, ed. Philippe Aghion and Steven N. Durlauf, vol. 1, Part B (Amsterdam: Elsevier, 2005), 1181–1224, http://www.sciencedirect.com/science/article/pii/S157406840501018X.
9. Alexander J. Field, *Does Economic History Need GPTs?* (Rochester, NY: Social Science Research Network, 2008), http://papers.ssrn.com/abstract=1275023.
10. Gordon, *Is U.S. Economic Growth Over?*, p. 11.
11. Cowen, *The Great Stagnation*, location 520.

12. Gordon, *Is U.S. Economic Growth Over?*, p. 2.

13. Kary Mullis, "The Polymerase Chain Reaction" (Nobel Lecture, December 8, 1993), http://www.nobelprize.org/nobel_prizes/chemistry/laureates/1993/mullis-lecture.html?print=1.

14. W. Brian Arthur, *The Nature of Technology: What It Is and How It Evolves* (New York: Simon and Schuster, 2009), p. 122.

15. Paul Romer, "Economic Growth," *Library of Economics and Liberty*, 2008, http://www.econlib.org/library/Enc/EconomicGrowth.html.

16. Ibid.

17. Associated Press, "Number of Active Users at Facebook over the Years," *Yahoo! Finance*, http://finance.yahoo.com/news/number-active-users-facebook-over-years-214600186—finance.html (accessed June 29, 2013).

18. Martin L. Weitzman, "Recombinant Growth," *Quarterly Journal of Economics* 113, no. 2 (1998): 331–60.

19. Ibid., 357.

20. Eric Raymond, "The Cathedral and the Bazaar," September 11, 2000, http://www.catb.org/esr/writings/homesteading/cathedral-bazaar/.

21. "NASA Announces Winners of Space Life Sciences Open Innovation Competition," *NASA – Johnson Space Center – Johnson News*, http://www.nasa.gov/centers/johnson/news/releases/2010/J10-017.html (accessed June 29, 2013).

22. Steven Domeck, "NASA Challenge Pavilion Results," 2011, http://www.nasa.gov/pdf/651444main_InnoCentive%20NASA%20Challenge%20Results%20CoECI_D1_0915%20to%200955.pdf.

23. Lars Bo Jeppesen and Karim Lahkani, "Marginality and Problem Solving Effectiveness in Broadcast Search," *Organization Science* 20 (2013), http://dash.harvard.edu/bitstream/handle/1/3351241/Jeppesen_Marginality.pdf?sequence=2.

24. "Predicting Liability for Injury from Car Accidents," *Kaggle*, 2013, http://www.kaggle.com/solutions/casestudies/allstate.

25. "Carlsberg Brewery Harnesses Design Innovation Using Affinnova," *Affinnova*, http://www.affinnova.com/success-story/carlsberg-breweries/ (accessed August 6, 2013).

第 6 章

1. John Markoff, "Israeli Start-Up Gives Visually Impaired a Way to Read," *New York Times*, June 3, 2013, http://www.nytimes.com/2013/06/04/science/israeli-start-up-gives-visually-impaired-a-way-to-read.html.

2. "Press Announcements – FDA Approves First Retinal Implant for Adults with Rare Genetic Eye Disease," *WebContent*, February 14, 2013, http://www.fda.gov/NewsEvents/Newsroom/PressAnnouncements/ucm339824.htm.

3. "Wheelchair Makes the Most of Brain Control," *MIT Technology Review*, Septem-

ber 13, 2010, http://www.technologyreview.com/news/420756/wheelchair-makes-the-most-of-brain-control/.

4. "IBM Watson Helps Fight Cancer With Evidence-based Diagnosis and Treatment Suggestions," *Memorial Sloan-Kettering Cancer Center*, January 2013, http://www-03.ibm.com/innovation/us/watson/pdf/MSK_Case_Study_IMC14794.pdf.

5. David L. Rimm, "C-Path: A Watson-Like Visit to the Pathology Lab," *Science Translational Medicine* 3, no. 108 (2011): 108fs8–108fs8.

6. Andrew H. Beck et al., "Systematic Analysis of Breast Cancer Morphology Uncovers Stromal Features Associated with Survival," *Science Translational Medicine* 3, no. 108 (2011): 108ra113–108ra113, doi:10.1126/scitranslmed.3002564.

7. Julian Lincoln Simon, *The Ultimate Resource* (Princeton, NJ: Princeton University Press, 1981), p. 196.

8. Julian Lincoln Simon, *The Ultimate Resource* 2 (rev. ed., Princeton, NJ: Princeton University Press, 1998), p. xxxviii.

9. World Bank, *Information and Communications for Development 2012: Maximizing Mobile* (Washington, DC: World Bank Publications, 2012).

10. Robert Jensen, "The Digital Provide: Information (Technology), Market Performance, and Welfare in the South Indian Fisheries Sector," *Quarterly Journal of Economics* 122, no. 3 (2007): 879–924, doi:10.1162/qjec.122.3.879.

11. Erica Kochi, "How The Future of Mobile Lies in the Developing World," *TechCrunch*, May 27, 2012, http://techcrunch.com/2012/05/27/mobile-developing-world/.

12. Marguerite Reardon, "Smartphones to Outsell Feature Phones in 2013 for First Time," *CNET*, March 4, 2013, http://news.cnet.com/8301-1035_3-57572349-94/smartphones-to-outsell-feature-phones-in-2013-for-first-time/.

13. Jonathan Rosenblatt, "Analyzing Your Data on the AWS Cloud (with R)," *R-statistics Blog*, July 22, 2013, http://www.r-statistics.com/2013/07/analyzing-your-data-on-the-aws-cloud-with-r/.

14. Carl Bass, "We've Reached Infinity—So Start Creating," *Wired UK*, February 22, 2012, http://www.wired.co.uk/magazine/archive/2012/03/ideas-bank/weve-reached-infinity.

15. Noam Cohen, "Surviving Without Newspapers," *New York Times*, June 7, 2009, http://www.nytimes.com/2009/06/07/weekinreview/07cohen.html.

第 7 章

1. While the rate has fluctuated with recession, over longer periods it has been remarkably steady. In fact, in 1957, the economist Nicholas Kaldor summarized what was known about economic growth at the time in a classic article: "A Model of Economic Growth," *Economic Journal* 67, no. 268 (1957): 591–624. His observations, including the relatively constant growth rates of key variables, such as wage growth and the amount of capital per worker, came to be known as the "Kaldor Facts."

2. Bret Swanson,"Technology and the Growth Imperative," *The American*, March 26, 2012, http://www.american.com/archive/2012/march/technology-and-the-growth-imperative (accessed Sept 23, 2013).

3. Congressional Budget Office, *The 2013 Long-Term Budget Outlook*, September 2013, p. 95. http://www.cbo.gov/sites/default/files/cbofiles/attachments/44521-LTBO2013.pdf.

4. Robert Solow, "We'd Better Watch Out," *New York Times Book Review*, July 12, 1987.

5. Erik Brynjolfsson, "The Productivity Paradox of Information Technology," *Communications of the ACM* 36, no. 12 (1993): 66–77, doi:10.1145/163298.163309.

6. See, e.g., Erik Brynjolfsson and Lorin Hitt, "Paradox Lost: Firm Level Evidence on the Returns to Information Systems," *Management Science* 42, no. 4 (1996): 541–58. See also Brynjolfsson and Hitt, "Beyond Computation: Information Technology, Organizational Transformation and Business Performance," *Journal of Economic Perspectives* 14, no. 4 (2000): 23–48, which summarizes much of the literature on this question.

7. Dale W. Jorgenson, Mun S. Ho, and Kevin J. Stiroh, "Will the U.S. Productivity Resurgence Continue?," *Current Issues in Economics and Finance* (2004), http://ideas.repec.org/a/fip/fednci/y2004idecnv.10no.13.html.

8. C. Syverson, "Will History Repeat Itself? Comments on 'Is the Information Technology Revolution Over?' " *International Productivity Monitor 25* (2013): 37–40.

9. "Computer and Dynamo: The Modern Productivity Paradox in a Not-Too-Distant Mirror," *Center for Economic Policy Research*, no. 172, Stanford University, July 1989, http://www.dklevine.com/archive/refs4115.pdf.

10. For instance, Materials Resource Planning (MRP) systems, which begat Enterprise Resource Planning (ERP), and then Supply Chain Management (SCM), Customer Relationship Management (CRM), and, more recently, Business Intelligence (BI), Analytics and many other large-scale systems.

11. Todd Traub, "Wal-Mart Used Technology to Become Supply Chain Leader," *Arkansas Business*, http://www.arkansasbusiness.com/article/85508/wal-mart-used-technology-to-become-supply-chain-leader (accessed July 20, 2013).

12. This is consistent with a similar analysis by Oliner and Sichel (2002), who wrote, "both the use of information technology and the efficiency gains associated with the production of information technology were central factors in [the productivity] resurgence." Oliner, Sichel, and Stiroh (2007) also found that IT was a key factor in this resurgence. Dale Jorgenson, Mun Ho, and Kevin Stiroh, "Will the U.S. Productivity Resurgence Continue?" Federal Reserve Bank of New York: Current Issues in Economics and Finance, December 2004, http://www.newyorkfed.org/research/current_issues/ci10-13/ci10-13.html.

Susan Housman, an economist at the Upjohn Institute has argued that the enormous productivity gains of the computer producing industries unfairly skew the productivity of the manufacturing sector (http://www.minneapolisfed.org/publications_papers/pub_display.cfm?id=4982). She says, "The computer industry is small—it only accounts for about 12 percent of manufacturing's value added. But it has an outsized effect on manufacturing statistics. . . . But we find that without the computer industry, growth in manufacturing real value added falls by two-thirds and productivity growth falls by almost half. It doesn't look like a strong sector without computers." However, we see the glass as half-full, and welcome the contribution of computers even as other sectors lag.

13. See K. J. Stiroh, "Information Technology and the U.S. Productivity Revival: What Do the Industry Data Say?," *American Economic Review* 92, no. 5 (2002): 1559–76; and D. W. Jorgenson, M. S. Ho, and J. D. Samuels, "Information Technology and U.S. Productivity Growth: Evidence from a Prototype Industry Production Account," *Journal of Productivity Analysis*, 36, no. 2 (2011): 159–75, especially table 5, which shows the total factor productivity growth was about ten times higher in IT-using sectors than in sectors that did not use IT extensively.

14. See E. Brynjolfsson and L. M. Hitt, "Computing Productivity: Firm-level Evidence," *Review of Economics and Statistics* 85, no. 4 (2003): 793–808. Similarly, Stanford University's Nicholas Bloom, Harvard University's Rafaela Sadun, and the London School of Economics' John Van Reenen found that American firms were particularly adept at implementing management practices that maximized the value of IT, and this lead to measurable productivity improvements, as documented. See N. Bloom, R. Sadun, and J. Van Reenen "Americans Do IT Better: U.S. Multinationals and the Productivity Miracle (No. w13085)," National Bureau of Economic Research, 2007.

15. Andrew McAfee, "Pharmacy Service Improvement at CVS (A)," *Harvard Business Review*, Case Study, 2005, http://hbr.org/product/pharmacy-service-improvement-at-cvs-a/an/606015-PDF-ENG.

16. Erik Brynjolfsson, Lorin Hitt, and Shinkyu Yang, "Intangible Assets: Computers and Organizational Capital," *Brookings Papers on Economic Activity*, 2002, http://ebusiness.mit.edu/research/papers/138_Erik_Intangible_Assets.pdf.

17. More details can be found in Erik Brynjolfsson and Adam Saunders, *Wired for Innovation: How Information Technology Is Reshaping the Economy* (Cambridge, MA; London: MIT Press, 2013).

18. According to the U.S. Bureau of Labor Statistics, productivity growth averaged 2.4 percent between 2001 and 2010, 2.3 percent between 1991 and 2000, 1.5 percent between 1981 and 1990, and 1.7 percent between 1971 and 1980.

第 8 章

1. Joel Waldfogel, "Copyright Protection, Technological Change, and the Quality of New Products: Evidence from Recorded Music Since Napster," Working Paper (National Bureau of Economic Research, October 2011), http://www.nber.org/papers/w17503.

2. Albert Gore, *The Future: Six Drivers of Global Change* (New York: Random House, 2013), p. 45.

3. The English Wikipedia has over 2.5 billion words, which is over fifty times as many as *Encyclopaedia Britannica*. "Wikipedia: Size Comparisons," *Wikipedia, the Free Encyclopedia*, July 4, 2013, http://en.wikipedia.org/w/index.php?title=Wikipedia:Size_comparisons&oldid=562880212 (accessed August 17, 2013).

4. Actually, 90 percent of apps on smartphones are now free. Alex Cocotas, "Nine Out Of Ten Apps On Apple's App Store Are Free," *Business Insider*, July 19, 2013, http://www.businessinsider.com/nine-out-of-10-apps-are-free-2013-7#ixzz2cojAAOCy (accessed August 17, 2013).

5. Cannibalization of SMS services by free over-the-top (OTT) service is estimated to cost telephone companies over $30 billion in 2013, according to the analyst group Ovum. Graeme Philipson, "Social Messaging to Cost Telcos $30 Billion in Lost SMS Revenues," *IT Wire*, May 2, 2013, http://www.itwire.com/it-industry-news/strategy/59676-social-messaging-to-cost-telcos-$30-billion-in-lost-sms-revenues (accessed August 17, 2013). In theory, the hardworking statisticians at the Bureau of Economic Analysis try to account for quality-adjusted price changes. In practice, this works for small changes but not for highly disruptive introductions of new products and services. What's more, sometimes increases in GDP reflect declines in our well-being. For instance, an increase in crime might prompt more spending on burglar alarms, police services, and prisons. Every dollar spent on these activities increases GDP, but of course the nation would be better off with less crime and less need for this kind of spending.

6. See http://archive.org/stream/catalogno12400sear#page/370/mode/2up (accessed September 15, 2013).

7. Try the 1912 Sears catalog (p. 873), where it's priced at just 72 cents; see http://archive.org/stream/catalogno12400sear#page/872/mode/2up.

8. It turns out that you get a slightly different answer depending on whether you try to replicate the "happiness" that you had in 1993 using the 2013 catalog, or replicate the happiness of the 2013 catalog using the 1993 catalog. Technically this is the difference between what economists call the Paasche and Laspeyres Price indexes. An alternative is to continually adjust the basket of goods being considered, which is the approach used in so-called chained price indexes. The choice of price index, while subtle, can lead to hundreds of billions of dollars in differences over time, as in the case of indexing Social Security payments for changes in the cost of living.

9. In principle, when the exact same good is available for a lower price, the nominal GDP would fall, but the real GDP would not, with the difference being reflected in the price index. In practice, changes in consumption like this are not picked up in changes in price indexes, and thus official numbers for both nominal and real GDP fall.

10. Erik Brynjolfsson, "The Contribution of Information Technology to Consumer Welfare," *Information Systems Research* 7, no. 3 (1996): 281–300, doi:10.1287/isre.7.3.281.

11. Erik Brynjolfsson and Joo Hee Oh, "The Attention Economy: Measuring the Value of Free Goods on the Internet," in NBER Conference on the Economics of Digitization, Stanford, 2012, http://conference.nber.org/confer//2012/EoDs12/Brynjolfsson_Oh.pdf.

12. Hal Varian, "Economic Value of Google," March 29, 2011, http://cdn.oreillystatic.com/en/assets/1/event/57/The%20Economic%20Impact%20of%20Google%20Presentation.pdf (accessed August 23, 2013). Yan Chen, Grace YoungJoo Jeon, and Yong-Mi Kim, "A Day without a Search Engine: An Experimental Study of Online and Offline Search," http://yanchen.people.si.umich.edu/.

13. Emil Protalinski, "10.5 Billion Minutes Spent on Facebook Daily, Excluding Mobile," *ZDNet*, http://www.zdnet.com/blog/facebook/10-5-billion-minutes-spent-on-face book-daily-excluding-mobile/11034 (accessed July 23, 2013).

14. Daniel Weld, "Internet Enabled Human Computation," July 22, 2013, Slide 49, https://docs.google.com/viewer?a=v&q=cache:HKa8bKFJkRQJ:www.cs.washington. edu/education/courses/cse454/10au/slides/13-hcomp.ppt+facebook+hours+pana ma+canal+ahn&hl=en&gl=us&pid=bl&srcid=ADGEESjO16Vz-Mrtg5P2gFvRC82qOo JvsHNVmr56N1XbswDpmqoxb1pUMLoJacAgvNdPRk5OCU0gPCjLbf_3SIvu4oiqCYA qywUkC18VLBdwiE2SwTQrGJXOxuxZFpu_gy6JrmzAtri0&sig=AHIEtbQnKVDd9ybDu AJQJMIMhD8R_oNt8Q.

15. For a good overview, see Clive Thompson, "For Certain Tasks, the Cortex Still Beats the CPU," *Wired*, June 25, 2007.

16. National Science Foundation, "Industry, Technology, and the Global Market-place," *Science and Engineering Indicators 2012*, 2012, http://www.nsf.gov/statistics/ seind12/c6/c6h.htm#s2 (accessed July 27, 2013).

17. Michael Luca, "Reviews, Reputation, and Revenue: The Case of Yelp.com," Harvard Business School Working Paper (Harvard Business School, 2011), http://ideas.repec. org/p/hbs/wpaper/12-016.html (accessed September 12, 2013).

18. Ralph Turvey, "Review of: Toward a More Accurate Measure of the Cost of Liv-ing: Final Report to the Senate Finance Committee from the Advisory Committee to Study the Consumer Price Index. by Michael J. Boskin; Ellen R. Dullberger; Robert J. Gordon," *Economic Journal* 107, no. 445 (1997): 1913–15, doi:10.2307/2957930.

19. Jonathan Rothwell et al., "Patenting Prosperity: Invention and Economic Perfor-mance in the United States and Its Metropolitan Areas," February 2013, http://www. brookings.edu/research/reports/2013/02/patenting-prosperity-rothwell (accessed September 12, 2013).

20. See Carol Corrado, Chuck Hulten, and Dan Sichel, "Intangible Capital and Eco-nomic Growth," NBER Working Paper No. 11948, 2006, http://www.nber.org/papers/ w11948.

21. Erik Brynjolfsson, Lorin Hitt, and Shinkyu Yang, "Intangible Assets: Computers and Organizational Capital," Brookings Papers on Economic Activity, 2002, http://ebusi ness.mit.edu/research/papers/138_Erik_Intangible_Assets.pdf (accessed August 18, 2013); Erik Brynjolfsson and Lorin M. Hitt, "Computing Productivity: Firm-Level Evi-dence," SSRN Scholarly Paper (Rochester, NY: Social Science Research Network, 2003), http://papers.ssrn.com/abstract=290325.

22. Rick Burgess, "One Minute on the Internet: 640TB Data Transferred, 100k Tweets, 204 Million E-mails Sent," *TechSpot*, http://www.techspot.com/news/52011-one-min ute-on-the-internet-640tb-data-transferred-100k-tweets-204-million-e-mails-sent. html (accessed July 23, 2013).

23. "Facebook Newsroom," http://newsroom.fb.com/content/default.aspx?News AreaId=21 (accessed July 23, 2013).

24. Dale Jorgenson and Barbara Fraumeni, "The Accumulation of Human and Non-human Capital, 1948–84," in *The Measurement of Saving, Investment, and Wealth* (Chi-

cago, IL: University of Chicago Press for National Bureau of Economic Research, 1989), p. 230, http://www.nber.org/chapters/c8121.pdf.

25. Adam Smith, *An Inquiry into the Nature and Causes of the Wealth of Nations*, ed. Edwin Cannan (Library of Economics and Liberty, 1904), http://www.econlib.org/library/Smith/smWN20.html (accessed September 23, 2013).

26. Ana Aizcorbe, Moylan Carol, and Robbins Carol, "Toward Better Measurement of Innovation and Intangibles," BEA Briefing, January 2009, http://www.bea.gov/scb/pdf/2009/01%20January/0109_innovation.pdf.

27. As quoted in "GDP: One of the Great Inventions of the 20th Century," January 2000 Survey of Current Business, http://www.bea.gov/scb/account_articles/general/0100od/maintext.htm.

28. Joseph E. Stiglitz, "GDP Fetishism," *Project Syndicate*, http://www.project-syndicate.org/commentary/gdp-fetishism (accessed July 23, 2013).

29. "Human Development Index (HDI)," *Human Development Reports*, 2012, http://hdr.undp.org/en/statistics/hdi/ (accessed July 23, 2013).

30. "Policy—A Multidimensional Approach," *Oxford Poverty & Human Development Initiative*, 2013, http://www.ophi.org.uk/policy/multidimensional-poverty-index/.

31. "DHS Overview," *Measure DHS: Demographic and Health Surveys*, 2013, http://www.measuredhs.com/What-We-Do/Survey-Types/DHS.cfm (accessed September 11, 2013).

32. Joseph Stiglitz, Amartya Sen, and Jean-Paul Fitoussi, "Report by the Commission on the Measurement of Economic Performance and Social Progress," *Council on Foreign Relations*, August 25, 2010, http://www.cfr.org/world/report-commission-measurement-economic-performance-social-progress/p22847 (accessed August 9, 2013).

33. See the Social Progress Index at http://www.socialprogressimperative.org/data/spi.

34. See the Well-Being Index at http://www.well-beingindex.com/.

35. See the MIT Billion Prices Project at http://bpp.mit.edu.

36. See, for example, Hyunyoung Choi and Hal Varian, "Predicting the Present with Google Trends," *Google Inc.*, April 10, 2009, http://static.googleusercontent.com/external_content/untrusted_dlcp/www.google.com/en/us/googleblogs/pdfs/google_predicting_the_present.pdf (accessed September 11, 2013); Lynn Wu and Erik Brynjolfsson, "The Future of Prediction: How Google Searches Foreshadow Housing Prices and Sales," SSRN Scholarly Paper (Rochester, NY: Social Science Research Network, 2013), http://papers.ssrn.com/abstract=2022293.

第9章

1. Jonathan Good, "How Many Photos Have Ever Been Taken?," *1000memories*, September 15, 2011, http://blog.1000memories.com/94-number-of-photos-ever-taken-digital-and-analog-in-shoebox (accessed August 10, 2013).

2. Ibid.

3. Tomi Ahonen, "Celebrating 30 Years of Mobile Phones, Thank You NTT of Japan," *Communities Dominate Brands*, November 13, 2009, http://communities-dominate. blogs.com/brands/2009/11/celebrating-30-years-of-mobile-phones-thank-you-ntt-of-japan.html (accessed September 11, 2013).

4. Good, "How Many Photos Have Ever Been Taken?"

5. Craig Smith, "By the Numbers: 12 Interesting Instagram Stats," *Digital Marketing Ramblings* . . . , June 23, 2013, http://expandedramblings.com/index.php/important-instagram-stats/ (accessed August 10, 2013).

6. Leena Rao, "Facebook Will Grow Headcount Quickly In 2013 To Develop Money-Making Products, Total Expenses Will Jump By 50 Percent," *TechCrunch*, January 30, 2013, http://techcrunch.com/2013/01/30/zuck-facebook-will-grow-headcount-quickly-in-2013-to-develop-future-money-making-products/ (accessed August 10, 2013).

7. Brad Stone and Ashlee Vance, "Facebook's 'Next Billion': A Q&A With Mark Zuckerberg," *Bloomberg Businessweek*, October 4, 2012, http://www.businessweek.com/articles/2012-10-04/facebooks-next-billion-a-q-and-a-with-mark-zuckerberg (accessed September 11, 2013).

8. "Kodak's Growth and Decline: A Timeline," *Rochester Business Journal*, January 19, 2012, http://www.rbj.net/print_article.asp?aID=190078.

9. According to an analysis of 2006 tax returns in the United States by Emmanuel Saez of University of California, Berkeley.

10. In contrast, life expectancy for men and women with more than a high school education increased during this period.

11. Sylvia Allegretto, "The State of Working America's Wealth, 2011," Briefing Paper No. 292, Economic Policy Institute, Washington, D.C.

12. See for example, Josh Bivens, "Inequality, Exhibit A: Walmart and the Wealth of American Families," *Working Economics*, Economic Policy Institute blog, http://www.epi.org/blog/inequality-exhibit-wal-mart-wealth-american/ (accessed September 17, 2013).

13. Luisa Kroll, "Inside the 2013 Forbes 400: Facts and Figures On America's Richest," *Forbes*, September 16, 2013, http://www.forbes.com/sites/luisakroll/2013/09/16/inside-the-2013-forbes-400-facts-and-figures-on-americas-richest/ (accessed September 16, 2013).

14. About one-third of the difference reflected technical differences in the way output prices are calculated when used in productivity calculations versus the consumer prices used in calculating income. In addition, about 12 percent was due to the growth of nonwage benefits such as health care. See Lawrence Mishel, "The Wedges between Productivity and Median Compensation Growth," Economic Policy Institute, April 26, 2012, http://www.epi.org/publication/ib330-productivity-vs-compensation/. When looking at household income, about 20 percent of the decline reflects the fact that households are somewhat smaller than they were thirty years ago.

15. Data from the Organization for Economic Cooperation and Development (OECD)

show that income inequality increased in seventeen of twenty-two nations including Mexico, the United States, Israel, United Kingdom, Italy, Australia, New Zealand, Japan, Canada, Germany, Netherlands, Luxembourg, Finland, Sweden, Czech Republic, Norway, and Denmark. See "An Overview of Growing Income Inequalities in the OECD Countries: Main Findings," from the OECD, 2011, http://www.oecd.org/social/soc/49499779.pdf.

16. See, for instance, Robert M. Solow, "Technical Change and the Aggregate Production Function," *Review of Economics and Statistics* 39, no. 3 (1957): 312–20, doi:10.2307/1926047.

17. See David H. Autor, Lawrence F. Katz, and Alan B. Krueger, "Computing Inequality: Have Computers Changed the Labor Market?," Working Paper (National Bureau of Economic Research, March 1997), http://www.nber.org/papers/w5956; F. Levy and R. J. Murnane, *The New Division of Labor: How Computers Are Creating the Next Job Market* (Princeton, NJ: Princeton University Press, 2012); D. Autor, "The Polarization of Job Opportunities in the U.S. Labor Market," The Brookings Institution, http://www.brookings.edu/research/papers/2010/04/jobs-autor (accessed August 10, 2013); and Daron Acemoglu and David Autor, "Skills, Tasks and Technologies: Implications for Employment and Earnings," Working Paper (National Bureau of Economic Research, June 2010), http://www.nber.org/papers/w16082.

18. Daron Acemoglu and David Autor, "Skills, Tasks and Technologies: Implications for Employment and Earnings," *Handbook of Labor Economics* 4 (2011): 1043–1171.

19. See "Digest of Education Statistics, 1999," National Center for Education Statistics, http://nces.ed.gov/programs/digest/d99/d99t187.asp (accessed August 10, 2013).

20. See T. F. Bresnahan, E. Brynjolfsson, and L. M. Hitt, "Information Technology, Workplace Organization, and the Demand for Skilled Labor: Firm-level Evidence," *Quarterly Journal of Economics*, 117, no. 1 (2002): 339–76. See also E. Brynjolfsson, L. M. Hitt, and S. Yang, "Intangible Assets: Computers and Organizational Capital," Brookings Papers on Economic Activity, 2002, pp. 137–98.

21. See Brynjolfsson, Hitt, and Yang, "Intangible Assets: Computers and Organizational Capital," and Erik Brynjolfsson, David Fitoussi, and Lorin Hitt, "The IT Iceberg: Measuring the Tangible and Intangible Computing Assets," Working Paper (October 2004).

22. E. Brynjolfsson and L. M. Hitt, "Computing Productivity: Firm-level Evidence," *Review of Economics and Statistics* 8, no. 4 (2003): 793–808.

23. Timothy F. Bresnahan, Erik Brynjolfsson, and Lorin M. Hitt, "Information Technology, Workplace Organization, and the Demand for Skilled Labor: Firm-Level Evidence," *Quarterly Journal of Economics* 117, no. 1 (2002): 339–76, doi:10.1162/003355302753399526.

24. Reengineering consultants like to tell the story of how, in the seventeenth century, cows roamed around Boston Common and the neighboring areas. Over time, these cow paths became well-worn, and as shops and homes were constructed, people used the same paths for their carts and carriages. Eventually cobblestones were installed, and by the twentieth century most of the paths had been paved over

with asphalt, with no more cows to be seen. As anyone who's tried to drive in Boston can appreciate, having traffic flow designed by cows may not be the best way to lay out a modern city.

25. See David Autor, "The Polarization of Job Opportunities in the U.S. Labor Market," Brookings Institution (April 2010), http://www.brookings.edu/research/papers/2010/04/jobs-autor (accessed August 10, 2013); and Daron Acemoglu and David Autor, "Skills, Tasks and Technologies: Implications for Employment and Earnings," Working Paper (National Bureau of Economic Research, June 2010), http://www.nber.org/papers/w16082.

26. See N. Jaimovich and H. E. Siu, "The Trend is the Cycle: Job Polarization and Jobless Recoveries (No. w18334)," National Bureau of Economic Research, 2012.

27. As Hans Moravec put it, "it is comparatively easy to make computers exhibit adult level performance on intelligence tests or playing checkers, and difficult or impossible to give them the skills of a one-year-old when it comes to perception and mobility." Hans Moravec, *Mind Children: The Future of Robot and Human Intelligence* (Cambridge, MA: Harvard University Press, 1988).

28. See chapter 6 in Jonathan Schaeffer, *One Jump Ahead: Computer Perfection at Checkers* (New York: Springer, 2009), http://public.eblib.com/EBLPublic/PublicView.do?ptiID=418209.

29. Quoted in Daniel Crevier, *AI: The Tumultuous History of the Search for Artificial Intelligence* (New York: Basic Books, 1993), p. 108.

30. Jack Copeland, "A Brief History of Computing," June 2000, http://www.alanturing.net/turing_archive/pages/Reference%20Articles/BriefHistofComp.html.

31. The mobile phone chess game Pocket Fritz won the Copa Mercosur tournament in Buenos Aires, Argentina, in 2009. "Breakthrough Performance by Pocket Fritz 4 in Buenos Aires," *Chess News*, http://en.chessbase.com/Home/Tabld/211/PostId/4005719/breakthrough-performance-by-pocket-fritz-4-in-buenos-aires.aspx (accessed August 10, 2013).

32. Steve Musil, "Foxconn Reportedly Installing Robots to Replace Workers" *CNET*, November 13, 2012, http://news.cnet.com/8301-1001_3-57549450-92/foxconn-reportedly-installing-robots-to-replace-workers/ (accessed November 13, 2012).

33. Rod Brooks gave four dollars per hour as the approximate cost of Baxter in response to a question at the Techonomy 2012 Conference in Tucson, Arizona, on November 12, 2012, during a panel discussion with Andrew McAfee.

34. Karl Marx, *Capital: A Critique of Political Economy* (New York: Modern Library, 1906), pp. 708–9.

35. See Dale Jorgenson, *A New Architecture for the U.S. National Accounts* (Chicago, IL: University of Chicago Press, 2006).

36. Susan Fleck, John Glaser, and Shawn Sprague, "The Compensation-Productivity Gap: A Visual Essay," *Monthly Labor Review* (January 2011), http://www.bls.gov/opub/mlr/2011/01/art3full.pdf, p. 57-69.

37. L. Karabarbounis and B. Neiman, "The Global Decline of the Labor Share (No. w19136)," National Bureau of Economic Research, 2013.

38. See http://w3.epi-data.org/temp2011/BriefingPaper324_FINAL %283%29.pdf.

39. See http://blogs.wsj.com/economics/2011/09/28/its-man-vs-machine-and-man-is-losing/.

40. See, e.g., Lucian A. Bebchuk and Yaniv Grinstein, "The Growth of Executive Pay," *Oxford Review of Economic Policy* 21 (2005): 283–303; Harvard Law and Economics Discussion Paper No. 510. Available at SSRN, http://papers.ssrn.com/abstract=648682 (accessed August 10, 2013).

第 10 章

1. *Nike—You Don't Win Silver, You Lose Gold*, 2012, http://www.youtube.com/watch?v=ZnLCeXMHzBs&feature=youtube_gdata_player.

2. In most cases, the winner does not literally take all of the market. Perhaps 'winner-take-most' would be a more accurate description. But for better or worse, in the competition for concept-naming among economists, 'winner-take-all' has won almost all the market share, so that's what we will use.

3. Emmanuel Saez, "Striking It Richer: The Evolution of Top Incomes in the United States," January 23, 2013, http://elsa.berkeley.edu/~saez/saez-UStopincomes-2011.pdf.

4. "Why The Haves Have So Much : NPR," *NPR.org*, October 29, 2011, http://www.npr.org/2011/10/29/141816778/why-the-haves-have-so-much (accessed August 11, 2013).

5. Alex Tabarrok, "Winner Take-All Economics," *Marginal Revolution*, September 13, 2010, http://marginalrevolution.com/marginalrevolution/2010/09/winner-take-all-economics.html.

6. Steven N. Kaplan and Joshua Rauh, "It's the Market: The Broad-Based Rise in the Return to Top Talent," *Journal of Economic Perspectives* 27, no. 3 (2013): 35–56.

7. David Streitfeld, "As Boom Lures App Creators, Tough Part Is Making a Living," *New York Times*, November 17, 2012, http://www.nytimes.com/2012/11/18/business/as-boom-lures-app-creators-tough-part-is-making-a-living.html.

8. Heekyung Kim and Erik Brynjolfsson, "CEO Compensation and Information Technology," *ICIS 2009 Proceedings*, January 1, 2009, http://aisel.aisnet.org/icis2009/38.

9. See Xavier Gabaix and Augustin Landier, "Why Has CEO Pay Increased so Much?," SSRN Scholarly Paper (Rochester, NY: Social Science Research Network, May 8, 2006), http://papers.ssrn.com/abstract=901826.

10. Robert H. Frank and Philip J. Cook, *The Winner-take-all Society: Why the Few at the Top Get so Much More Than the Rest of Us* (New York: Penguin Books, 1996).

11. Sherwin Rosen, "The Economics of Superstars," *American Economic Review* 71, no. 5 (1981): 845–58, doi:10.2307/1803469.

12. D. Rush, "Google buys Waze map app for $1.3bn," *Guardian* (UK), June 11, 2013, http://www.theguardian.com/technology/2013/jun/11/google-buys-waze-maps-billion.

13. You can see the video and data on number of viewings at https://www.youtube.com/watch?v=OYpwAtnywTk.

14. See Roy Jones and Haim Mendelson on this point: "Information Goods vs. Industrial Goods: Cost Structure and Competition," *Management Science* 57, no. 1 (2011): 164–76, doi:10.1287/mnsc.1100.1262.

15. Very low marginal costs can also make massive bundling more profitable. That's one reason why cable TV tends to be sold in bundles rather than à la carte, and why Microsoft Office was able to win market share from more focused products. Bundling benefits both superstars and niche providers by creating a more complete product offering and increasing sales to consumers with different opinions about the values of the bundled products. But markets in which bundling is common also tend to be winner-take-all markets. See Yannis Bakos and Erik Brynjolfsson, *Management Science* 45, no. 12 (1999); Yannis Bakos and Erik Brynjolfsson, "Bundling and Competition on the Internet," *Marketing Science* 19, no. 1 (2000): 63–82, doi:10.1287/mksc.19.1.63.15182.

16. See Michael D. Smith and Erik Brynjolfsson, "Consumer Decision-making at an Internet Shopbot: Brand Still Matters," *NBER* (December 1, 2001): 541–58.

17. Catherine Rampell, "College Degree Required by Increasing Number of Companies," *New York Times*, February 19, 2013, http://www.nytimes.com/2013/02/20/business/college-degree-required-by-increasing-number-of-companies.html.

18. We discuss this more in our article "Investing in the IT That Makes a Competitive Difference," July 2008, http://hbr.org/2008/07/investing-in-the-it-that-makes-a-competitive-difference.

19. Alfred Marshall, *Principles of Economics*, 8th edition, New York: Macmillan, 1947, p. 685.

20. See, e.g., http://www.koomey.com/books.html or http://www.johntreed.com/FCM.html.

21. We discuss this in more detail in a *Harvard Business Review* article (A. McAfee and E. Brynjolfsson, "Investing in the IT That Makes a Competitive Difference: Studies of Corporate Performance Reveal a Growing Link between Certain Kinds of Technology Investments and Intensifying Competitiveness," *Harvard Business Review* [2006]: 98–103) and a research paper (E. Brynjolfsson, A. McAfee, M. Sorell, and F. Zhu, "Scale without Mass: Business Process Replication and Industry Dynamics," MIT Center for Digital Business Working Paper, 2008).

22. More formally, power laws are characterized by the formula $f(x) = ax^k$. For instance, the sales of a book at Amazon, $f(x)$ are a function of the rank of the book, x, raised to the power k. A nice characteristic of power laws is that they form a straight line when graphed on a log-log scale, with the slope of the line given by the exponent, k.

23. Erik Brynjolfsson, Yu Jeffrey Hu, and Michael D. Smith, "Consumer Surplus in the Digital Economy: Estimating the Value of Increased Product Variety at Online Booksellers," SSRN Scholarly Paper (Rochester, NY: Social Science Research Network, June 1, 2003), http://papers.ssrn.com/abstract=400940.

24. In other words, so-called "black swan" events are more common if the underlying distribution is a power law than if it's a normal distribution.

25. Technically, the bulk of the incomes are best described by a log-normal distribution, a variant of the traditional normal distribution, while the best fit for the top incomes is a power law.

26. Presentation by Kim Taipale at the 21st Annual Aspen Institute Roundtable on Information Technology, August 1, 2013.

27. If you're a nerd, you may know that in some cases the mean of the power-law distribution is actually infinite. Specifically, when the exponent in the distribution (*k* in the above equation) is less than two, the mean of the distribution is infinite.

28. See "Dollars and Sense Part Two: MLB Player Salary Analysis," *Purple Row*, http://www.purplerow.com/2009/4/23/848870/dollars-and-sense-part-two-mlb (accessed August 10, 2013). The disparity would likely be even greater if one considered the endorsement deals that the superstars get.

第 11 章

1. "The World's Billionaires: 25th Anniversary Timeline," *Forbes*, 2012, http://www.forbes.com/special-report/2012/billionaires-25th-anniversary-timeline.html (accessed August 7, 2013); "Income, Poverty and Health Insurance Coverage in the United States: 2011," U.S. Census Bureau Public Information Office, September 12, 2012, http://www.census.gov/newsroom/releases/archives/income_wealth/cb12-172.html (accessed August 9, 2013).

2. N. G. Mankiw, "Defending the One Percent," *Journal of Economic Perspectives*, June 8, 2013, http://scholar.harvard.edu/files/mankiw/files/defending_the_one_percent_0.pdf.

3. Felix Salmon, "Krugman vs. Summers: The Debate," *Reuters Blogs—Felix Salmon*, November 15, 2011, http://blogs.reuters.com/felix-salmon/2011/11/15/krugman-vs-summers-the-debate/ (accessed August 10, 2013).

4. Donald J. Boudreaux and Mark J. Perry, "The Myth of a Stagnant Middle Class," *Wall Street Journal*, January 23, 2013, http://online.wsj.com/article/SB10001424127887323468604578249723138161566.html.

5. Mark J. Perry, "Thanks to Technology, Americans Spend Dramatically Less on Food Than They Did 3 Decades Ago," *AEIdeas*, April 7, 2013, http://www.aei-ideas.org/2013/04/technology-innovation-and-automation-have-lowered-the-cost-of-our-food-and-improved-the-lives-of-all-americans/.

6. Scott Winship, "Myths of Inequality and Stagnation," The Brookings Institution, March 27, 2013, http://www.brookings.edu/research/opinions/2013/03/27-inequality-myths-winship (accessed August 10, 2013).

7. Jared Bernstein, "Three Questions About Consumer Spending and the Middle Class," Bureau of Labor Statistics, June 22, 2010, http://www.bls.gov/cex/duf2010bernstein1.pdf.

8. Annamaria Lusardi, Daniel J. Schneider, and Peter Tufano, "Financially Fragile Households: Evidence and Implications," Working Paper (National Bureau of Economic Research, May 2011), http://www.nber.org/papers/w17072.

9. Jason Matthew DeBacker et al., "Rising Inequality: Transitory or Permanent? New Evidence from a Panel of U.S. Tax Returns 1987-2006," SSRN Scholarly Paper (Rochester, NY: Social Science Research Network, January 2, 2012), http://papers.ssrn.com/abstract=1747849.

10. Robert D. Putnam, "Crumbling American Dreams," *Opinionator, New York Times* blog, August 3, 2013, http://opinionator.blogs.nytimes.com/2013/08/03/crumbling-american-dreams/.

11. "Repairing the Rungs on the Ladder," *The Economist*, February 9, 2013, http://www.economist.com/news/leaders/21571417-how-prevent-virtuous-meritocracy-entrenching-itself-top-repairing-rungs (accessed August 10, 2013).

12. Daron Acemoglu and James A. Robinson, "The Problem with U.S. Inequality," *Huffington Post*, March 11, 2012, http://www.huffingtonpost.com/daron-acemoglu/us-inequality_b_1338118.html (accessed August 13, 2013).

13. John Bates Clark, *Essentials of Economic Theory as Applied to Modern Problem of Industry and Public Policy*, (London: Macmillan, 1907), p. 45.

14. W. M. Leiserson, *The Problem of Unemployment Today* 31, *Political Science Quarterly* (1916), http://archive.org/details/jstor-2141701, p. 12.

15. John Maynard Keynes, *Essays in Persuasion* (New York: W. W. Norton & Company, 1963), p. 358.

16. Linus Pauling, *The Triple Revolution* (Santa Barbara, CA: Ad Hoc Committee on the Triple Revolution, 1964), http://osulibrary.oregonstate.edu/specialcollections/coll/pauling/peace/papers/1964p.7-02.html.

17. Wassily Leontief, "National Perspective: The Definition of Problems and Opportunities," *The Long-Term Impact of Technology on Employment and Unemployment* (National Academy of Engeneering, 1983): 3–7.

18. Richard M. Cyert and David C. Mowery, eds., *Technology and Employment: Innovation and Growth in the U.S. Economy* (National Academies Press, 1987), http://www.nap.edu/catalog.php?record_id=1004.

19. Raghuram Rajan, Paolo Volpin, and Luigi Zingales, "The Eclipse of the U.S. Tire Industry," Working Paper (Center for Economic Studies, U.S. Census Bureau, 1997), http://ideas.repec.org/p/cen/wpaper/97-13.html.

20. William D. Nordhaus, "Do Real Output and Real Wage Measures Capture Reality? The History of Lighting Suggests Not," Cowles Foundation Discussion Paper (Cowles Foundation for Research in Economics, Yale University, 1994), http://ideas.repec.org/p/cwl/cwldpp/1078.html.

21. In one paper, Erik estimated that the elasticity of demand for computer hardware was about 1.1, implying that each 1 percent increase in price led to a 1.1 percent increase in demand, so as a result total spending increased as technology made computers more efficient. See Erik Brynjolfsson, "The Contribution of Information Technology to Consumer Welfare," *Information Systems Research* 7, no. 3 (1996): 281–300.

22. This is an example of Say's Law, which states that demand and supply are always kept in balance.

23. John Maynard Keynes, "Economic Possibilities for Our Grandchildren," *Keynes on Possibilities*, 1930, http://www.econ.yale.edu/smith/econ116a/keynes1.pdf.

24. Tim Kreider, "The 'Busy' Trap," *Opinionator*, June 30, 2012, http://opinionator blogs.nytimes.com/2012/06/30/the-busy-trap/.

25. Nobel Prize winner Joe Stiglitz has argued that rapid automation of agriculture, such as via gasoline-engine tractors, is part of the explanation for the high unemployment of the 1930s. See Joseph E. Stiglitz, *The Price of Inequality: How Today's Divided Society Endangers Our Future* (New York: W. W. Norton & Company, 2013).

26. Wassily Leontief, "Technological Advance, Economic Growth, and the Distribution of Income," *Population and Development Review* 9, no. 3 (September 1, 1983), 403–10.

27. Michael Spence, *The Next Convergence: The Future of Economic Growth in a Multi-speed World* (New York: Macmillan, 2011).

28. D. Autor, D. Dorn, and G. H. Hanson, "The China Syndrome: Local Labor Market Effects of Import Competition in the United States," *American Economic Review* (forthcoming, December 2013).

29. J. Banister and G. Cook, "China's Employment and Compensation Costs in Manufacturing through 2008," *Monthly Labor Review* 134, no. 3 (2011): 39–52. A closer look at the Chinese statistics suggest that the classification methods have changed somewhat over time, so the exact changes in employment may be somewhat different than reported, but the general trend seems clear.

第 12 章

1. "Computers Are Useless. They Can Only Give You Answers," *Quote Investigator*, November 5, 2011, http://quoteinvestigator.com/2011/11/05/computers-useless/.

2. D. T. Max, "The Prince's Gambit," *The New Yorker*, March 21, 2011, http://www.newyorker.com/reporting/2011/03/21/110321fa_fact_max.

3. Garry Kasparov, "The Chess Master and the Computer," *New York Review of Books*, February 11, 2010, http://www.nybooks.com/articles/archives/2010/feb/11/the-chess-master-and-the-computer/.

4. "Chess Quotes," http://www.chessquotes.com/player-karpov (accessed September 12, 2013).

5. Kasparov, "The Chess Master and the Computer."

6. Evan Esar, *20,000 Quips & Quotes* (Barnes and Noble, 1995), p. 654.

7. Kevin Kelly, "Better than Human: Why Robots Will—and Must—Take Our Jobs," *Wired*, December 24, 2012.

8. Zara's approach is described in more detail in a Harvard Business Case Study by Andy and two colleagues: Andrew McAfee, Vincent Dessain, and Anders Sjöman, "Zara: IT for Fast Fashion," Harvard Business School, 2007 (Case number 604081-PDF-ENG).

9. John Timbs, "The Mirror of Literature, Amusement, and Instruction (London: John Limbird, 1825)," p. 75.

10. Sugata Mitra, "Build a School in the Cloud," *TED*, video on TED.com, February 2013, http://www.ted.com/talks/sugata_mitra_build_a_school_in_the_cloud.html.

11. Ibid.

12. Peter Sims, "The Montessori Mafia," *Wall Street Journal*, April 5, 2011, http://blogs.wsj.com/ideas-market/2011/04/05/the-montessori-mafia/.

13. Richard Arum and Josipa Roksa, *Academically Adrift: Limited Learning on College Campuses* (Chicago, IL: University of Chicago Press, 2010); Richard Arum, Josipa Roksa, and Esther Cho, "Improving Undergraduate Learning: Findings and Policy Recommendations from the SSRC-CLA Longitudinal Project," Social Science Research Council, 2008, http://www.ssrc.org/publications/view/D06178BE-3823-E011-ADEF-001CC477EC84/.

14. Ernest T. Pascarella and Patrick T. Terenzini, *How College Affects Students: A Third Decade of Research*, 1st ed. (San Francisco: Jossey-Bass, 2005), 602.

15. Michael Noer, "One Man, One Computer, 10 Million Students: How Khan Academy Is Reinventing Education," *Forbes*, November 19, 2012, http://www.forbes.com/sites/michaelnoer/2012/11/02/one-man-one-computer-10-million-students-how-khan-academy-is-reinventing-education/.

16. William J. Bennet, "Is Sebastian Thrun's Udacity the Future of Higher Education?" *CNN*, July 5, 2012, http://www.cnn.com/2012/07/05/opinion/bennett-udacity-education/index.html.

17. David Autor, "The Polarization of Job Opportunities in the U.S. Labor Market: Implications for Employment and Earnings," Brookings Institution, April 2010, http://www.brookings.edu/research/papers/2010/04/jobs-autor.

18. Catherine Rampell, "Life Is O.K., If You Went to College," *Economix* blog, *New York Times*, May 3, 2013, http://economix.blogs.nytimes.com/2013/05/03/life-is-o-k-if-you-went-to-college/.

19. Catherine Rampell, "College Degree Required by Increasing Number of Companies," *New York Times*, February 19, 2013, http://www.nytimes.com/2013/02/20/business/college-degree-required-by-increasing-number-of-companies.html.

20. Meta Brown et al., "Grading Student Loans," *Liberty Street Economics* blog, Federal Reserve Bank of New York, March 5, 2012, http://libertystreeteconomics.newyorkfed.org/2012/03/grading-student-loans.html?utm_source=feedburner&utm_medium=feed&utm_campaign=Feed:+LibertyStreetEconomics+(Liberty+Street+Economics).

21. Tim Hornyak, "Towel-folding Robot Won't Do the Dishes," *CNET*, March 31, 2010, http://news.cnet.com/8301-17938_105-10471898-1.html.

22. Nate Silver, *The Signal and the Noise: Why So Many Predictions Fail—But Some Don't*, 1st ed. (New York: Penguin, 2012).

第13章

1. "Employment Level," *Economic Research—Federal Reserve Bank of St. Louis* (U.S. Department of Labor, Bureau of Labor Statistics, August 2, 2013), http://research.stlouisfed.org/fred2/series/LNU02000000.

2. Claudia Goldin and Lawrence F. Katz, *The Race Between Education and Technology* (Cambridge, MA: Belknap Press of Harvard University Press, 2010).

3. "PISA 2009 Key Findings," *OECD*, http://www.oecd.org/pisa/pisaproducts/pisa2009/pisa2009keyfindings.htm (accessed August 12, 2013).

4. Martin West, "Global Lessons for Improving U.S. Education," September 29, 2011, http://www.issues.org/28.3/west.html.

5. Marcella Bombardieri, "Professors Take Lessons from Online Teaching," *Boston Globe*, June 9, 2013, http://www.bostonglobe.com/metro/2013/06/08/professors-take-lessons-from-online-teaching/K5XTNA8N1cVGLQ8JJW5PCL/story.html (accessed August 19, 2013).

6. Raj Chetty, John N. Friedman, and Jonah E. Rockoff, "The Long-Term Impacts of Teachers: Teacher Value-Added and Student Outcomes in Adulthood," NBER Working Paper (National Bureau of Economic Research, 2011), http://ideas.repec.org/p/nbr/nberwo/17699.html.

7. Ray Fisman, "Do Charter Schools Work?," *Slate*, May 22, 2013, http://www.slate.com/articles/news_and_politics/the_dismal_science/2013/05/do_charter_schools_work_a_new_study_of_boston_schools_says_yes.single.html (accessed August 12, 2013).

8. Olga Khazan, "Here's Why Other Countries Beat the U.S. in Reading and Math," *Washington Post*, December 11, 2012, http://www.washingtonpost.com/blogs/worldviews/wp/2012/12/11/heres-why-other-countries-beat-the-u-s-in-reading-and-math/ (accessed August 12, 2013).

9. See, for instance, Miles Kimball's praise of the "Knowledge is Power Program": "Confessions of a Supply-Side Liberal," July 23, 2012, http://blog.supplysideliberal.com/post/27813547755/magic-ingredient-1-more-k-12-school (accessed August 12, 2013).

10. B. Holmstrom and P. Milgrom, "Multitask Principal-Agent Analyses: Incentive Contracts, Asset Ownership, and Job Design," *Journal of Law, Economics & Organization* 7, no. 24 (1991).

11. Joseph Alois Schumpeter, *The Theory of Economic Development: An Inquiry Into Profits, Capital, Credit, Interest, and the Business Cycle* (Piscataway, NJ: Transaction Publishers, 1934).

12. Ibid., p. 66.

13. Press Release, "U.S. Job Growth Driven Entirely by Startups, According to Kauffman Foundation Study," Reuters, July 7, 2010, http://www.reuters.com/article/2010/07/07/idUS165927+07-Jul-2010+MW20100707.

14. John Haltiwanger et al., "Business Dynamics Statistics Briefing: Job Creation, Worker Churning, and Wages at Young Businesses," SSRN Scholarly Paper (Rochester, NY: Social Science Research Network, November 1, 2012), http://papers.ssrn.com/abstract=2184328.

15. "Kauffman Index of Entrepreneurial Activity," Ewing Marion Kauffman Foundation, 2012, http://www.kauffman.org/research-and-policy/kauffman-index-of-entrepreneurial-activity.aspx.

16. Vivek Wadhwa, AnnaLee Saxenian, and Francis Daniel Siciliano, "Then and Now: America's New Immigrant Entrepreneurs," Part 7, Stanford Public Law Working Paper No. 2159875; Rock Center for Corporate Governance at Stanford University Working Paper No. 127, SSRN Scholarly Paper (Rochester, NY: Social Science Research Network, October 1, 2012), http://papers.ssrn.com/abstract=2159875.

17. Leora Klapper, Luc Laeven, and Raghuram Rajan, "Entry Regulation as a Barrier to Entrepreneurship," *Journal of Financial Economics* 82, no. 3 (2006): 591–629, doi:10.1016/j.jfineco.2005.09.006.

18. "Research and Development: Essential Foundation for U.S. Competitiveness in a Global Economy," in *A Companion to Science and Engineering Indicators 2008* (National Science Board, January 2008), http://www.nsf.gov/statistics/nsb0803/start.htm.

19. In her new book, *The Entrepreneurial State*, Mariana Mazzucato nicely illustrates this point, noting that each of the core technologies in Apple's breakthrough iPhone were based on government-funded research, including cellular telephony, the Internet, GPS, microchips, capacitive sensors, the touchscreen, and even Siri. See Mariana Mazzucato, *The Entrepreneurial State: Debunking Public vs. Private Sector Myths* (New York: Anthem Press, 2013).

20. If that fact made you worry that you may owe back royalties from your public performance at that restaurant last week, you may be in luck. The two million dollars a year in licensing fees collected by the owner of the "Happy Birthday" copyright is being challenged and may be overturned. See Jacob Goldstein, "This One Page Could End The Copyright War Over 'Happy Birthday,' " NPR, June 17, 2013, http://www.npr.org/blogs/money/2013/06/17/192676099/this-one-page-could-end-the-copyright-war-over-happy-birthday.

21. This list is drawn from Tom Kalil's Grand Challenges presentation. A copy is available at http://www2.itif.org/2012-grand-challenges-kalil.pdf (accessed August 9, 2013). See also "Implementation of Federal Prize Authority: Progress Report" by the U.S. Office of Science and Technology Policy, March 2012, available at http://www.whitehouse.gov/sites/default/files/microsites/ostp/competes_report_on_prizes_final.pdf (accessed September 18, 2013).

22. For a detailed list, see the appendix of McKinsey and Company, "And the Winner Is . . . " Research Report, 2009, http://mckinseyonsociety.com/downloads/reports/Social-Innovation/And_the_winner_is.pdf (accessed September 18, 2013).

23. "2013 Report Card for America's Infrastructure," ASCE, 2013, http://www.infrastructurereportcard.org/a/#p/home (accessed August 12, 2013).

24. See Matthew Yglesias, "The Collapse of Public Investment," *Moneybox* blog, *Slate*, May 7, 2013, http://www.slate.com/blogs/moneybox/2013/05/07/public_sector_investment_collapse.html (accessed August 12, 2013); and the underlying data at "Real State & Local Consumption Expenditures & Gross Investment, 3 Decimal," *Economic Research—Federal Reserve Bank of St. Louis* (U.S. Department of Commerce: Bureau of Economic Analysis, July 31, 2013), http://research.stlouisfed.org/fred2/series/SLCEC96.

25. "Siemens CEO on US Economic Outlook," *CNBC*, March 14, 2013, http://video.cnbc.com/gallery/?video=3000154454 (accessed August 12, 2013).

26. John Maynard Keynes, *The General Theory of Employment, Interest, and Money*, October 21, 2012, http://ebooks.adelaide.edu.au/k/keynes/john_maynard/k44g/.

27. Peter B. Dixon and Maureen T. Rimmer, "Restriction or Legalization? Measuring the Economic Benefits of Immigration Reform," Cato Institute, August 13, 2009, http://www.cato.org/publications/trade-policy-analysis/restriction-or-legalization-measuring-economic-benefits-immigration-reform (accessed December 14, 2012); Robert Lynch and Patrick Oakford, "The Economic Effects of Granting Legal Status and Citizenship to Undocumented Immigrants," Center for American Progress, March 20, 2013, http://www.americanprogress.org/issues/immigration/report/2013/03/20/57351/the-economic-effects-of-granting-legal-status-and-citizenship-to-undocumented-immigrants/ (accessed August 12, 2013).

28. David Card, "The Impact of the Mariel Boatlift on the Miami Labor Market," Working Paper (National Bureau of Economic Research, August 1989), http://www.nber.org/papers/w3069.

29. Rachel M. Friedberg, "The Impact of Mass Migration on the Israeli Labor Market," *Quarterly Journal of Economics* 116, no. 4 (2001): 1373–1408, doi:10.1162/003355301753265606.

30. Amy Sherman, "Jeb Bush Says Illegal Immigration Is 'Net Zero,' " *Miami Herald*, September 3, 2012, http://www.miamiherald.com/2012/09/01/2980208/jeb-bush-says-illegal-immigration.html.

31. Gordon F. De Jong et al., "The Geography of Immigrant Skills: Educational Profiles of Metropolitan Areas," Brookings Institution, June 9, 2011, http://www.brookings.edu/research/papers/2011/06/immigrants-singer.

32. "State and County QuickFacts," United States Census Bureau, June 27, 2013, http://quickfacts.census.gov/qfd/states/00000.html; Vivek Wadhwa et al., "America's New Immigrant Entrepreneurs: Part I," SSRN Scholarly Paper, Duke Science, Technology & Innovation Paper No. 23 (Rochester, NY: Social Science Research Network, January 4, 2007), http://papers.ssrn.com/abstract=990152.

33. "The 'New American' Fortune 500," Partnership for a New American Economy, June 2011, http://www.renewoureconomy.org/sites/all/themes/pnae/img/new-american-fortune-500-june-2011.pdf.

34. Michael Kremer, "The O-Ring Theory of Economic Development," *Quarterly Journal of Economics* 108, no. 3 (1993): 551–75, doi:10.2307/2118400.

35. Vivek Wadhwa et al., "America's New Immigrant Entrepreneurs: Part I," SSRN Scholarly Paper, Duke Science, Technology & Innovation Paper No. 23 (Rochester, NY: Social Science Research Network, January 4, 2007), http://papers.ssrn.com/abstract=990152; Darrell West, "Inside the Immigration Process," *Huffington Post*, April 15, 2013, http://www.huffingtonpost.com/darrell-west/inside-the-immigration-pr_b_3083940.html (accessed August 12, 2013).

36. Nick Leiber, "Canada Launches a Startup Visa to Lure Entrepreneurs," *Bloomberg Businessweek*, April 11, 2013, http://www.businessweek.com/articles/2013-04-11/canada-launches-a-startup-visa-to-lure-entrepreneurs.

37. Greg Mankiw, "Rogoff Joins the Pigou Club," *Greg Mankiw's Blog*, September

16, 2006, http://gregmankiw.blogspot.com/2006/09/rogoff-joins-pigou-club.html; Ralph Nader and Toby Heaps, "We Need a Global Carbon Tax," *Wall Street Journal*, December 3, 2008, http://online.wsj.com/article/SB122826696217574539.html.

38. P. A. Diamond and E. Saez, "The Case for a Progressive Tax: From Basic Research to Policy Recommendations," *Journal of Economic Perspectives* 25, no. 4 (2011): 165–90.

39. To be more precise, he actually found that on average, higher taxes were correlated with somewhat *faster* growth. See Menzie Chinn, "Data on Tax Rates, by Quintiles," *Econbrowser*, July 12, 2012, http://www.econbrowser.com/archives/2012/07/data_on_tax_rat.html.

第14章

1. Craig Tomlin, "SXSW 2012 Live Blog Create More Value Than You Capture," *Useful Usability*, March 12, 2012, http://www.usefulusability.com/sxsw-2012-live-blog-create-more-value-than-you-capture/.

2. Sir Winston Churchill and Robert Rhodes James, *Winston S. Churchill: His Complete Speeches, 1897–1963: 1943–1949* (Chelsea House Publishers, 1974), p. 7,566.

3. Martin Luther King, Jr., *Where Do We Go from Here: Chaos or Community?* (New York: Harper & Row, 1967), p. 162.

4. Jyotsna Sreenivasan, *Poverty and the Government in America: A Historical Encyclopedia*, 1st ed. (Santa Barbara, CA: ABC-CLIO, 2009), p. 269.

5. "WGBH American Experience . Nixon | PBS," *American Experience*, http://www.pbs.org/wgbh/americanexperience/features/general-article/nixon-domestic/ (accessed August 12, 2013).

6. Voltaire, *Candide*, trans. Francois-Marie Arouet (Mineola, NY: Dover Publications, 1991), p. 86.

7. Daniel H. Pink, *Drive: The Surprising Truth About What Motivates Us* (New York: Riverhead Books, 2011).

8. Sarah O'Connor, "Amazon Unpacked," *Financial Times*, February 8, 2013, http://www.ft.com/intl/cms/s/2/ed6a985c-70bd-11e2-85d0-00144feab49a.html#slide0.

9. Don Peck, "How a New Jobless Era Will Transform America," *The Atlantic*, March 2010, http://www.theatlantic.com/magazine/archive/2010/03/how-a-new-jobless-era-will-transform-america/307919/?single_page=true.

10. Jim Clifton, *The Coming Jobs War* (New York: Gallup Press, 2011).

11. William Julius Wilson, *When Work Disappears: The World of the New Urban Poor*, 1st ed. (New York: Vintage, 1997).

12. Charles Murray, *Coming Apart: The State of White America, 1960–2010* (New York: Crown Forum, 2013, repr.).

13. Murray argues that harmful changes in values are the most important explanatory factor. As he writes, "The deterioration of social capital in lower-class white America strips the people who live there of one of the main resources through which Americans have pursued happiness. The same may be said of the deterioration in

marriage, industriousness, honesty, and religiosity. These are not aspects of human life that may or may not be important, depending on personal preferences. Together, they make up the stuff of life" (p. 253).

14. Interview with Milton Friedman, *Newsfront*, NET, May 8, 1968; quoted in Gordonskene, "Milton Friedman Explains The Negative Income Tax—1968," *Newstalgia*, December 6, 2011, http://newstalgia.crooksandliars.com/gordonskene/milton-friedman-explains-negative-inco.

15. Raj Chetty et al., "The Economic Impacts of Tax Expenditures: Evidence From Spatial Variation Across the U.S.," White Paper, 2013, http://obs.rc.fas.harvard.edu/chetty/tax_expenditure_soi_whitepaper.pdf.

16. "Citi Community Development Marks National EITC Awareness Day with Release of Money Matters Publication," *News*, Citigroup Inc., January 25, 2013, http://www.citigroup.com/citi/news/2013/130125a.htm.

17. "Gas Guzzler Tax," *Fuel Economy*, United States Environmental Protection Agency, http://www.epa.gov/fueleconomy/guzzler/ (accessed August 12, 2013).

18. "History of the Income Tax in the United States," *Infoplease*, 2007, http://www.infoplease.com/ipa/A0005921.html.

19. Roberton Williams, "The Numbers: What Are the Federal Government's Sources of Revenue?" *The Tax Policy Briefing Book: A Citizens' Guide for the Election, and Beyond* (Tax Policy Center: Urban Institute and Brookings Institution, September 13, 2011), http://www.taxpolicycenter.org/briefing-book/background/numbers/revenue.cfm.

20. In the United States, only income below $113,700 was taxed for Social Security in 2013. See "Social Security and Medicare Tax Rates; Maximum Taxable Earnings," *Social Security: The Official Website of the U.S. Social Security Administration*, February 6, 2013, http://ssa-custhelp.ssa.gov/app/answers/detail/a_id/240/~/social-security-and-medicare-tax-rates%3B-maximum-taxable-earnings.

21. Even when a tax or benefit is nominally paid for by the employer, much of it will ultimately be borne by the employee in the form of lower wages or even lack of employment. See Melanie Berkowitz, "The Health Care Reform Bill Becomes Law: What It Means for Employers," *Monster: Workforce Management*, n.d., http://hiring.monster.com/hr/hr-best-practices/workforce-management/employee-benefits-management/health-care-reform.aspx.

22. Bruce Bartlett, *The Benefit and The Burden: Tax Reform—Why We Need It and What It Will Take* (New York: Simon & Schuster, 2012).

23 Steve Lohr, "Computer Algorithms Rely Increasingly on Human Helpers," *New York Times*, March 10, 2013, http://www.nytimes.com/2013/03/11/technology/computer-algorithms-rely-increasingly-on-human-helpers.html.

24. Jason Pontin, "Artificial Intelligence, With Help From the Humans," *New York Times*, March 25, 2007, http://www.nytimes.com/2007/03/25/business/yourmoney/25Stream.html.

25. Gregory M. Lamb, "When Workers Turn into 'Turkers,' " *Christian Science Monitor*, November 2, 2006, http://www.csmonitor.com/2006/1102/p13s02-wmgn.html.

26. Pontin, "Artificial Intelligence, With Help From the Humans."

27. Daren C. Brabham, "Crowdsourcing as a Model for Problem Solving An Introduction and Cases," *Convergence: The International Journal of Research into New Media Technologies* 14, no. 1 (2008): 75–90, doi:10.1177/1354856507084420.

28. Alyson Shontell, "Founder Q&A: Make a Boatload of Money Doing Your Neighbor's Chores on TaskRabbit," *Business Insider*, October 27, 2011, http://www.business insider.com/taskrabbit-interview-2011-10 (accessed August 12, 2013).

29. Tomio Geron, "Airbnb and the Unstoppable Rise of the Share Economy," *Forbes*, January 23, 2013, http://www.forbes.com/sites/tomiogeron/2013/01/23/airbnb-and-the-unstoppable-rise-of-the-share-economy/ (accessed August 12, 2013).

30. Johnny B., "TaskRabbit Names Google Veteran Stacy Brown-Philpot as Chief Operating Officer," *TaskRabbit Blog*, January 14, 2013, https://www.taskrabbit.com/blog/taskrabbit-news/taskrabbit-names-google-veteran-stacy-brown-philpot-as-chief-operating-officer/ (accessed August 12, 2013).

31. Johnny B., "TaskRabbit Welcomes 1,000 New TaskRabbits Each Month," *TaskRabbit Blog*, April 23, 2013, https://www.taskrabbit.com/blog/taskrabbit-news/taskrabbit-welcomes-1000-new-taskrabbits-each-month/.

32. "Employment Situation News Release," Bureau of Labor Statistics, May 3, 2013, http://www.bls.gov/news.release/empsit.htm.

第15章

1. Charles Perrow, *Normal Accidents: Living with High-Risk Technologies* (Princeton, NJ: Princeton University Press, 1999); *Interim Report on the August 14, 2003 Blackout* (New York Independent System Operator, January 8, 2004), http://www.hks.harvard.edu/hepg/Papers/NYISO.blackout.report.8.Jan.04.pdf.

2. Steven Cherry, "How Stuxnet Is Rewriting the Cyberterrorism Playbook," *IEEE Spectrum* podcast, October 13, 2010, http://spectrum.ieee.org/podcast/telecom/security/how-stuxnet-is-rewriting-the-cyberterrorism-playbook.

3. Bill Joy, "Why the Future Doesn't Need Us," *Wired*, April 2000, http://www.wired.com/wired/archive/8.04/joy_pr.html.

4. The costs of gene sequencing are dropping even more quickly than those of computing. A comprehensive discussion of the genomics revolution is far beyond the scope of this book; we mention it here simply to highlight that it is real, and likely to bring profound changes in the years and decades to come. See Kris Wetterstrand, "DNA Sequencing Costs: Data from the NHGRI Genome Sequencing Program (GSP)," National Human Genome Research Institute, July 16, 2013, http://www.genome.gov/sequencingcosts/.

5. On gaming, see Nicholas Carr, *The Shallows: What the Internet Is Doing to Our Brains* (New York: W. W. Norton & Company, 2011); on cyberbalkanization, see Marshall van Alstyne and Erik Brynjolfsson, "Electronic Communities: Global Villages or Cyberbalkanization?" *ICIS 1996 Proceedings*, December 31, 1996, http://aisel.aisnet.org/icis1996/5; and Eli Pariser, *The Filter Bubble: How the New Personalized Web Is Changing*

What We Read and How We Think (New York: Penguin, 2012); on social isolation see Sherry Turkle, *Alone Together: Why We Expect More from Technology and Less from Each Other* (New York: Basic Books, 2012); and Robert D. Putnam, *Bowling Alone: The Collapse and Revival of American Community*, 1st ed. (New York: Simon & Schuster, 2001); finally, on environmental degradation, see Albert Gore, *The Future: Six Drivers of Global Change, 2013.*

6. Chad Brooks, "What Is the Singularity?" *TechNewsDaily*, April 29, 2013, http://www.technewsdaily.com/17898-technological-singularity-definition.html.

7. To improve the odds that he will be alive to see the singularity (he'll be ninety-seven in 2045), Kurzweil has put himself on a self-engineered diet that includes taking 150 nutritional supplements every day. See Kristen Philipkoski, "Ray Kurzweil's Plan: Never Die," *Wired*, November 18, 2002, http://www.wired.com/culture/lifestyle/news/2002/11/56448.

8. Steve Lohr, "Creating Artificial Intelligence Based on the Real Thing," *New York Times*, December 5, 2011, http://www.nytimes.com/2011/12/06/science/creating-artificial-intelligence-based-on-the-real-thing.html.

9. Gareth Cook, "Watson, the Computer *Jeopardy!* Champion, and the Future of Artificial Intelligence," *Scientific American*, March 1, 2011, http://www.scientificamerican.com/article.cfm?id=watson-the-computer-jeopa.

10. Martin Luther King Jr., "Sermon at Temple Israel of Hollywood," February 26, 1965, http://www.americanrhetoric.com/speeches/mlktempleisraelhollywood.htm.

圖表來源

1.1和1.2 Human Social Development Index figures from Ian Morris, *Why the West Rules . . . For Now: The Patterns of History, and What They Reveal About the Future* (New York: Picador, 2011).
Worldwide human population figures are an average of estimates from the U.S. Census Bureau's "Historical Estimates of World Population, " http://www.census.gov/population/international/data/worldpop/table_history.php.
World population for 2000 from the CIA World Factbook

3.1 Author's own

3.2 Author's own

3.3 Supercomputer speeds: http://www.riken.jp/en/pr/publications/riken_research/2006/http://www.intel.com/pressroom/kits/quickrefyr.htmhttp://www.green500.org/home.phpHard drive cost:http://www.riken.jp/en/pr/publications/riken_research/2006/http://www.intel.com/pressroom/kits/quickrefyr.htmhttp://www.green500.org/home.phpSupercomputer energy efficiency: http://ed-thelen.org/comp-hist/CRAY-1-HardRefMan/CRAY-1-HRM.htmlhttp://www.green500.org/home.phpTransistors per chip:http://www.intel.com/pressroom/kits/quickrefyr.htmDownload speed:http://www.akamai.com/stateoftheinternet/

7.1 U.S. Bureau of Economic Analysis

7.2 Chad Syverson, "Will History Repeat Itself? Comments on 'Is the Information Technology Revolution Over?'," *International Productivity Monitor* 25 (2013), 37–40. John W. Kendrick, "Productivity Trends in the United States," National Bureau of Economic Research, 1961. David M. Byrne, Stephen D. Oliner, and Daniel E. Sichel, "Is the Information Technology Revolution Over?," *International Productivity Monitor* 25 (Spring 2013), 20–36.

9.1 http://research.stlouisfed.org/fred2/graph/?id=USARGDPChttp://www.census.gov/hhes/www/income/data/historical/people/

9.2 D. Acemoglu and David Autor, "Skills, tasks and technologies. Implications for employment and earnings," *Handbook of Labor Economics* 4 (2011), 1043–1171.

9.3 http://research.stlouisfed.org/fred2/graph/?id=GDPCAhttp://research.stlouis-fed.org/fred2/graph/?id=A055RC0A144NBEAhttp://research.stlouisfed.org/fred2/graph/?id=W270RE1A156NBEA

10.1 N/A

11.1 http://research.stlouisfed.org/fred2/series/USPRIVhttp://research.stlouisfed.org/fred2/graph/?id=USARGDPH

財經企管 CB530

第二次機器時代
智慧科技如何改變人類的
工作、經濟與未來？
The Second Machine Age
Work, Progress, and Prosperity
in a Time of Brilliant Technology

國家圖書館出版品預行編目(CIP)資料

第二次機器時代：智慧科技如何改變人類
的工作、經濟與未來? / 布林優夫森(Erik
Brynjolfsson), 麥克費(Andrew McAfee)合
著；齊若蘭譯. -- 第一版. -- 臺北市：遠見
天下文化, 2014.07
　　面；　公分. -- (財經企管；CB530)
譯自：The second machine age：work,
progress, and prosperity in a time of
brilliant technology
ISBN 978-986-320-503-6(精裝)

1.資訊社會 2.資訊技術 3.經濟發展

541.415　103012630

作者 —— 布林優夫森（Erik Brynjolfsson）、
　　　　麥克費（Andrew McAfee）
譯者 —— 齊若蘭

出版事業部副社長／總編輯 —— 許耀雲
副主編／責任編輯 —— 周宜芳
封面設計 —— 張議文

出版者 —— 遠見天下文化出版股份有限公司
創辦人 —— 高希均、王力行
遠見・天下文化・事業群　董事長 —— 高希均
事業群發行人／CEO —— 王力行
天下文化社長／總經理 —— 林天來
版權部協理 —— 張紫蘭
法律顧問 —— 理律法律事務所陳長文律師
著作權顧問 —— 魏啟翔律師
社址 —— 台北市 104 松江路 93 巷 1 號 2 樓
讀者服務專線 ——（02）2662-0012
傳　真 ——（02）2662-0007；2662-0009
電子信箱 —— cwpc@cwgv.com.tw
直接郵撥帳號 —— 1326703-6 號　遠見天下文化出版股份有限公司

電腦排版・製版廠 —— 立全電腦印前排版有限公司
印刷廠 —— 祥峰印刷事業有限公司
裝訂廠 —— 精益裝訂股份有限公司
登記證 —— 局版台業字第 2517 號
總經銷 —— 大和書報圖書股份有限公司　電話／(02)8990-2588
出版日期 —— 2014 年 7 月 30 日 第一版
　　　　　　2018 年 3 月 23 日 第一版第 7 次印行

定價 —— 420 元
ISBN：978-986-320-503-6
書號：CB530
天下文化書坊 —— bookzone.cwgv.com.tw